用爱点燃梦想

——上海市浦东新区辅读学校"融·和"教育模式的构建

王 英 编著

上海大学出版社
·上海·

图书在版编目(CIP)数据

用爱点燃梦想：上海市浦东新区辅读学校"融·和"教育模式的构建 / 王英编著. —上海：上海大学出版社,2024.5
ISBN 978-7-5671-4937-3

Ⅰ.①用… Ⅱ.①王… Ⅲ.①儿童教育－特殊教育－教育模式－研究－浦东新区 Ⅳ.①G764

中国国家版本馆 CIP 数据核字(2024)第 073781 号

责任编辑　刘　强
封面设计　柯国富
技术编辑　金　鑫　钱宇坤

用爱点燃梦想
——上海市浦东新区辅读学校"融·和"教育模式的构建
王　英　编著
上海大学出版社出版发行
(上海市上大路 99 号　邮政编码 200444)
(https://www.shupress.cn　发行热线 021-66135112)
出版人　戴骏豪

*

南京展望文化发展有限公司排版
江苏凤凰数码印务有限公司印刷　各地新华书店经销
开本 710mm×1000mm　1/16　印张 18.75　字数 288 千字
2024 年 5 月第 1 版　2024 年 5 月第 1 次印刷
ISBN 978-7-5671-4937-3/G·3616　定价 85.00 元

版权所有　侵权必究
如发现本书有印装质量问题请与印刷厂质量科联系
联系电话：025-57718474

序

特殊教育是高质量基础教育体系不可或缺的重要内容,对教育的整体改革发展和教育现代化的全面推进至关重要。党的二十大报告在讲到"办好人民满意的教育"时,明确提出"强化学前教育、特殊教育普惠发展"。办好特殊教育,对于保障残疾人平等参与社会的权利、增加残疾人家庭福祉和促进社会公平正义具有十分重要的意义,也是教育现代化的重要内容。

教育是残疾人打开幸福之门的基础途径,特殊教育是一项神圣的事业。新中国一成立,特殊教育就成为新中国国民教育体系中的一个重要组成部分。随着1986年《义务教育法》的颁行,特别是1990年《残疾人保障法》和1994年《残疾人教育条例》的实施,我国基本形成了以教育部门为主,民政部门、卫生部门、残联部门和社会力量作补充的特殊教育办学渠道和学前教育、基础教育、中等教育、高等教育的残疾人教育体系。特别是党的十八大以来,习近平总书记对特殊教育事业发展作出一系列重要论述和重要指示批示,为特殊教育事业发展指明了前进方向、提供了根本遵循。在以习近平同志为核心的党中央领导下,我国的特殊教育事业进入了一个全新的发展阶段。

上海市浦东新区辅读学校成立于1953年,至今已有70余年的办学历史。这所学校不仅是新中国特殊教育办学历程的见证者,更是沐浴着党的十八大以来的教育春风而在特殊教育领域不断取得丰硕的成果。今天呈现在大家面前的这本《用爱点燃梦想——上海市浦东新区辅读学校"融·和"教育模式的构建》,就是这种成果的具体体现。

这本书的内容很丰富,全书围绕着这所学校通过长期实践而总结提炼出来的一个关于特殊教育的理念和模式,即"融·和"教育。全书由"绪论"加六章组成,要而不繁。全书逻辑清晰严密,先后介绍了"融·和"教育的理论渊源、整体模式、课程建设、课程实施、保障机制、育人实效以及未来发展。细看这本书的内容,有案例,有调查数据,有家长反馈,有教师体会,有特殊教育理念和理论的阐述,有特殊教育实践的叙述和分析,有历史和现实的观照、理论和实践的结合,有学校、家庭和社会关系的视角,间叙间议,条分缕析,绝非找几个笔杆子坐在电脑前就能够摆弄出来,非得有这个学校的校长和全体教师自身的经历实践,长期的积累思考,才能一一呈现。因此,这本书问世后,从事特殊教育的老师乃至所有的教育工作者,都有一读的必要。

我不是特殊教育的从业者,对这本书的具体内容确实没有多少发言权。但是,作为一名教育工作者,作为一名社会与文化学者,读了这本书的初稿,觉得在几个方面还是有置喙的必要,因此不揣浅陋,提出就正于方家。

一是"融·和"教育理念和模式与中国传统文化与教育思想的结合。在"绪论"中有关于"'融·和'教育的理论渊源"一节,叙述了"对中国古代教育思想的扬弃",对孔子的"有教无类"提出了自己的看法,吸收了孔子"和而不同"的内涵。在第一章"'融·和'教育模式概述"中,提出"中国传统文化中的'融'与'和'价值观念,在上海市浦东新区辅读学校的实践中逐渐演绎为一种教育理念。"这方面的叙述值得我们今天的教育工作者多加关注和思考。

二是重视学校、家庭和社会的关系,提出"只有学校、家庭、社会三方携手,建立良好的支持网络,共同关心和帮助特殊学生,才能创造一个支持特殊学生学习和成长的综合生态系统"。学校、家庭、社会协同育人,是《家庭教育促进法》明确提出的育人机制。对于特殊教育来说,这一点显得尤为重要。家庭是社会的细胞,家庭的和谐稳定,事关社会、国家的和谐稳定大局,在特殊教育领域重视学校、家庭和社会的关系,一方面强调学校教育与家庭教育的配合,另一方面又提出增加残疾人家庭福祉,说明特殊教育学校对每个相关的具体家庭的和谐稳定具有重要作用。应该看到,在特殊教育方面,学校和家庭是相互成就的。

三是上海市浦东新区辅读学校取得的成就。在书中,列举了这所学校在全国、在上海、在浦东新区等范围中取得的各种成就、成绩和荣誉,读来让人动容。这所学校能在特殊教育领域形成自己独特的教育理念和模式,必然有厚土培植,这厚土就包括领导这所学校的校长和广大的教师。在书中,虽然只是笼统地介绍了学校的领导和教师曾获得诸多荣誉,包括全国三八红旗手、全国优秀教师、上海市教书育人楷模、上海市模范教师、上海市园丁奖等,并没有一一介绍具体的人名,但是当我们在阅读这本书的时候,不能不想到这些为国家特殊教育贡献青春、贡献爱心、贡献力量的人。我们可以想象,这些教育工作者在特教生涯中所付出的努力是不同寻常的。党和国家要求从事特殊教育的干部和老师们,要带着深厚的感情履职尽责,特教特办,认真实施好特殊教育提升计划,让残疾孩子与其他所有人一样,同在蓝天下,共同接受良好的教育。从这本书的每一章每一节的文字中,我们可以切实体会到上海市浦东新区辅读学校从校长到教师,对特殊教育履职尽责的这份深厚感情。

评价一个国家和社会的文明、进步和发展程度,有很多不同维度的指标,其中,残疾人事业的全面发展、特殊教育的普惠发展一定是个天然尺度和重要指标。贯彻党的二十大提出的关于完善残疾人社会保障制度和关爱服务体系,促进残疾人事业全面发展,强化特殊教育普惠发展,应该是我们每个教育工作者的一项义不容辞的任务和工作。这也是《用爱点燃梦想——上海市浦东新区辅读学校"融·和"教育模式的构建》这本书出版的初衷,也是我乐意为之作序的缘由。

胡申生

(本文作者为上海大学马克思主义学院老教授协会会长、社会与文化学者)

目 录

绪 论 ……………………………………………………………… 1
 一、"融·和"教育的理论渊源 ……………………………… 1
 二、新中国特殊教育的发展历程 …………………………… 4
 三、上海市浦东新区辅读学校的创立和发展 ……………… 6

第一章 "融·和"教育模式概述 …………………………… 15
第一节 基本含义和核心理念 ……………………………… 15
 一、对"融·和"教育理念的阐释 ………………………… 15
 二、对"融·和"教育模式的剖析 ………………………… 17

第二节 关键主体:三方携手 ……………………………… 19
 一、学校、家庭、社会的关系 ……………………………… 20
 二、学校教育的主导作用 …………………………………… 21
 三、学校教育与家庭教育的配合 …………………………… 21
 四、学校教育与社会教育的衔接 …………………………… 26

第三节 育人生态:四融兼顾 ……………………………… 28
 一、融入家庭,和乐生活 …………………………………… 29
 二、融入校园,乐学成长 …………………………………… 29
 三、融入社区,知行合一 …………………………………… 30
 四、融入社会,和而不同 …………………………………… 31

第四节 行动纲领:五育并举 ……………………………… 32
 一、"融·和"教育中的德育 ……………………………… 32

二、"融·和"教育中的智育 …………………………………… 33
　　三、"融·和"教育中的体育 …………………………………… 34
　　四、"融·和"教育中的美育 …………………………………… 35
　　五、"融·和"教育中的劳育 …………………………………… 36

第二章　"融·和"教育理念下的课程建设 ……………………… 40
第一节　"融·和"课程的设计 …………………………………… 40
　　一、"融·和"课程的设计理念 ………………………………… 41
　　二、"融·和"课程的目标体系 ………………………………… 43
　　三、"融·和"课程的设计思路 ………………………………… 44
第二节　"融·和"课程的结构 …………………………………… 46
　　一、一般性课程：重生活化——力求实用，夯实基础 ……… 47
　　二、选择性课程：重个性化——挖掘潜能，补偿缺陷 ……… 55
　　三、职业性课程：重融合性——注重实践，促进融合 ……… 63

第三章　"融·和"教育理念下的课程实施 ……………………… 71
第一节　"融·和"课程的实施路径 ……………………………… 71
　　一、在课堂教学中强化认识 …………………………………… 71
　　二、在康复训练中补偿缺陷 …………………………………… 71
　　三、在社团活动中挖掘潜能 …………………………………… 73
　　四、在校园环境中浸润学习 …………………………………… 73
　　五、在综合实践中体验应用 …………………………………… 74
第二节　"融·和"课堂教学的多元模式 ………………………… 75
　　一、主题教学模式 ……………………………………………… 75
　　二、生活情境教学模式 ………………………………………… 113
　　三、个别化教学模式 …………………………………………… 124
　　四、辅助沟通系统教学模式 …………………………………… 132
　　五、智慧生态教学模式 ………………………………………… 142
第三节　"融·和"课堂的教学环节 ……………………………… 151
　　一、备课环节 …………………………………………………… 151

二、上课环节 ………………………………………… 155
　　三、作业环节 ………………………………………… 157
　　四、辅导环节 ………………………………………… 158
　　五、评价环节 ………………………………………… 158
　第四节　"融·和"教育的动态评估 …………………… 163
　　一、评估的目的 ……………………………………… 164
　　二、评估的内容 ……………………………………… 165
　　三、评估的过程 ……………………………………… 179
　　四、"融·和"评估：家校"双向反馈" ……………… 187

第四章　"融·和"教育模式的保障机制 ………………… 196
　第一节　固本培元,完善组织管理机制 ………………… 196
　　一、顶层设计——健全管理体制机制 ……………… 196
　　二、教学相长——优化师资队伍 …………………… 198
　　三、以研促教——专家赋能发展 …………………… 201
　第二节　息息相通,构建校际沟通机制 ………………… 202
　　一、学校与家庭：家校共育 ………………………… 203
　　二、学校与学校：资源共享 ………………………… 207
　　三、学校与社区：和谐共生 ………………………… 208
　　四、学校与企业：友好共赢 ………………………… 214
　　五、学校与医院：医教共通 ………………………… 218
　第三节　空间赋能,打造"融·和"育人环境 …………… 219
　　一、感官环境——以校园环境为载体 ……………… 219
　　二、情感环境——营造爱的教学氛围 ……………… 228
　　三、活动环境——教学与活动相统一 ……………… 232

第五章　"融·和"教育模式的育人实效 ………………… 240
　第一节　桃李芬芳,人人都是冠军 ……………………… 240
　　一、体能与运动之星 ………………………………… 241
　　二、艺术与创意之星 ………………………………… 246

三、学习与进步之星 …………………………………………… 247
　　四、数媒与智能之星 …………………………………………… 248
　　五、劳动与制作之星 …………………………………………… 248
　　六、服务与管理之星 …………………………………………… 250
　第二节　教泽绵长，人人都能出彩 ………………………………… 254
　　一、自强不息，用爱托举体育之梦 …………………………… 254
　　二、美美与共，用爱书写艺术之梦 …………………………… 258
　　三、劬劳顾复，用爱开拓成才之路 …………………………… 261
　　四、启智润心，用爱滋养赤子之心 …………………………… 261
　　五、崇德尚礼，用爱构筑和谐之家 …………………………… 272

第六章　"融·和"教育未来展望 …………………………………… 281
　第一节　促进"融·和"教育的链式发展 ………………………… 281
　　一、完善四学段衔接融通式教育机制 ………………………… 282
　　二、完善家庭、学校、社区整合式联动体系 ………………… 282
　　三、建构校企合作式的职教转衔平台 ………………………… 283
　第二节　推动"融·和"教育的智能发展 ………………………… 283
　　一、打造智慧校园环境 ………………………………………… 284
　　二、提升师生信息素养 ………………………………………… 284
　　三、运用多元智能平台 ………………………………………… 284

后　　记 ………………………………………………………………… 286

绪 论

一、"融·和"教育的理论渊源

(一) 对中国古代教育思想的扬弃

孔子主张"有教无类"(《论语·卫灵公》),钱穆解释说:"人有差别,如贵贱、贫富、智愚、善恶之类。惟就教育言,则当因地因材,披而进之,感而化之,作而成之,不复有类。孔门富如冉有、子贡,贫如颜渊、原思,孟懿子为鲁之贵族,子路为卞之野人,曾参之鲁,高柴之愚,皆为高第弟子。"①在古代,受限于传统的教育方式和社会观念,"有教无类"针对的主要还是普通学生,而非特殊学生,特殊学生常常被边缘化。"融·和"教育立足特殊学生发展需求,批判性地吸收"有教无类"教育思想,主张打破种族人群、身份地位、天资禀赋等各种壁垒,特殊学生能和普通学生一样,平等地接受教育、获得发展,使受教者融为一体,共同学习,互相帮助,共同进步。

孔子主张"和而不同"(《论语·子路》),虽然不是专门针对教育而提出的,但对教育领域尤其是特殊教育深有启发和影响。"融·和"教育充分吸收并发扬这一思想,主张尊重个体/群体差异,在多样性/多元化中寻求和谐共存、融合发展。"融·和"教育关注个体的需求和潜能,主张为每个学生提供个别化的学习支持,最大限度地使其融入社会社区、事业职业,与社会各族类、各群体、各行业的人平等亲爱、无隔离无偏见地相处和工作,同时保有自己的个性,实现德智体美劳综合发展。

《礼记·大学》的"三纲领"(明明德、亲民、止于至善)、"八条目"(格物、

---

① 钱穆:《论语新解》,生活·读书·新知三联书店 2005 年版,第 231 页。

致知、诚意、正心、修身、齐家、治国、平天下），由浅入深，由简单到复杂，强调系统性和关联性，也对"融·和"教育提供了重要启示。"融·和"教育主张不同学科、领域和专业的融合，从整体和长远的视角谋划特殊学生的教育教学，为其渐进发展和全面发展铺平道路。鼓励学生和家长多角度看待问题，相信只要找对方法，特殊学生也能有所成就。

总体上，受限于时代条件，中国古代缺乏关于特殊教育的主张和思想，对于特殊孩子的教育也没有正规化，绝大多数特殊孩子处于"有养无教"的状况。

（二）对西方近代特殊教育的借鉴

近代西方，伴随科技和医学的进步，人们对人类身体的残疾现象有了更科学的认识，而自由平等的思想观念也促使越来越多人关注到特殊教育。

1791年，英国基督徒艾尔登、盲人音乐家快斯特和牧师亨白勒三人共同创建了世界上较早的一所盲人学校[①]。1800年底，法国人依塔德对一名十一二岁的"野孩"进行了驯化教育，经过五年多探索，积累了智障者训练的宝贵经验[②]。而后，西方的特殊教育逐渐发展，盲校、聋校等逐渐在各国建立起来，特殊教育也逐渐成为一个涵盖特殊人群救助、教学和法律保障的体系。

在这一发展过程中，许多教育理念和方法得以形成和完善，对特殊教育具有指导意义。例如，蒙台梭利教育法强调关注孩子的个体差异，注重自主学习和探索，提倡创造个性化的学习环境，强调教育应该关注整体的发展，培养孩子的社会、情感、认知和身体等各个层面的能力。"融·和"教育所主张的个别化教育与此相吻合。维果茨基的社会文化理论强调社会环境对学习和发展的影响，认为学习和发展是在社会互动中实现的，强调教育应该创造具有挑战性的社会文化情境，激发学生的思维和解决问题的能力。"融·和"教育所主张的融合教育和跨领域合作与此相呼应。

诚然，西方的特殊教育起步早，并且具有较为完备的体系，但是西方对

---

① 白今愚：《特殊教育的理论与实际》，载《中华教育界》1948年第2期。
② 杨汉麟、李贤智：《近代特殊教育的开路先锋——依塔德驯化野孩教育实验的历史回顾》，载《华中师范大学学报（人文社会科学版）》2007年第4期。

特殊人群的关注建立在更为理性的角度,从起初对特殊人群的病理研究到如今的立法保护都缺少一些"温度",缺乏对特殊人群真正的关爱。因此,要真正实现"融·和"教育,实现特殊学生全面发展,在借鉴西方的一些制度体系的基础上,还要继承和发扬中国传统文化中的有益经验。

(三) 对中国近代特殊教育思想的传承

中国近代社会处于动荡之中,西方势力在中华大地肆意侵略,也使得许多西方的思想传入中国。西方传教士越洋来华,传播宗教思想的同时也创办了许多聋校、盲校,客观上促进了中国早期特殊教育体系的形成。当时许多具有先进思想的国人开始关注特殊教育。

张謇创办了南通狼山盲哑学校。他指出:"盲哑教师,苟无慈爱心与忍耐心者,皆不可任。"[1]他为学校确立的教育宗旨为:训导盲哑生活上之知识;养成盲哑生之技能,使为生利之国民;增进盲哑享受社会娱乐[2]。张謇的特殊教育思想是与其实业救国思想一致的,他把救国、实业、教育、慈善融为一体来思考特殊教育,这种格局、境界、情怀,他的师资培训、课程和教学,都为如今发展"融·和"教育提供了理论源泉。

陈鹤琴提出了"活教育"思想。他指出:"活教育的目的就是在做人,做中国人,做现代中国人。"[3]"做人"赋予了"融·和"基本内涵,强调特殊人群的生命尊严、人生价值和其他所有个体生命一样,特殊人群可以以普通人的身份角色参与社会生活,享有普通人的权利义务,享受社会娱乐和幸福;特殊人群也当然要遵从人类群体共同的生活准则、道德规范、法律约束。陈鹤琴还指出:"活教育的课程是把大自然、大社会做出发点,让学生直接对它们去学习。"[4]"活教育"实际上是"融·和"教育的内容之一,"活教育"是符合特殊学生特点的教育。

---

[1] 张謇:《筹设盲哑师范传习所之意旨》,载《张謇全集》第四卷,江苏古籍出版社1994年版,第106页。
[2] 马建强:《中国特殊教育史话》,新华出版社2015年版,第87页。
[3] 陈鹤琴:《活教育要怎样实施的》,载《活教育理论与实施》,立达图书服务社1947年版,第45页。
[4] 陈鹤琴:《活教育要怎样实施的》,载《活教育理论与实施》,立达图书服务社1947年版,第50页。

陶行知的教育思想对"融·和"教育也有一定的启示。他强调关注每个学生的个性差异和特长，培养学生的综合素质，促进学生全面发展。他提出"因材施教"的教育理念，认为教育应根据学生的兴趣、能力和需求进行个性化的引导。"融·和"教育注重个别化教育和德智体美劳全面发展的观念与此相契合。

钱穆提出教育要符合学生的自然发展规律，不应过度干预和机械训练。他主张教育要尊重学生的个性和兴趣，对学生进行引导而非强制，从而使其获得更自主、积极的学习体验。这也为"融·和"教育的发展提供了方向指引。

二、新中国特殊教育的发展历程

（一）新中国早期的特殊教育实践

1949年底召开的第一次全国教育工作会议指出，要遵循对私立学校采取保护维持、加强领导、逐步改造的方针，允许既有的私立聋哑学校继续办学。1951年，政务院发布《关于改革学制的决定》，要求各级人民政府设立针对聋哑、盲目等人士的特种学校，对生理有缺陷的儿童、青年和成人施以教育。这意味着特殊教育正式被纳入学制系统。1953年，教育部《关于盲哑学校方针、课程、学制、编制等问题给西安市文教局的复函》中的内容成为新中国成立后第一份针对特殊教育的管理规定。

1957年，教育部发布《关于办好盲童学校、聋哑学校的几点指示》，对聋哑教育任务等作了规定。其中指出，我国盲童学校、聋哑学校的基本任务是培养盲童和聋哑儿童具有一定的科学文化知识，掌握一定的职业劳动技能，并具有共产主义的道德品质，使他们成为积极的自觉的社会主义的建设者和保卫者。同年，毛泽东指出，我们的教育方针，应该使受教育者在德育、智育、体育几方面都得到发展，成为有社会主义觉悟的有文化的劳动者。"融·和"教育向着五育并举方向发展的理念或可溯源于此。

（二）改革开放后的特殊教育实践

改革开放后，中国的经济和政治都迎来了一次新的发展，特殊教育事业也同样开启了一段新的实践探索,尤其是在立法层面,特殊教育有了更为完善的法律保障。

1982年颁布的《中华人民共和国宪法》第二章第四十五条规定,中华人民共和国公民在年老、疾病或者丧失劳动力的情况下,有从国家和社会获得物质帮助的权利。国家发展为公民享受这些权利所需要的社会保险、社会救济和医疗卫生事业。国家和社会须帮助安排盲、聋、哑和其他有残疾的公民的劳动、生活和教育。1986年颁布的《中华人民共和国义务教育法》第九条第二款规定,地方各级人民政府为盲、聋、哑和弱智的儿童、少年举办特殊教育学校(班)。1985年发布的《中共中央关于教育体制改革的决定》要求地方政府在使九年义务教育得以实现的同时,还要努力发展幼儿教育和盲、聋、哑、残人和弱智儿童的特殊教育。

1989年,上海召开特殊教育工作会议,提出保护残疾儿童、少年受教育的权利是国家、社会和家庭的共同责任,要求各级政府及其职能部门牢固树立"特教特办"的观念,做好特殊教育工作。此后许多特殊教育学校组织教师进行观摩、讨论和交流,采取多种形式,将学习和实践相结合,有效提高了教育教学质量。1992年,上海建立特教奖励基金制度,向工作满25年以上的盲校、聋校教师颁发证书和奖励。

(三) 新时代特殊教育的探索之路

进入新时代,特殊教育领域进行了一系列新的探索,旨在推动特殊教育的改革和创新,提升特殊学生的教育质量和社会融合能力。习近平总书记关于教育的重要论述,尤其是在多次重要讲话中提及特殊教育,为新时代特殊教育的发展指明了方向。

习近平总书记指出,新时代新形势,改革开放和社会主义现代化建设、促进人的全面发展和社会全面进步对教育和学习提出了新的更高的要求。他强调,党的十八大以来,我们围绕培养什么人、怎样培养人、为谁培养人这一根本问题,全面加强党对教育工作的领导,坚持立德树人,加强学校思想政治工作,推进教育改革,加快补齐教育短板,教育事业中国特色更加鲜明,教育现代化加速推进,教育方面人民群众获得感明显增强,我国教育的国际影响力加快提升,中国人民的思想道德素质和科学文化素质全面提升。

2017年,习近平总书记在党的十九大报告中指出,要办好特殊教育,努力让每个孩子都能享有公平而有质量的教育。2019年,习近平总书记在中央财经委员会第十次会议上强调,要推动特殊教育事业加快发展,为特殊学生提供优质服务。他指出,要加大投入,改善特殊学校和教育资源,加强特殊教育师资队伍建设,推动特殊教育与普通教育融合发展,使特殊学生享有平等的教育权利。2020年,习近平总书记在中国共产党与国家机关党的建设工作会议上的讲话中强调,要关心特殊学生,加强特殊教育,为他们提供更好的发展机会。他指出,要建立健全特殊教育体系,加强特殊学校和教育资源建设,推动特殊学生融入社会,促进社会共建共享。同年的全国教育大会上,习近平总书记强调,要加强特殊教育,提升特殊学生的教育水平和生活质量。他指出,要深化特殊教育改革,推动融合教育,提高特殊教育的专业性和针对性,创造更有利于特殊学生发展的环境。2022年,习近平总书记在党的二十大报告中指出,要强化特殊教育普惠发展。

这些讲话中,习近平总书记强调了特殊教育事业的重要性,提出了加强特殊教育改革和发展的要求,明确了特殊教育工作的目标和方向。这些讲话具有行动纲领的作用,是推进和发展"融·和"教育的根本依据。

三、上海市浦东新区辅读学校的创立和发展

(一) 历史沿革

上海市浦东新区辅读学校坐落于繁华的陆家嘴金融贸易区,是一所对残疾儿童青少年实施义务教育与康复训练以及初级职业技术培训的特殊教育学校。学校由原上海市陆家嘴聋哑辅读学校和原上海市浦东新区上南辅读学校合并而成。

上海市陆家嘴聋哑辅读学校的前身是黄浦区聋哑学校,该校成立于1953年,1993年8月更名为上海市陆家嘴聋哑辅读学校,2000年增挂上海市忠华初级职业技术学校。

上海市浦东新区上南辅读学校的前身是上海市浦东新区上南八村小学,该校成立于1987年9月,是一所共建配套学校,1994年1月更名为上海市浦东新区上南辅读学校。

2004年6月,上海市浦东新区上南辅读学校划入上海市陆家嘴聋哑辅读学校;2005年6月,后者更名为上海市浦东新区辅读学校;2017年,学校中职部与群星职校合作办学,成立特殊中职校。

经过几十年的建设与发展,上海市浦东新区辅读学校已经在特殊教育领域独树一帜。学校现设有陆家嘴校区、忠华校区和上南校区三个校区:陆家嘴校区位于崂山路551弄21号、40号,占地总面积为8 115平方米;忠华校区(群星职校忠华教学点)位于浦三路653号,占地总面积为6 366平方米;上南校区位于成山路349号,占地总面积为6 221平方米。

根据《上海市聋校辅读学校教学与康复设施设备装备标准》和办学发展需求,学校近年来添置了大量先进的设施设备,配有校电视台、计算机房、多媒体教室、烹饪室等近30个专用教室,以及感统室、多感官室、音疗室、沙盘游戏室等20多个康复训练室,增设了模拟社区、生活实训室、海贝绘本馆等教室,另外为大龄青年参与就业实习创新设置了梦工坊咖啡吧、绣坊和洗车房等。学校为每个教学班配置了空调、饮水设备等,为特殊学生提供了一个满足发展需求的适切、舒适、温馨的校园环境。学校在"为每个学生提供最适切的教育,让每个学生都得到最优的发展"的办学理念指导下,对特殊学生实施高期望教育,产生了良好的社会影响,发挥着"特殊教育,造福人类"的重要作用。

(二) 师资力量

上海市浦东新区辅读学校正努力打造一支师德高尚、专业化水平高,具有创新能力的"事业型、研究型、专业型"优质特教师资队伍。目前,学校共有在编教职工132名,其中教师131名,教辅1名,共同组成了一支"博爱、好学、创新、合作"的教师队伍。

全体教师的平均年龄为37岁,45岁以下专任教师占69%,中青年教师已成为学校发展的主要力量。48%的教师有十年以上的特殊教育经历,教师队伍稳定。

专任教师的学历结构也在逐步优化,本科及以上学历的教师接近97%,硕士学历的教师达到27%且呈逐年递增趋势。高级教师职称8人,一级教师54人,高级、一级职称专任教师比例达到47%。

在学校"3·10·20·30工程"梯队培训计划的推进下,目前学校已形成一支由3名市名师后备、1名区学科带头人、12名区骨干教师、1名区青年新秀、7名区特教中心组和德育中心组成员、1名区德育名师基地成员、3名区学科工作坊成员,以及22名校级骨干组成的名师骨干队伍,辅读部有言语、作业、箱庭、感统等专业教师,职教部有具备西点、烹饪、美容等职业资格证书的专业教师。

(三) 办学理念和目标

1. 办学理念

上海市浦东新区辅读学校的办学理念是:为每个学生提供最适切的教育,让每个学生都得到更优的发展。具体言之,就是以学生为本,以能力为本,确立教育服务的办学思想;面向全体学生,落实个别化教育策略;在辅读教育与职业教育一体化的基础上,为挖掘学生的潜能服务,为学生的个别化教育服务,为学生的全面发展和可持续发展服务,构建特殊教育体系,使特殊教育走向专业化、科学化、现代化;努力探索有特色的特殊教育之路。

2. 学校发展目标

上海市浦东新区辅读学校致力于实现"医教结合、按需施教、补偿缺陷、开发潜能,人人有所发展"的办学目标,创现代化、国际化的优质特殊教育学校。作为一所特殊教育学校,上海市浦东新区辅读学校致力于提供全面的教育和支持,以满足每个学生的独特需求。

"医教结合"是指学校将医学和教育资源相结合,通过专业的医学评估和个别化的教育方案,为每个学生量身定制教学计划。这种综合性的方法可以更好地满足学生的特殊需求,促进他们的全面发展。"按需施教"意味着学校将根据学生的学习进度和能力水平,提供恰当的教学方式和内容。不同的学生有不同的学习节奏和学科兴趣,学校将尊重个体差异,让每个学生都能在适合自己的环境中学习和成长。"补偿缺陷"是指学校将帮助学生克服各种困难和障碍,弥补他们在学习和生活中的不足。这包括提供专业的学习支持和康复服务,让学生能够充分发挥潜力,拥有更好的未来。"开发潜能"是学校的重要任务之一。除了解决学生的特殊需求,学校还将积极培养学生的优势和潜力,让他们在自己擅长的领域取得更多的成就。这有助于学生树立自信心,增强自尊和自爱,为未来的生活和职业做好准备。

学校的终极目标是成为现代化、国际化的优质特殊教育学校。这意味着学校将借鉴国际先进的特殊教育理念和教学方法,不断提升教师的专业水平,拓展教育资源,为学生提供更多样化和高品质的教育体验。

3. 学生培养目标

上海市浦东新区辅读学校培养学生的目标是:让每个学生获得基本的生活技能,做健康阳光、有礼有节的孩子,幸福并有尊严地融入社会、和乐生活。把特殊学生培养成有阳光心态、有礼貌教养、会合作沟通、能坚持不懈的人。

具体来说,学生培养目标包含以下几个方面:

第一,获得基本的生活技能。学校注重培养学生掌握日常生活所需的基本技能,例如自理能力、社交能力、学习技巧等。这些技能是特殊学生实现自主生活和自我发展的基础。

第二,健康阳光、有礼有节的孩子。学校希望培养学生积极乐观、健康向上的心态,以及懂得礼仪和节制的品质。这些素养有助于学生树立正确的人生观和价值观,培养积极向上的生活态度。

第三,幸福并有尊严地融入社会、和乐生活。学校的目标是让学生在社会中感受到幸福和尊严,不受歧视和排斥。学校将提供必要的支持和帮助,让学生在社会中获得平等的机会和尊重,与他人和睦相处,享受和谐的生活。

第四,有阳光心态。学校注重培养学生拥有积极乐观的心态,培养他们在面对困难和挑战时保持积极的态度,不轻言放弃。

第五,有礼貌教养。学校重视培养学生有适应生活的社交礼仪和品德修养,让他们成为有教养、懂得尊重他人的人。

第六,会合作沟通。学校将培养学生良好的合作意识和沟通能力,使他们能够与他人合作、交流,共同完成任务,建立良好的人际关系。

第七,能坚持不懈。学校鼓励学生培养坚持不懈的品质,面对困难不轻易退缩,不怕失败,勇往直前,为实现个人目标而不断努力。

通过以上目标,上海市浦东新区辅读学校旨在让特殊学生在接受教育和支持的过程中获得全面的成长,充分展现自身的潜能,成为有益于社会的积极向上的个体。学校的努力将有助于特殊教育事业的发展,为特殊学生的未来带来更多可能性和希望。

4. 教师发展目标

上海市浦东新区辅读学校关注教师的培养与发展,努力打造一支师德高尚、专业化水平高,具有创新能力的事业型、研究型、专业型优质特教师资队伍。

"事业型"是指教师要对教育事业有强烈的责任心和使命感,对工作充满热情,不断追求进步和提升,愿意为学生的成长和发展付出努力,能够在教育工作中不仅注重教学效果,更关注学生的综合素质培养。"研究型"是指教师要具备探索精神和求知欲望,不断深入研究特殊教育理论和实践,追求教育教学的创新和改进;通过开展教育研究,不断提高自身的教学水平和教育教学质量。"专业型"是指教师要具备自我反思和自我提升的能力,不断自我学习,参与专业培训和交流,不断完善自己的教育教学知识和技能,并且能够适应不断变化的教育环境和学生需求,不断提高自身的综合素质。

通过培养和发展这样的优质特殊教育教师队伍,上海市浦东新区辅读学校可以更好地实现学校的教育目标,为特殊学生提供更优质的教育服务。优秀的教师将为学生的成长和未来,以及特殊教育事业的发展做出积极的贡献。

(四) 校园文化建设

校园文化是学校在长期教育教学实践中凝聚、升华的一种精神,是全体师生认可的核心价值观和行为准则。

1. 校风:有教无类,以爱育爱

上海市浦东新区辅读学校的校风"有教无类,以爱育爱"传递了一种包容、关爱和教育的精神。这种校风体现了学校对学生的平等对待和个性化关怀,以及教师对学生的真挚关爱和悉心教育。

"有教无类"意味着学校不会因为学生的不同背景、能力或特殊需求而进行歧视或排斥。无论学生的个人条件如何,学校都会给予他们平等的教育机会和资源支持。这种校风体现了教育的公平原则,让每个学生都有接受优质教育的权利。"以爱育爱"里的"爱"不仅指教师对学生的关爱,也指学校整体对学生的关怀。学校致力于用爱心去培育学生,理解和尊重每个学生的个性差异,满足他们的学习需求,关注他们的身心健康以及全面的成长。

通过"有教无类,以爱育爱"的校风,每个学生都能在温暖、尊重、关爱的氛围中学习和成长。教师们不只是传授知识,更是用爱心去引导学生,激发他们的学习热情,培养他们的综合素质,促进他们的人格发展。这种校风有助于建立良好的师生关系,提高学生的学习积极性和教育成效;有助于教师不断提高自身的专业素养,更好地服务于学生的发展。

2. 教风:厚德博学,敬业乐群

教风"厚德博学,敬业乐群"是上海市浦东新区辅读学校对教师教育教学行为的要求和期望。

"厚德博学"强调教师应具备高尚的师德和深厚的学识。一方面,教师应具备崇高的师德,包括道德操守、责任心、正直诚信等品质。他们应以身作则,成为学生的榜样,用真诚、关爱和耐心去引导学生,塑造良好的品德和价值观。另一方面,教师应具备广博的知识和丰富的教学经验。他们要不断学习、积累,保持学识更新,提高自身的学科知识和教学能力,以提供更优质的教育服务。"敬业乐群"强调教师应具备敬业精神和团队合作意识。教师要热爱自己的事业,对教育教学充满热情,坚守初心,不辞辛劳,全心投入教学工作。他们要以学生的学业进步和全面成长为己任,不断追求教育教学的卓越;要乐于合作,善于与同事和家长紧密沟通协作,共同为学生的发展营造良好的学习和成长环境。

这样的教风有助于形成良好的师生关系和教师团队氛围,激发学生学习的积极性和主动性。教师的高尚师德和渊博学识将深刻影响学生,促使他们树立正确的人生观和价值观。敬业乐群的教师团队能够相互学习、互相扶持,共同成长,形成合力,为学校的发展和学生的成长提供更有力的支持。

3. 学风:启智增能,乐活悦活

学风"启智增能,乐活悦活"是上海市浦东新区辅读学校对学生学习态度和学习方式的要求和期望,强调学生在学习过程中应注重启发智慧,提升能力,并以积极愉悦的方式去学习。

"启智增能"意味着学校鼓励学生在学习中不仅仅是被动接受知识,更要主动思考、开拓智慧。学校注重培养学生的创造力、思维能力和解决问题的能力。教师以启发式教学为主,通过激发学生的好奇心和求知欲,引导他们主动探索、积极思考,从而激发学生的学习兴趣和学习动力。"乐活悦活"强调学生在学习中应该以积极、愉悦的心态去面对学习。学校鼓励学生学会享受学习的过程,让学习成为一种快乐的体验。学校努力创造积极的学习氛围,使学生在轻松、愉快的氛围中学习,让学习成为一种乐趣。学校还注重学生的兴趣培养和特长发展,鼓励学生参与各种丰富多彩的课外活动和学习项目,让学生的学习更加多样化和有趣。

通过"启智增能,乐活悦活"的学风,学校鼓励学生成为主动学习者,不断提高自己的综合素质和能力。学生在积极、愉悦的学习氛围中能够更好地发展个人潜能,拓展知识面,也更有可能保持持久的学习动力和热情。这样的学风将培养出更加自信、积极向上的学生,他们将具备解决问题的能力、合作意识和创新精神,为未来的学习和生活打下坚实基础。

4. 吉祥物:海贝

"海贝"(图1)是英语单词"happy"的谐音。这一吉祥物由学校的特殊学生们共同创造,并赋予了其"乐观、友善、勇敢、乐学"的性格特质。作为学校的象征形象,海贝传递着浓厚的爱与关怀。

一方面,这个可爱的吉祥物蕴含着学校和社会对特殊学生的美好祝愿。它象征着学校对每一个特殊学生的深情厚谊,学校希望他们都能得到足够的关爱和支持,能够快乐地成长,希望通过对特殊学生的细心呵护和个别化教育,让他们都能获得基本的生活技能,为未来的独立生活打下坚实基础。另一方面,它象征着学校和社会对特殊学

图1 海贝

生的包容与尊重,学校希望每个学生都能够健康阳光、有礼有节,成为对社会有益的一员,希望每个学生都能够在充满幸福与尊严的氛围中融入社会,与他人和谐相处,享受和乐生活。

吉祥物"海贝"是学校文化的生动象征,通过这个可爱的形象,学校呼唤全社会对特殊教育事业的关注和支持。让我们一同努力,让每个特殊孩子都能得到平等的教育机会,让他们在充满温暖、充满爱的成长环境中不断发展。希望在"海贝"的陪伴下,所有学生都能拥有美好的未来。

(五) 办学成效和社会评价

近年来,上海市浦东新区辅读学校办学成绩显著,初职校学生的就业率始终保持在65%以上。已有200多名学生经过三年的职业技能培训,以学校推荐为主,在星巴克、海神诺富特大酒店、世博洲际大酒店、梦工坊咖啡吧、阳光基地等致力于残疾人慈善事业的共建单位实习,因表现良好而被正式录用,成为自食其力的劳动者。

学校连续16年获得"上海市文明单位"荣誉称号。学校还曾获得"全国助残先进集体""上海市依法治校示范校""上海市家庭教育示范校""上海市安全文明校园""上海市金爱心集体""上海市扶残助残先进集体""上海市青年五四奖章集体""上海市特奥工作先进集体""上海市教育系统优秀工会组织""上海市优秀妇女之家""上海市平安示范学校""浦东新区党建示范点""浦东新区一级党支部""浦东新区心理健康示范校""浦东新区健康促进学校""浦东新区绿色学校""浦东新区优秀家长学校""浦东新区五四特色团支部""浦东新区十大志愿者基地"等荣誉。学校特奥运动发展组获评"上海市五一巾帼奖",团支部获评"上海市优秀青年突击队",少先队大队部获评"上海市红旗大队"。

学校多名教师获得全国、市、区级荣誉,包括全国三八红旗手、全国优秀教师、上海市教书育人楷模、上海市四有好教师提名奖、上海市模范教师、上海市教育达人、上海市园丁奖、上海市金爱心教师、浦东新区优秀班主任等。

学校特奥运动成绩卓著,2007年、2011年、2015年、2019年、2023年,学校体操队代表中国队参加在上海、雅典、洛杉矶、阿布扎比举行的世界夏季特殊奥林匹克运动会,总计获得103枚金牌、50枚银牌和29枚铜牌的优异成绩。学校积极推行特奥领袖培养计划,培养了世界特奥信使徐闯、全球特奥青年领袖李想和乔美丽等一批优秀的特奥运动员。

学校自2016年以来多次在浦东新区的年度绩效考核中被评为"优秀",办学成效明显。

第一章

"融·和"教育模式概述

中国传统文化中的"融"与"和"价值观念,在上海市浦东新区辅读学校的实践中逐渐演绎为一种教育理念。这一理念以"融·和"为核心,扎根于特殊学生的成长与发展,构筑育人生态的支持网络。学校积极倡导"融·和"教育,通过多元并举的"融"以及和谐相处的"和",促进特殊学生的社会参与和全面发展。而这一教育理念的实施,需要学校、家庭、社会三方紧密携手,构建一个充满支持与共融的育人生态。

第一节　基本含义和核心理念

在中国传统文化中,"融"与"和"分别代表了两种重要的价值观念。"融"强调多元和谐的融合,追求不同事物之间的统一和共存,体现了包容性和协调的精神。"和"强调和谐、平衡与和平,追求个体和社会之间的和谐相处,反映了社会稳定和人际关系的重要性。"融·和"教育理念萌芽于中国传统文化的土壤,又在上海市浦东新区辅读学校的实践与探索中进一步发扬,为特殊学生的成长与发展构建了更为丰富和有益的教育生态。

一、对"融·和"教育理念的阐释

在特殊教育中的学生包括普通智力障碍、唐氏综合征、自闭症谱系障碍、特纳综合征、威廉姆斯综合征、轻度脑瘫等不同障碍类型的特殊孩子。

上海市浦东新区辅读学校的503名学生中包括了各种障碍类型,智力障碍和自闭症学生达到58%,其中自闭症学生达到39%且呈上升趋势。更为严重的是,30%的学生有言语语言障碍问题,25%的学生有不同程度的情绪行为问题。"融·和"教育的出发点和落脚点就是关爱和促进特殊学生的成长。

"融",字面含义是包含、接纳、容纳、融合。融,既包含着尊重、关爱和帮助的宗旨,也体现着平等、公平、公正的理念。"包含"是指要将特殊学生作为社会的一分子,这是特殊教育开展的前提和基础;"接纳"是指特殊学生被接纳的过程,既包括对特殊学生的接纳,也包括对其行为和需求的接纳,只有全社会认可与接纳特殊学生的受教育权,才能真正实现教育公平,让他们共享社会发展的成果;"容纳"是指要给予特殊学生容身之处,包括给他们提供学习和受教育的场所,以及给予他们工作和自我发展的空间。"融合"意味着特殊学生融入社会的过程,是指特殊学生在社会中不断自我发展和自我实现,这是特殊学生成长与发展最根本的要求。

"和",字面含义是和谐、协调、融洽、快乐。和,既指人与人的关系和谐,也指人与自然的关系和谐,还指人与社会的关系和谐。"和"是中国传统文化中重要的思想精髓。《老子》:"万物负阴而抱阳,冲气以为和。"《孟子·告子下》:"天时不如地利,地利不如人和。"特殊学生难以和普通学生一样学习知识、理解事物,但同样有着享受生活、追寻梦想的权利。于他们而言的"和",就是能够获得最适切的教育,得到更优的发展。

"融·和"中间的间隔号,意在表明"融"与"和"是相互独立而又统一的,"融"是行为实践,"和"是结果目标。也就是,通过"融"的方式、方法、过程,达成"和"的目的、目标、结果。在这个过程中,"和"对于"融"起着指导、规划、引领的作用,也是检验"融"的成效的标准。"融·和"教育就是要通过"融"的实践达到"和"的目标。

为了实现"和"的目标,"融"的实践便要以"爱"为主导思想。因此,上海市浦东新区辅读学校以"用爱点燃梦想"作为"融·和"教育学校文化建设总纲。以"爱"为主导思想,是指要人们葆有纯粹自然的人性之爱、具有崇高道德的理性之爱,此"爱"为亲爱、慈爱、仁爱、博爱的融汇。从事特殊教育是需要有极大的奉献精神乃至牺牲精神的,是需要有持久的耐性、韧性的,需要超越"大爱"精神,需要融入信仰的大爱精神。共产主义理想、爱国主义情怀是以信仰为基础的爱,有了这种爱,教育者才有不竭的力量源泉,才有永不懈怠的思想保障。以"爱"为主导思想,还指把知识和能力视为生命现象,在教学活动中突出人文关怀,把课程、教学当成爱的载体,营造爱的环境氛围,把教学活动当作生命的对话、爱的传递,实现以人为本、以生为本的教育,实现有效教学。只有在"爱"的思想保障与教学氛围之下,才能真正实现特殊学生的成长与发展,才能唤起特殊学生追寻"梦"的憧憬,让他们走向更优发展、全面发展。

二、对"融·和"教育模式的剖析

"融·和"教育模式是上海市浦东新区辅读学校极富特色的融合教育。上海市浦东新区辅读学校不是招收所有适龄孩子的学校,而是只招收特殊学生,追求满足学生需要和达到教育平等,包括学习过程和学习结果的平等,而这样的平等比入学平等更为重要。为此,上海市浦东新区辅读学校建构了学校、家庭、社区、医院、企业五位一体(图1-1,社会层面主要指医院和企业),满足"融·和"课程架构需求的"9+4"十三年一贯制"融·和"教育管理机制,形成学段衔接、特职融通、医教结合的办学体系,营造"融·和"文化环境,以外显的现代传播方式和内化的价值追求实现特教师生的共同愿景。

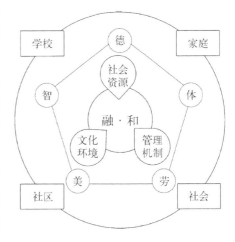

图1-1 "融·和"教育模式的理念

(一) 社会资源的"融·和"

"融·和"意味着将多方力量融合在一起,实现协同合作,形成一个完整的教育体系,以支持特殊学生全面发展。对特殊学生的教育不是单指学校教育,而是一项复杂的系统工程,需要学校、家庭、社区、医院、企业通力合作,打造"融·和"教育网。在这一过程中,学校需要提供适合特殊学生的教学环境和个别化的教学方法,帮助他们充分发展潜能,扮演着核心角色;家庭是特殊学生成长的第一环境,家长的支持和理解对于孩子的发展至关重要,家庭能够提供充分的爱与关怀,鼓励学生克服困难;社区是学生学习和生活的重要环境,可以提供丰富的资源,如社区活动、社交支持等,帮助特殊学生融入社会;医院在提供医疗方面起着重要作用,能够给需要特殊关怀和治疗的特殊学生提供专业的服务和支持;企业也应当承担支持教育的社会责任,通过提供资金支持、就业机会和培训计划为特殊学生提供更好的未来。

上海市浦东新区辅读学校与社区、兄弟学校、企业、社会团体和文化单位结合实现合作办学。近年来,学校与潍坊街道、南码头街道、周家渡街道、浦东新区周报、浦东干部学院、建设银行、拜耳、安利、迪士尼、上海市实验学校、武警机动一支队、上南公交、上海戏剧学院附属新世界实验小学等35家单位签订了共建协议,同时还长期与中福会幼儿园、新时代物业、上海海洋水族馆等45家志愿者单位保持互动,定期开展多种形式的融合社会实践活动,通过活动使特殊学生获得了实际体验,开阔了视野,增长了社交技能。

(二) 管理机制的"融·和"

1. 学制衔接

上海市浦东新区辅读学校在全市特殊教育学校中率先实行"9+4"学制,为不同学习阶段的学生制定不同的成长目标。"9+4"十三年一贯制"融·和"教育将属于九年义务教育的辅读教育与相当于高中阶段教育的四年特殊职业教育,链接成一个特殊教育体系,实现特殊教育的一体化,把教育资源组合成一个规模适当、结构合理、联系密切的集聚体,更好地实施特殊教育,有效规划学生从入学起直到学会一技之长能融入社会的完整的教育过程,提高特殊教育的质量。学校尽可能创设各种教育环境,整合各种教育资源,链接辅读教育与职业教育,最终实现让每一个特殊学生融入社会、和乐生活的目标。

"9+4"十三年一贯制"融·和"教育不是两个时段内课程目标的简单相加,而是基于学情分析的从九年到十三年的课程目标的延伸,在课程内容的重组上充分体现十三年课程整体性和一体化的思想,实现课程内容上的有效对接。辅读课程是初职学习的基础,初职课程是辅读学习的深入和扩展,两者彼此紧密相连。

2. 特职融通

学校围绕职业生涯这根主轴,将校园文化与企业文化相渗透、学习环境与企业环境相融通,创设了"职前一公里"转衔课程,为特殊学生就业需求提供了进一步的支持。学校通过校企合作,努力构建学生需要、社会需要、职业需求三者相结合的特殊职业教育发展模式。这些旨在为特殊学生的工作就业打下坚实的知识技能基础,帮助学生更平稳地完成学校教育与社会工作之间的过渡。

3. 医教结合

学校落实医教结合方针,实现医生定点、定时驻校,开展医学评估、教育观察、辅具设计、康复咨询、个案跟踪等医教互助活动,形成具有校本特色的医教结合模式。

(三)文化环境的"融·和"

"融·和"教育围绕培养什么人、怎样培养人、为谁培养人的根本问题,以立德树人为根本任务,把握学校教育教学方针,构建学校课程教学体系,将习近平总书记重要讲话中提到的"理想信念""爱国主义情怀""品德修养""知识见识""奋斗精神""综合素质"和"健康第一""美育""劳动精神"等设置为"融·和"教育的不同层面的课程。学校致力于将特殊学生培养成为能够自食其力的社会主义国家公民,成为和普通人一样的劳动者、就业者。学校在课程开发及实施中,坚持以德育为核心,全面推进德、智、体、美、劳五育融合发展的课程体系。

第二节 关键主体:三方携手

维果茨基提出的社会文化理论强调文化和社会环境对人类认知和发展的重要影响。学校作为特殊学生在家庭生活和社会生活之间的"桥梁",学校与家庭和社会之间的相互作用对于特殊学生的全面发展至关重要。只有学校、家庭、社会三方携手,建立良好的支持网络,共同关心和帮助特殊学生,才能创造一个支持特殊学生学习和成长的综合生态系统。

一、学校、家庭、社会的关系

特殊教育学校努力开辟学生多元发展空间,构建学校、家庭、社会三位一体教育网的目的是更好地满足特殊学生融入社会、和乐生活的实际需求。这三者之间的紧密合作和有效沟通对于特殊学生的发展至关重要。

(一) 学校与家庭的关系

学校和家庭是特殊教育中最重要的两个环节。学校作为学生学习的主要场所,负责提供个别化教育、专业指导和全面培养。家庭是学生最亲近的社会环境,家长是学生最亲密的关心者。学校和家庭之间应建立密切的沟通机制,保持经常性的信息交流,分享学生在学校和家庭中的表现、学习情况和特殊需求。学校可以定期组织家长会、家访等活动,与家长共同探讨学生的成长和教育方案,让家长更了解学校的教育理念和教学策略,形成共同呵护特殊学生的合力。

(二) 学校与社会的关系

学校与社会的紧密联系有助于为特殊学生提供更广阔的发展空间。学校可以积极与社会合作,与社会组织、企业和社区建立联系,争取更多的实习、就业和社会服务机会,为学生提供更多实践和体验的机会;可以开展社会融入活动,带领学生参与公益事业、社区服务等活动,增强他们的社会参与意识和责任感;可以邀请社会专家和志愿者参与教学和活动,丰富学生的学习资源和体验。

(三) 家庭与社会的关系

家庭和社会的关系也是推动特殊学生发展的重要环节。家庭是学生最亲近的支持系统,对学生的情感支持和家庭教育起着至关重要的作用。家庭应该积极参与社会服务和公益活动,带领孩子感受社会,培养他们的社会责任感和公民意识。家庭还可以主动了解社会的资源和机会,为孩子提供更多的社会体验和参与机会,培养他们的社交能力和生活技能。

二、学校教育的主导作用

在学校、家庭、社会这三个教育环境中,学校教育担负着主导作用。学校教育是一个正式的、系统化的教育过程,是特殊学生获取知识、技能和素养的主要途径。学校教育的主导作用主要体现在以下几个方面:

第一,专业化教育。学校教育由专业教师进行,他们接受过教育和教学培训,具备丰富的教育经验和专业知识。在学校教育中,教师能够针对特殊学生的不同需求制定个别化的教学计划和教学方法,帮助学生获得全面的知识和技能。

第二,个别化教学。学校教育注重个别化教学,教师会根据特殊学生的学习能力、兴趣爱好和学习风格,调整教学内容和教学方法,帮助学生发挥潜能,最大限度地实现其学习目标。

第三,培养社交经验和合作能力。学校是特殊学生接触同龄人和社会的主要场所。在学校中,学生可以与同伴进行交流、互动,培养社交技能和合作能力,提高与他人相处的能力。

第四,职业准备。学校教育不仅注重学业知识的传授,也关注学生的职业准备。学校可以提供职业技能培训,帮助学生准备融入社会和就业。

第五,综合评价。学校教育可以通过考试、作业、课程评估等方式,对学生的学习情况进行综合评价。这有助于了解学生的学习进展和问题,并及时采取措施予以解决。

第六,专业支持和资源。学校拥有丰富的专业支持和资源,例如心理辅导师、特殊教育专家等。这些专业人员可以为特殊学生提供更全面、专业的帮助和支持。

三、学校教育与家庭教育的配合

学校教育与家庭教育的配合是特殊学生全面成长和发展的关键。这种配合是为了确保学生在学校和家庭两个重要教育环境中得到支持和引导，实现教育的无缝对接。具体方式有以下几种：

第一，共同制定教育目标。学校和家庭应该共同参与制定学生的教育目标。学校了解学生在学习和社交方面的表现，家庭了解学生在家庭环境中的情况，两者结合可以形成更全面、贴近学生实际需求的教育目标。

第二，信息共享与沟通。学校和家庭应保持定期的信息共享和沟通。学校可以向家长及时反馈学生在学校的学习情况和表现，家长也可以向学校反馈学生在家庭中的成长状况。这有助于双方了解学生的学习进展和问题，共同协作解决教育难题。

第三，支持学习与家庭作业。学校可以提供学生学习的相关辅导和支持，帮助学生解决学习中的困难。家庭可以为学生提供学习环境，帮助培养学习习惯，鼓励学生完成家庭作业，养成良好的学习习惯。学校与家庭相辅相成，学生的学习才能取得明显的进步。

第四，培养社交与情感支持。学校可以在学生社交方面提供指导和支持，帮助学生与同伴建立友谊和合作关系。家庭可以为学生提供情感支持和鼓励，增强学生自信心和情感稳定性。

第五，培养价值观。学校和家庭应共同培养学生正确的价值观和人生观。学校可以通过课程教育和校园文化传递正确的价值观念，家庭可以通过言传身教、家庭教育传递正面的价值观念。

第六，合作解决问题。如果学生在学校或家庭遇到问题，学校和家庭应共同合作解决。通过沟通和协商找到问题的原因和解决方案，确保学生得到恰当的支持和帮助。

学校教育与家庭教育的配合是特殊学生发展中的一项重要工作。只有学校和家庭共同协作、互相支持，才能为特殊学生提供更全面的、个性化的教育环境，帮助他们全面成长，实现自身的发展目标。这种配合是特殊教育领域实现优质教育的关键要素，也是为学生提供最佳教育服务的重要保障。

上海市浦东新区辅读学校通过对家长的问卷调查分析得出如表1-1所示结果。

表1-1 家庭教育现状与需求问卷调查结果

类型	放弃型	溺爱型	缺乏方法型	能有效教育型
现状与需求	放弃对孩子的教育,孩子日常生活由老人照看	溺爱孩子,对孩子无教育需求	对孩子有教育需求,但教育期望过高(过分追求考试分数)或过低,缺乏科学的家教理念和方法	对孩子有教育需求,已学会一定的专业方法,能针对自己的孩子采用适切的教育
占比	8%	15%	64%	13%

鉴于此现状,学校重点采用家校联动机制,以"家长共同体"沙龙模式和"家校协同"融合互助模式为抓手。

学校通过家长会、家长开放日、家长学校、家长调研等方式使家校间在教育理念上达成一致,做到无缝连接。老师还会以家访或约谈家长的形式以及电话、微信等现代化通信方式定期或不定期地与家长进行广泛的联系与沟通,与家长们及时分享孩子在学校的成长以及学校的发展成就,并适时接受家长的建议。学校邀请华师大特教系周念丽、刘竑波等教授,市精卫中心杜亚松医生等专家开展主题讲座,使广大家长学到许多实际的家教理念和技能。学校以校骨干班主任为基础组建"教师讲师团",老师们将日常碰到的家庭教育个案撰写成一篇篇贴近当下特殊学生实际问题的讲稿,通过主题讲座使家长掌握教育孩子的有效方法。学校还择优选取那些在教育特殊孩子的过程中积累了一定经验的家长组成"家长共同体宣讲团",通过"遇见最美的自己""陪着蜗牛慢慢长大""爱与付出才是生命的意义"等精彩讲座,发挥家长助力家庭教育的正能量。学校还定期组织开展不同主题的"家长高峰论坛",积聚家长智慧,共育"海贝"未来。

学校为了激发家长参与培训的热情,在精心打造课程内容的同时,还创设更多体验活动让家长融入其中,提高他们在学习中的获得感。据统计,历年参加学校培训学习的家长人数达5 395人次,每学年每位家长至少参与"家长学校"学习2次,家长学习参与率逐年提升。2023年,学校还围绕市级规划课题"积极行为支持理念下辅读学校一日常规课程建设"开展家校共育的"家长云端俱乐部"活动项目。

案例1-1

家校协同　共育成长

陈雅芳

李××：自闭症，刻板行为较多、兴趣狭窄、情绪状态相对较为稳定。父母工作较忙，妈妈为主要教育者。平时住在离学校较近的外公外婆家，方便上下学，周末回自己家。

问题一：职一年级刚入校时，经常出现上学迟到的行为，每周会出现1—2次。原因：坐地铁上学，喜欢在地铁站里看地铁，等2—3辆地铁才肯上车，或者在地铁站里的自动贩卖机买饮料。妈妈归因：动作慢，很拖延，看地铁是刻板行为，也曾多次提醒，但是难以改变。

家庭教育指导：

（1）力争和孩子达成共识：迟到这一行为违反学校的行为规范，是不允许的；未来步入职场，守时也非常重要。

（2）外部因素的改变：一是在原先的基础上早起10分钟，为他等地铁的刻板行为预留足够的时间；二是周一至周五请外公外婆准备方便快捷的早餐，缩短用餐时间。

（3）渗透积极行为支持的理念：一是每天出门前提醒他不能等地铁，要直接去学校；二是将其周一至周五准时上学的情况与周末和妈妈一起出去玩的时间或其他奖励挂钩（逐渐提高要求：从一周要求准时到校4天，逐渐提高到要求每天准时到校）。

效果：坚持一段时间后，迟到现象有所改善，但偶尔还是会出现迟到行为。

问题二：职二年级，迟到行为出现反复。多次和他强调到校时间，但是他依然"我行我素"，最高纪录等了4辆地铁，有时也因为老人宠爱外孙不忍心叫他起床，就起晚了，当妈妈和他说起上学迟到这一问题时，他只是重复地说："不能等地铁，上学要迟到的！"妈妈对此非常苦恼，不知道应该怎样和他说。

家庭教育指导：

(1) 第一时间表示理解并安抚家长，出现问题行为反复很正常，可以在一定程度上允许他刻板行为的存在，等地铁本身并不是问题，迟到才是问题。

(2) 建议可以由家长送他上地铁，但由于外公外婆年纪较大，腿脚不便，父母平时不在身边，最终无法进行实践。

(3) 鼓励家长继续坚持做到奖惩分明，并反复和他强调到校时间。

效果： 一直到职三年级，他的迟到行为才基本得到改善，鲜有发生。

问题三： 升入职三年级的暑假，家访中家人对他的评价是："他就像个小孩子。"谈及未来就业，都纷纷摇头，不报以任何期望。

家庭教育指导：

(1) 帮助家长寻找孩子身上的优势：动手能力较强，专业课操作速度虽然慢，但成品质量高；劳动认真，一丝不苟，能够整理和保管好自己的物品。

(2) 建议家长继续加强对孩子生活自理能力和独立性的锻炼（独立乘坐公共交通工具，尤其是乘坐公交车；手机的使用，包括打电话、使用微信联络等），寻找合适的就业契机。

效果： 升入职四年级的暑假，得到了在梦工坊超市实习的机会，主要负责整理部分货架。在实习指导老师或同伴的督促下可以完成，但并不适应开放性的任务和环境，常会去校园里闲逛。但通过一个暑假的实习，能够独立从周浦的家到梦工坊上班，准时上岗的情况较好，与家人进行手机联络也更加娴熟。

问题四： 职四年级分配在学校绣坊实习，妈妈较为担忧："没有拿过针，又是男生，学得会吗？"

家庭教育指导：

(1) 分析孩子的优势与特点：动手能力较强，适合重复性的以及有一定规律性的工作。绣坊的工作环境较为封闭，工作内容也较为固定，更适合他。

(2) 在实习初期，每周用视频和照片的形式向家长反馈他在绣坊的学习成果，消除家长疑虑。建议家长在家中多肯定和表扬孩子在绣坊中的学习成果和进步。

效果：学习速度让绣坊的指导老师非常惊喜，他也很喜欢绣坊的岗位。职四年级毕业后，正式成为一名"绣男"。目前每天会完成一套茶席刺绣。

班主任总结与反思：

特殊孩子的改变和进步很慢，甚至进入青春期，会有孩子出现倒退的现象。面对孩子的行为问题，家长既缺少家庭教育的方法，又缺少陪伴孩子一起慢慢改变的耐心和动力，久而久之，"躺平"成为大多数家长的选择。

作为老师，应该第一时间看到家长"躺平"的状态背后焦虑、担忧、茫然无措的情绪状态，"有时治愈，常常帮助，总是安慰"。很多时候无法去解决学生原生家庭的种种困难，但面对孩子的问题，可以和家长一起为孩子制定恰当的目标，提出可以尝试的家庭教育指导策略，引导家长尝试、摸索有效的方法。相信家校合作，慢慢改变，一定能共同促进孩子的进步和发展，进而推动整个家庭也朝更积极的方向去努力和成长，这样一份温柔的坚持或许是我们可以做的最大的努力！

四、学校教育与社会教育的衔接

学校教育与社会教育的衔接是特殊学生顺利融入社会的关键环节。学校教育是特殊学生获取知识、技能和素养的主要途径，而社会教育则是学生将所学知识和技能应用于实际生活、实现自我发展和融入社会的重要阶段。学校教育与社会教育的衔接主要体现在以下几个方面：

第一，实践教学和社会实习。学校可以通过实践教学和社会实习，让特殊学生将所学的理论知识应用于实际场景中。社会实习可以让学生更深入地了解社会的运作和需求，培养他们的实际操作能力和解决问题的能力。

第二，职业准备和职业指导。学校教育应该关注学生的职业准备，为学生提供职业规划和指导。学校可以组织职业规划讲座、职业技能培训等活动，帮助学生了解就业市场和岗位需求，为将来的职业发展做好准备。

第三，社会融入活动。学校可以积极组织社会融入活动，让学生参与社会服务、公益活动等,增强他们的社会参与意识和责任感。通过这些活动,学生可以更好地了解社会的需求,同时也能够展现自己的才能和价值。

第四,就业服务和支持。学校应该为即将毕业的特殊学生提供就业服务和支持。学校可以与社会企业、机构建立合作关系,为学生提供就业机会和岗位推荐。学校还可以为学生提供简历制作、面试技巧等培训,帮助他们顺利进入社会工作。

第五,持续关怀和跟踪。学校教育与社会教育的衔接并不是短暂的,而是一个持续的过程。学校应该与学生保持联系,了解他们在社会中的表现和成长情况。学校可以为学生提供后续的支持和指导,帮助他们克服在社会中遇到的困难和挑战。

学校教育与社会教育的衔接是特殊学生顺利融入社会、实现自我发展的桥梁。学校教育为学生打下坚实的知识和技能基础,而社会教育则为学生提供实践和应用知识的平台。学校和社会的紧密合作与衔接,是特殊学生教育中的一项重要工作,也是促进特殊学生全面成长的重要保障。通过学校教育与社会教育的有效衔接,特殊学生能够更好地适应社会环境,实现自身的价值和梦想。

案例1-2

杨斌老师梦工坊课程的案例及论述

类别	庇护性就业(以陈×为例)	支持性就业(以徐×为例)
自我管理	1. 能保持耐性,能自我反省,对缺点加以改进; 2. 能遵守承诺,承担责任。	1. 能自行选择及作出决定,并付诸行动; 2. 能安排自己的生活,管理自己的工作时间和金钱。
沟通协作	1. 能运用语言清晰地表达意思及感受; 2. 能接受团体中自己及每个成员的角色、责任,并愿意遵从团队规则。	1. 能理解整段文字,通过阅读书写表达自己; 2. 能对团队成员作出客观评价,能与伙伴分工完成任务。
休闲娱乐	1. 能在他人的陪伴下去商场购物或看电影; 2. 能在他人的陪伴下利用休闲时间去附近的公园、绿地等游玩。	1. 能参与团体游戏,遵守游戏规则; 2. 能合理安排自己的业余时间,外出去超市购物、逛街、聚会等。

续　表

类别	庇护性就业（以陈×为例）	支持性就业（以徐×为例）
解决问题	1. 遇到问题时能运用过往所学或经验，尝试寻求解决的方法； 2. 懂得透过不同的科技手段寻找资料。	1. 遇到问题时能按照指引逐步把问题解决； 2. 懂得运用通信工具与人沟通及联系。

针对学生个体就业准备期、关键期与稳定期的不同需求，学校整合医学、高校专家及企业力量，组建一支多学科的支持服务团队，构建出学校、家庭、社会共同参与的支持服务体系，为学生提供全程的职业转衔支持服务。通过生态评估中的职业技能和职业素养评估，不但可以了解学生目前的技能水准，还可以预测学生在工作职场中成功的机会有多大以及适合他们的岗位。

第三节　育人生态：四融兼顾

皮亚杰的认知发展理论指出，儿童在不同年龄阶段会经历不同的认知发展过程。根据这一理论，个体的认知发展是通过与环境的互动和经验的积累逐渐实现的。"融·和"教育的育人生态圈（图1-2）就是基于认知发展理论而构建起来的，强调将家庭、校园、社区和社会这四个重要的育人环境贯通起来，帮助特殊学生拓展认知领域，并通过在良性运行的育人生态圈中提供针对性的支持和培养，让每个特殊学生都能在多元环境中找到自己的位置，实现全面发展，展现独特的潜能和价值。

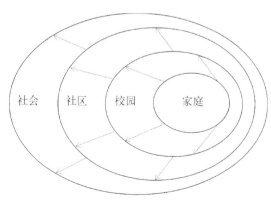

图1-2　"融·和"教育的育人生态圈

一、融入家庭,和乐生活

"融入家庭,和乐生活"指的是帮助特殊学生与家庭建立良好的关系,提高他们在家庭中的融入度和生活质量,使他们在家庭环境中得到支持和关爱,过上快乐和满意的生活。

对于特殊学生来说,家庭是最亲近的社会环境,家庭的支持和理解对他们的成长至关重要。通过融入家庭,特殊学生可以得到更多的情感支持和关怀,增强他们的自信心和自尊心。家庭是学生生活的重要组成部分。特殊学生大部分时间都在家庭中度过,家庭的氛围和家庭成员的态度对他们的情绪和学习状态有直接影响。通过营造和谐的家庭环境,特殊学生可以接受良好的教育和价值观的熏陶,形成一系列良好的行为习惯和生活方式,从而更好地适应学习和生活。

在"融·和"教育理念的指导下,上海市浦东新区辅读学校采取多种举措帮助特殊学生融入家庭、和乐生活。在前期,学校充分了解学生的家庭情况,包括家庭成员、家庭氛围、家庭关系等,为制定个别化的融入计划提供依据。而后,学校通过开展家长培训课程,向家长传授特殊教育知识和育儿技巧,帮助家长更好地理解孩子的需求,提供恰当的支持和关怀。学校定期举办家庭日、亲子活动等,营造家校合作的氛围,鼓励家长参与孩子的教育过程,促进亲子互动和情感交流。学校还通过定期的家访和家长会议,与家长共同探讨孩子在学校的表现和需求,制定个别化的教育方案,实现家校协同,为特殊学生提供更加全面的支持。学校注重培养特殊学生的生活自理能力和社交技能,开设生活技能课程和社交训练,帮助他们更好地融入家庭生活,与家人互动,实现和乐的生活目标。

二、融入校园,乐学成长

"融入校园,乐学成长"指的是帮助特殊学生融入校园生活,实现知识和行为的有机结合,旨在让特殊学生不仅在学业上取得进步,还能在校园生活中积极参与各类活动,实践所学,快乐学习,展现自我,共同成长。

学校是特殊学生学习和生活的主要场所,融入校园生活是他们适应学校环境、全面发展的基础。一方面,知识与技能的学习往往能使特殊学生受益终身,可以促进特殊学生将学到的知识应用于实际生活中,提高学习的实效性,培养学生综合发展的能力。另一方面,特殊学生可以在校园内加强与同伴的互动,建立友谊,促进社交融入。良好的朋辈关系为特殊学生提供了与他人互动、分享经验、合作解决问题的机会,从而可以促进他们的认知和社交发展。

在"融·和"教育理念的指导下,上海市浦东新区辅读学校根据特殊学生的个性特点和学习需求,提供个别化的教育支持和帮助。学校鼓励特殊学生多元化地参与校园活动,如文体活动、社会实践等。通过积极参与,特殊学生可以发展兴趣爱好,增强自我认知和个人价值感。学校为特殊学生创造了友好、包容的学习环境,鼓励学生互相尊重和理解,在积极、温暖的氛围中结交新朋友。学校注重培养朋辈关系,安排有经验的同龄学生或志愿者与特殊学生合作学习、参与活动,共同完成任务。这种合作能够培养特殊学生的合作精神、交往技能和社交情感,促进彼此之间的友谊建立,形成志同道合的关系。通过这些措施,学校致力于创造一个包容友好的学习环境,让特殊学生获得与伙伴互动、共同成长的机会,实现更全面的发展。

三、融入社区,知行合一

"融入社区,知行合一"指的是让特殊学生能够完全融入社区生活,并将知识与实际行动相结合。特殊学生不仅能够在学校获得知识,还能够通过社区中的实践实现成长。融入社区有助于特殊学生建立社交关系、增加自信心,减少社交孤立,提高生活质量,而知识与实际行动相结合可以提高特殊学生的实际技能,增加他们的职业发展机会和社会参与度。

社区服务特殊群体和特殊群体服务社区的作用机制是相互关联的。社区能够通过提供支持、资源和关怀,帮助特殊群体融入社会、提高生活质量和自主生活能力。这样不仅可以改善特殊群体的生活,还能提升社区的多样性和包容性。反过来,特殊群体能够通过他们的参与和贡献,为社区带来多元化的经验、技能和视角,促进社区的发展和文化丰富性。这种相互作用可以增强社区的凝聚力,促进社会的和谐和共同进步。

在"融·和"教育理念的指导下,上海市浦东新区辅读学校组织学生参与各种社区服务项目,如义工活动、环保倡议、社区清洁活动等,让学生体验社区参与的重要性,培养他们的社会责任感。近年来,学校与社区建立了紧密的合作伙伴关系,为学生提供更多资源和机会,例如参观当地企业、参与社会项目、实习等,促进特殊学生将课堂知识与实际经验相结合,培养学生的实际应用能力。学校还定期举办社区活动和文化交流活动,邀请社区居民并鼓励学生家长共同参与,与社区建立更加亲近的联系,促进学生家长与社区居民之间的交流和理解,共同关心学生的全面发展。

四、融入社会,和而不同

"融入社会,和而不同"指的是帮助特殊学生逐步融入社会,积极参与社会活动,并在多样性的社会中保持个性和特点,与他人和谐相处;旨在让特殊学生不仅在学校中获得发展,还能在社会中找到自己的位置,学会在多元化社会中和谐共处的生活方式。

特殊学生的全面发展不应局限于学校,还需要逐步融入社会,这也是他们综合发展的重要组成部分。现代社会强调多元化和包容性,每个个体都有自身的特点和贡献。融入社会,特殊学生可以在保持个性和特点的同时积极参与社会活动,为社会增添多样性和丰富性。在和谐相处中,可以消除社会对特殊学生的偏见和歧视,形成包容的社会氛围。

在"融·和"教育理念的指导下,上海市浦东新区辅读学校鼓励特殊学生积极参与社会实践活动,如参观社区、参与志愿服务等,让他们体验社会生活,培养社会适应能力。学校注重培养特殊学生的自信心和自我认同,鼓励他们展示自己的特长和才华,促进他们与普通学生的交流和互动。学校还积极营造尊重多样性的文化氛围,倡导接纳和尊重每个人的差异。学校组织座谈会、讲座、社交活动等,让特殊学生和普通学生共同交流,互相了解。学校还与社区、企业合作,为特殊学生提供实习机会和职业体验,帮助他们逐步融入社会,体验不同的角色和责任。

第四节 行动纲领：五育并举

特殊学生的学习和发展是一个多维度的过程，不仅包括认知方面的发展，还包括身体健康、创造力、道德价值观和社会技能等多个方面。布鲁纳的综合发展理论和马斯洛的层次需求理论都强调学生的多元发展和需求。"融·和"教育强调的首要目标就是提供适合每个学生需求的个别化支持和服务，以确保他们能够充分参与教育过程，实现自己的潜能和全面发展。而"五育并举"的行动纲领能够充分考虑学生的多元性，通过智育、体育、美育、劳育和德育等多个方面的全面发展，提高学生的社交适应能力，并展现出各自在不同领域的潜能和价值。

一、"融·和"教育中的德育

（一）含义

"融·和"教育中的德育是指培养特殊学生的道德品质和社会适应能力，着重于通过教育和引导帮助特殊学生树立正确的价值观，形成积极向上的品德，学会遵纪守法、团结友爱，适应社会生活。"德育"贯穿"五育"，具有基础性地位，是其他教学内容发挥积极作用的基础和前提。通过德育，特殊学生可以培养良好的行为习惯，增强团结友爱的意识，增强集体意识，提高与他人和谐相处的能力。

（二）举措

上海市浦东新区辅读学校的德育以"融·和"德育为主线，整合家庭、学校、社会德育资源，完善"融·和"德育机制，打造和谐互动、正向支持的德育生态环境，运用重引导、重启发、重激励、重体验的德育方式，切实提高"融·和"德育实效。

第一，构建生活化"融·和"德育的生态环境。以学校教育为核心，以家庭教育为重点，以社区教育为拓展，通过家长学校、志愿者论坛、融合教育峰会等形式和途径,从自然环境、社会环境、人际环境、心理支持等不同角度改善提升,构建家庭、学校、社会协同育人、合作互进、充满活力的德育生态环境,为学生营造一个和谐优质、积极正面的成长环境。

第二,研究生活化"融·和"德育的实施策略。从校园内的生生融合、家庭中的亲子融合、校园外的伙伴交往、社区中的互动融合等引导学生在融合活动或空间中学习和生活,为学校的德育注入融合元素,拓展更广阔的教育空间,创造更多元的融合机会,给予更有效的融合支持。

第三,整合生活化"融·和"德育的育人资源。建立家庭、学校、社会协同育人机制,有效整合利用德育资源,深化三全育人。梳理社会资源,搭建学校"融·和"德育资源网络,建立共建单位、融合学校、实践基地、第三课堂等,采用走出去、请进来双向并行的办法,开展心理、劳动、传统文化、绿色环保、艺术、特奥运动等德育主题教育,坚持五育并举。

第四,搭建生活化"融·和"德育课程的架构。针对特殊学生不同层次的能力现状,从他们的成长需求出发,设计满足个性化发展的德育课程。

二、"融·和"教育中的智育

(一) 含义

"融·和"教育中的智育是指促进特殊学生的智力发展。学习是特殊学生发展的重要途径,通过学习,特殊学生可以获取知识、技能和经验,为他们的成长和发展提供重要支持。通过智育可以帮助特殊学生在认知、学习和知识方面取得进步,使他们能够适应学校教育和社会生活,发挥自己的潜能和能力,为未来的学习和就业做好准备。关注智育可以帮助特殊学生培养学习能力和学习动力,让他们更积极主动地参与学习,克服学习障碍。

(二) 举措

在"融·和"教育理念的指导下,上海市浦东新区辅读学校采取了一系列措施促进特殊学生的智育发展。

第一,学校注重个别化教学,根据每个学生的学习特点和需求,制定个别化的教育计划,确保他们获得适宜的学习内容和方法。

第二,学校推崇多元化的教育方法,为学生提供丰富的学习体验。除了传统的课堂教学,学校还开展实践活动、实验课、户外教育等,以促进学生的实际操作和探索精神,拓展他们的知识面。

第三,学校鼓励学生参与各种学习和文化活动,如科技比赛、艺术表演等,激发他们的创造力和兴趣。学校还提供资源丰富的图书馆、实训室等设施,支持学生自主学习和探索,培养学生的学习能力和学习习惯,教授学习策略和解决问题的方法,为将来的学习和生活做好准备。

三、"融·和"教育中的体育

(一) 含义

"融·和"教育中的体育是指培养特殊学生的体能和体质,着重于通过体育活动和锻炼,帮助特殊学生提高身体素质,增强体魄和身体协调能力,提高平衡感和灵活性,从而改善他们的身体状况。通过体育锻炼,特殊学生可以增强体质,促进身体健康,降低疾病风险,提高生活质量,也可以释放精力,缓解压力,提高心理健康水平。在团体体育项目中,特殊学生可以学会团队合作和协作,增进友谊。

(二) 举措

在"融·和"教育理念的指导下,上海市浦东新区辅读学校采取了一系列措施促进特殊学生的体育发展。

第一,学校倡导包容和平等的体育环境,确保学生能够参与体育活动,享受运动的乐趣。学校鼓励学生尝试不同类型的体育项目,如轮滑、跳绳、蹦床、软式曲棍球、足球、羽毛球等,根据个体差异提供适宜的运动选择。

第二,学校注重个别化的体育教育。学校制定个别化的体育课程和训练计划,根据学生的身体状况和能力提供量身定制的运动方案。学校还培养学生的运动技能,教授正确的运动技巧和姿势,提高他们的体育素养。

第三,学校鼓励学生参与团队体育活动,如集体运动、特奥比赛等。这有助于培养学生的合作精神、团队意识和交往能力,提升他们的社交技能和自信心。

第四,学校注重提供安全的体育环境和适宜的设施,确保学生在运动中得到适当的保护和支持,以免造成身体损伤或心理负担。学校推崇"因材施教"的原则,让每个学生都能在体育领域发现自己的优势和潜力。

四、"融·和"教育中的美育

(一) 含义

"融·和"教育中的美育是指培养特殊学生的审美能力和艺术修养,着重于通过美术、音乐、舞蹈等艺术活动,让特殊学生感受美的魅力,培养他们的审美情趣和创造力。美育可以激发特殊学生的创造力,让他们在艺术创作中表达自己,发现自己的潜能和特长。通过艺术形式,特殊学生可以更好地表达自己的情感和情绪,提高情感表达能力。参与美育活动需要综合运用感知、思考、创造等能力,让特殊学生感受美的艺术享受,丰富精神生活,有助于特殊学生全面发展。

(二) 举措

在"融·和"教育理念的指导下,上海市浦东新区辅读学校采取了一系列措施促进特殊学生的美育发展。

第一,学校注重培养学生对艺术和美的欣赏能力,开设绘画、音乐、舞蹈、手工等课程,让学生通过创作和表现来感受美的存在。

第二,学校鼓励学生参与艺术创作,提供丰富的艺术材料和工具,让他们发挥创造力,表达自己的情感和想法。学校注重每个学生的个性,鼓励他们用独特的方式展示自己的艺术才华。

第三,在社区、企业等的大力支持下,学校通过举办画展、艺术节、公益活动、文化活动等,为学生提供展示和交流的平台。这不仅可以增强学生的自信心,还可以让他们感受到他人的赞赏和尊重,培养积极的情感体验。

第四,学校注重培养学生的审美情趣和判断能力,引导他们从日常生活中发现美的细节。学校通过课堂学习、参观画展等方式,引导学生理解不同类型的艺术形式,提高他们的艺术素养。

五、"融·和"教育中的劳育

(一) 含义

"融·和"教育中的劳育是指培养特殊学生的劳动技能和劳动精神,着重于通过劳动实践帮助特殊学生增强动手能力,培养劳动态度,提高生活自理能力。通过劳育活动,特殊学生可以学习生活技能,如简单家务、自我照顾等,学习各类劳动技能,如手工制作、劳动体验等。劳育活动可以培养特殊学生的劳动态度,鼓励他们勤劳、自立、积极面对生活。通过劳动实践,特殊学生可以更好地融入社会,增加社会参与感。

(二) 举措

在"融·和"教育理念的指导下,上海市浦东新区辅读学校采取了一系列措施促进特殊学生的劳育发展。

第一,学校鼓励学生参与校内的劳动活动,如校园清洁、园艺养护等,让他们体验劳动的价值和意义。

第二,学校重视培养学生的生活自理能力,开设生活技能培训课程,教授独立生活所需的基本技能,如烹饪、洗衣、购物等,帮助学生更好地适应日常生活。

第三,为将劳育与育人目标相结合,学校鼓励学生参与社区志愿服务活动,在锻炼学生劳动技能的基础上,培养他们的责任感和社会参与意识。

第四,学校根据学生的兴趣和能力开设职业技能培训课程,为他们未来的职业发展做好准备。学校通过快乐小岗位实习实训等方式,让学生在真实的工作环境中积累经验。

案例1-3

相融相合　赋予劳动新生命力

陆冬晴

习近平总书记强调,要引导全体学生崇尚劳动、尊重劳动,懂得劳动最光荣、劳动最崇高、劳动最伟大、劳动最美丽的道理,长大后能够辛勤劳动、诚实劳动、创造性劳动。中共中央、国务院《关于深化教育教学改革全面提高义务教育质量的意见》指出,要坚持五育并举,全面发展素质教育,其中特别强调要加强劳动教育。因为学生的特殊性,学校的劳动教育围绕一个"融"字来开展,融合学校,融合家庭,融合社会,融合你我。下面以"快乐小岗位"劳动实践活动为缩影来展示特殊学生如何一步步成长,最终成为能够自食其力的劳动者。

一、内容与措施

特殊学生将来想要成为合格的职业人,需要从小进行锻炼,因此学校在2015年创设了"快乐小岗位"劳动实践活动,此活动深受全校师生的喜爱。岗位从最开始的5个到现在将近20个,如值勤队、主持人、海贝护旗手、小小钢琴家、校园送报员、咖吧服务员、超市收银员等。每学年三个校区总计可以招募到100多名"员工",从早晨7点半进校到下午3点放学,他们认真工作的身影出现在校园的每个角落。

(一) 融·制度 树立敬业意识

为了能够更真实地模拟职场,校大队部制定了一系列完整的岗位制度,落实到岗位发布、招聘、就职仪式、试用期、正式上岗等每一项流程,从老师到学生都严格按照岗位制度实施。

1. 管理制度是保障

完备的管理制度是为了更规范地实施。大队辅导员担任总负责,三名大队委员做组长,另外每个岗位设立一名就业辅导员和值勤组长,做到岗位分工明确,给"小职员们"有力的支撑。

2. 考勤制度是督促

职场中考量一名员工是否敬业的一个基本指标就是有没有按时到岗,因此岗位设立了严格的考勤制度。每周一值勤组长逐一到岗点名,上报给组长,最终汇总给大队辅导员。

3. 奖励制度是激励

有考核必定有奖励,这样才能不断激发"小职员们"工作的积极性。海贝币是在校园内流通的"货币","小职员们"每月最后一周都会领到海贝币作为自己的"工资"。每学期末还会评选优秀员工进行全校表彰。

(二) 融·资源 加强劳动意识

"快乐小岗位"劳动实践活动的顺利开展离不开我们的最佳拍档们——

家长、社区志愿者缺一不可，大家携手合作共同开展丰富多样的职业体验活动。

1. 家庭劳动重分享

生活即教育，学生在家庭中的劳动教育是他们获得生活体验，拥有正常生活技能的重要教育契机。假期里，大家积极参与劳动技能"三个一"活动，即学习一项劳动技能，参与一次劳动体验，收集一个劳动故事，通过观察、体验、实践、分享等几个步骤逐渐树立正确的劳动态度和劳动意识。

2. 实践活动重体验

劳动教育要落地生根，必须全社会通力协作配合。学校充分挖掘各类资源，将职场搬进校园，连续三年打造"劳动职业体验场"系列活动。通过特别的"职业打卡体验"，学生不仅享受到了劳动带来的快乐，更体会到了各行各业的工作者用自己的劳动为社会做出了不同的贡献，值得我们尊重、点赞和学习。

（三）融·服务　坚定职业意识

我们的岗位设置随着社会的发展也在不断更新，从单一机械化的岗位向灵活人性化的岗位转变，如校园快递员、超市服务员、小小钢琴家等。每学期这些岗位的竞争十分激烈，受到许多学生的青睐。当然，这些岗位对员工服务意识的要求也更高。

1. 功能性服务

功能性服务是指满足顾客需要、解决顾客问题的服务，如校园送报员、快递员、后勤小帮手等。学生要学会了解服务对象的需求，如几点将报纸送到办公室、分发资料时是每个班几份等。通过一次次的锻炼、任务难度的不断提升来体现他们越来越专业的服务水平。

2. 态度性服务

态度性服务是指以热情、微笑、诚意等良好的态度来为顾客服务，如咖啡吧服务员、超市收银员、值勤人员等。良好的服务态度是赢得顾客好感的前提，学生在工作时学会微笑和主动询问可以极大地提高他们工作的完成度，当他们受到赞扬和肯定时也能使他们收获劳动带来的成就感和满足感。

二、效果与反思

我们计划将学生在校的13年划分成三个阶段，每个阶段进行不同重点的劳动教育：低年级在"快乐小岗位"中跟岗学习,树立敬业意识;中年级在"职场体验"中实操演练,加强劳动意识;高年级在"融空间"中进行岗位实践,提升服务意识。层层递进,阶梯式发展。

2019年,上海首个心智障碍青年支持性就业和实习基地"梦工坊咖啡吧"成立了,它的创建为学校学生提供了一个非常好的岗位实践基地,从校园的小门走进社会的大门,咖啡吧就是这两扇门之间的一道桥梁,让学生将所学的劳动本领真正地运用到职场中,品味劳动的酸甜苦辣,最后获得丰富的人生感悟,成为幸福有爱的合格公民。

第二章

"融·和"教育理念下的课程建设

课程建设就是在学校的办学理念和培养目标的指导下,以学校内外条件为基础构建、开发与实施校本化的课程体系①。为了进一步提高学校生存教育的质量和内涵,解决学校在生存教育教学实践中存在的瓶颈问题,以促进学校的跨越式发展,上海市浦东新区辅读学校在总结特殊儿童教育教学经验的基础上,根据学校学生的基本情况并结合自身的办学特色,以学生个别化教育需求为起点,以《培智学校义务教育课程标准(2016年版)》为依据,对学校现有的教学模式进行重新定位与改革,提出并构建了一种适合教育对象多元化需求和个性化发展需求的教学模式——"融·和"教育模式,旨在探究一种灵活的、科学的、高效的教学模式,进一步提高学校的教育质量,促进特殊儿童更好地融入社会、和乐生活。

第一节 "融·和"课程的设计

上海市浦东新区辅读学校依据上海市课程方案的总体要求,综合考虑学校的办学特色和区域特点编制校本课程计划,并不断加强课程的领导力,创造性地实施校本课程计划。

---

① 王辉、王雁:《对我国大陆培智学校课程建设问题的几点思考》,载《中国特殊教育》2015年第1期。

一、"融·和"课程的设计理念

(一) 融合教育政策导向下的"融·和"理念

2019年,中共中央、国务院发布的《中国教育现代化2035》提出总体实现中国教育现代化,迈入教育强国行列的发展目标。这里的教育当然少不了特殊教育。而融合教育倡导教育公平,是推进新时代特殊教育发展的重要方式,国家不断推出政策促进融合教育的发展。2021年,国务院办公厅发布的《"十四五"特殊教育发展提升行动计划》提出遵循特殊教育规律,以适宜融合为目标,按照拓展学段服务、推进融合教育、提升支撑能力的基本思路,加快健全特殊教育体系,还提出拓展学段服务,着力发展以职业教育为主的高中阶段特殊教育。关于如何推进融合教育,提出"加强普通教育和特殊教育融合""推动职业教育和特殊教育融合""促进医疗康复、信息技术与特殊教育融合"的具体要求。

上海市浦东新区辅读学校在融合教育理念和相关政策倡导的"人权与公平"基础上进一步融入"和谐与和乐"的期望,形成"融·和"理念支撑学校课程建设与实施。"融·和"理念以国家融合教育发展的政策要求为导向,兼顾普通教育与特殊教育融合、社区融合、学段融合、特殊教育与职业教育融合、现代信息技术与特殊教育融合,以学生"融入社会、和乐生活"为目标进行多路径、多方向、多领域的"融·和"课程实践探索。在横向维度上,面向普通教育与特殊教育融合、社区融合方向实施社会实践课程;在纵向学段维度上,以学段间融合、特殊教育与职业教育融合的理念为指引,上海市浦东新区辅读学校建设了具有特色的中等职业教育阶段课程,并在义务教育阶段设置相应课程进行衔接。学校还积极进行虚拟现实技术和元宇宙技术与学校课程结合的实践探索,为促进课程创新而不断努力。

实施"融·和"课程是上海市浦东新区辅读学校在充分理解融合教育理念和国家关于融合教育高质量发展要求下,立足学校实际情况做出的积极探索和实践,是上海市浦东新区辅读学校"融·和"教育实践成果与融合教育发展时代主旋律相呼应的和声。

(二) 生活教育理论基础上的生活性理念

陶行知提出的生活教育理论以"生活即教育"为核心,认为生活本身含有教育,生活决定教育,生活需要教育①,倡导教育以生活为载体,以生活经验为教材,以学生的生活为中心,以培养学生生活能力为目标;主张"社会即学校",破除学校和社会生活脱节的弊端,让学校打开大门走入社会,社会走进学校;以"教学做合一"为教学具体实施原则,倡导通过切身实践学习。

生活教育理论与特殊学生的发展需求相契合,与地域社会和谐共处是特殊学生的发展目标,特殊学生需要为了生活学、在生活中学、通过生活学。特殊教育学校旨在促进特殊儿童社会化,平等参与社会生活②。特殊教育学校义务教育课程均具有生活性的重要特点和要求,上海市浦东新区辅读学校以生活教育理论为基础,结合学校培养学生"能生活、会生活、乐生活、爱生活"的目标,形成生活性的课程实施理念。

上海市浦东新区辅读学校"融·和"课程实施的生活性理念,一方面在于课程体系的生活性,在学校课程框架中纳入以学生一日生活为主要内容的一日常规课程;另一方面在于课程资源的社会性,结合社会各界力量,转化社会教育资源,拓展学校的课程资源,走出校门,以终为始,契合"社会即学校"理念,是对陶行知生活教育理论的应用和实践。

(三) 活教育思想指导下的适切性理念

以陈鹤琴的活教育思想为基础形成的特殊儿童教育思想丰富了特殊儿童教育的理论与实践。活教育思想认为,活教育的教材、方法都是活的;一切设施和活动要以儿童为中心;其最终目标是让学生"做人,做中国人,做现代中国人";倡导特殊教育本土化,要适应我国国情③。活教育思想对我国当前特殊教育现代化和本土化发展具有重要意义,也是上海市浦东新区辅读学校形成适切性课程实施理念的重要思想基础。

---

① 谌安荣:《陶行知生活教育理论的内涵及其意义》,载《广西社会科学》2004 年第 9 期。
② 邓猛、杜林:《西方特殊教育范式的变迁及我国特殊教育学校功能转型的思考》,载《中国特殊教育》2019 年第 3 期。
③ 王海凤、郑刚:《陈鹤琴的特殊儿童教育思想论述》,载《绍兴文理学院学报(教育版)》2016 年第 1 期。

适切性理念即契合学生特点和需求,因材施教,实施校本化和本土化的课程。上海市浦东新区辅读学校结合本校学生的实际需要开设特奥运动、特奥融合运动;结合学生个人兴趣爱好和体验需要开设社团类课程,如具有地域特色的沪剧社团等;针对学生的特殊需要设置校本微型补偿性课程。上海市浦东新区辅读学校"融·和"课程的适切性理念不仅与学校"为每个学生提供最适切的教育,让每个学生都得到更优的发展"的办学理念一脉相承,而且有陈鹤琴的活教育思想作为坚实的理论根基。

二、"融·和"课程的目标体系

上海市浦东新区辅读学校"融·和"课程的目标为:通过十三年贯通式的一般性课程、选择性课程和职业性课程三类课程以及活动课程的实施,促进特殊学生自我管理、生活劳动、认知学习、沟通协作、休闲娱乐、解决问题六大核心能力提升,使每一个特殊孩子成为融入社会、和乐生活的普通公民。

基于《培智学校义务教育课程设置实验方案》和《上海市特殊中等职业教育学校(班)课程方案(试行稿)》等政策文件的要求,结合"融·和"课程的生活性和适切性的理念,具体的课程目标依据义务教育学段和特殊中等职业教育学段进行了划分。

(一) 义务教育学段"融·和"课程的目标

全面贯彻党的教育方针,体现社会文明进步要求,使特殊学生具有初步的爱国主义、集体主义精神;具有初步的社会公德意识和法制观念;具有乐观向上的生活态度;具有基本的文化科学知识和适应生活、社会以及自我服务的技能;促进特殊学生自我管理、生活劳动、认知学习、沟通协作、休闲娱乐、解决问题六大核心能力提升,养成健康的行为习惯和生活方式,成为适应社会发展的公民。

(二) 特殊中等职业教育学段"融·和"课程的目标

在义务教育学段"融·和"课程基础上,进一步提升学生综合素质,着力培育学生的自我服务能力、社会适应能力和职业能力,为学生生涯发展奠定基础。

1. 具有理想信念和社会责任感

形成正确的世界观、人生观和价值观。热爱祖国，热爱中国共产党，形成为人民服务、奉献社会的责任感。具备基本的法制意识和社会公德意识，能自觉遵纪守法，依法维护自身权益。形成生态文明意识，初步形成国家总体安全观。

2. 具有基本的科学人文素养和职业素养

掌握适应社会所需要的文化基础知识，具有感受美、欣赏美的能力，形成正向的审美情趣。逐步提高自我服务、适应社会以及从事简单工作的能力。做好适应社会、融入社会的就业准备，具有初步的生涯规划意识，掌握生涯规划基础知识和方法。

3. 具有初步的自主发展能力和沟通合作能力

掌握锻炼身体的基本方法，形成健康的生活方式，萌发终身学习的兴趣，养成良好的行为习惯，具有基本的沟通与合作能力，保持乐观向上的生活态度，焕发自尊、自信、自强、自立的精神风貌。

三、"融·和"课程的设计思路

以"融·和"理念为核心，聚焦特殊学生自我管理、生活劳动、认知学习、沟通协作、休闲娱乐、解决问题六大核心能力，链接九年义务教育阶段和四年职业教育阶段课程，期望每一个特殊孩子都能成为能融入社会、和乐生活的普通公民。

（一）按照一体化模式和"融·和"理念搭建课程结构

上海市浦东新区辅读学校在深入解读《全国培智学校义务教育课程方案》《上海市辅读学校九年义务教育课程方案》《上海市特殊中等职业教育学校（班）课程方案（试行稿）》及各学科课程标准的基础上，推进五育并举的总体要求，构建了"9+4"十三年一贯制"融·和"课程体系，将属于九年义务教育的辅读教育与相当于高中阶段教育的四年特殊职业教育，链接成一个特殊教育体系。依据方案，学校对各类课程进行学习领域的划分，打破学段分割限制，构建了三大类别的课程，即一般性课程、选择性课程、职业性课程，实现特殊教育的一体化。这样构成的校本课程框架,课程内容更为丰富,课程体系更为合理,各层次学生的发展需求得到了较好的满足。

(二)聚焦六大核心能力设计课程目标

依据培智学校和特殊中职校课程方案,以"融·和"理念为核心,学校为各类课程制定了明确的课程目标。十三年一贯制"融·和"教育不是两个学段课程目标的简单相加,而是基于学情分析的从九年到十三年的课程目标的延伸,学校聚焦特殊学生自我管理、生活劳动、认知学习、沟通协作、休闲娱乐、解决问题六大核心能力,将能力培养融入每一门课程目标之中,不同学段、不同课程类别的能力侧重点不同。例如,语文、数学等一般性基础学科注重培养学生的认知学习、沟通协作等能力,社团活动等选择性课程为学生的休闲娱乐提供多样化指引,职业教育阶段的专业性课程侧重技能提升和培养解决问题的能力。

(三)根据课程目标设计课程内容

学校依据国家和地方课程设计与实施要求,坚持国家课标引领,从浦东城市发展的实际和不同障碍类型及障碍程度学生的需求出发,设计三大类课程的具体内容,在课程内容的重组上也充分体现十三年课程整体性和一体化的思想,实现课程内容上的有效对接。义务教育学段的课程是初职学习的基础,初职课程是义务教育学段学习的深入和扩展,两者彼此紧密相连。上海市浦东新区辅读学校的"融·和"课程坚持基础性、发展性及补偿性的原则,初职课程以融会、融入、融合的职业性教育目标为导向,将义务教育学段六大类必修的基础性课程,如生活、品德与社会、语文、数学、艺术、运动等向初职延伸。为满足学生的各种需求,学校还深入开展校本特色课程实践,创造并不断丰富"一日常规""普特融合"等课程内容,践行"融·和"教育理念。

(四)基于课程理念构建评价指标

基于"融·和"教育理念,在进行课程评价时,学校根据培养目标与学生的实际情况,整体设计认知、语言、生活技能、情感、职业能力等多方面的评价内容,注重考试内容设计的生活性和适切性,全面反映学生的学习经历和成长轨迹。在义务教育学段,学校实施"快乐考试",每学期确定一个主题,通过生活技能、休闲娱乐、运动健身三个板块的活动来检验学生学科知识水平,考查学生运用学科知识参与社会生活的能力,考查学生在实践活动中的体验。在记录评价学生活动情况的基础上,为学生们下一阶段的学习提供数据支持。在职业教育学段,学校实施期末考试,构建分层评价指标并以此设计星级考试内容,为不同的学生提供积极支持。

第二节 "融·和"课程的结构

"融·和"教育模式的"9+4"十三年一贯制将属于九年义务教育的辅读教育与相当于高中阶段教育的四年特殊职业教育,链接成一个特殊教育体系,实现特殊教育的一体化,把教育资源组合成一个规模适当、结构合理、联系密切的集聚体,更好地实施特殊教育,有效规划学生从入学起直到学会一技之长能融入社会的完整的教育历程,提高特殊教育的质量。

依据国家和地方课程设计与实施要求,综合考虑办学特色和区域特点,深入推进五育并举的总体要求,上海市浦东新区辅读学校构建了十三年一贯制"融·和"课程体系,聚焦特殊学生自我管理、生活劳动、认知学习、沟通协作、休闲娱乐、解决问题六大核心能力,以及"融入社会、和乐生活"的学生发展愿景,设置了三个类别的课程,形成了一个服务学生十三年的课程统一体。在师生们的爱与梦想的浇灌之下,课程体系形象化地构成了一棵树干粗壮、枝叶繁茂的"融·和"课程树(图2-1),成为孩子们赖以学习、生活、成长的一片绿荫。

图2-1 "融·和"课程树

一、一般性课程：重生活化——力求实用，夯实基础

教育部发布的《培智学校义务教育课程设置实验方案》指出，一般性课程包含生活语文、生活数学、生活适应、劳动技能、唱游与律动、绘画与手工、运动与保健等七门课程，体现对学生素质的最基本要求，着眼于学生适应生活、适应社会的基本需求，按照学生的生活经验和生存需要，以生活为核心组织课程内容。在职业教育学段，根据课程方案要求，从特殊学生终身发展需求出发，设立基于公民素养培养的公共基础课程，包括语文、数学、英语、信息技术、心理健康、道德与法律、体育与健康、艺术、生涯规划等学科。在"融·和"教育理念下，学校充分进行校本实践，贯穿十三年课程体系，形成了以基础学科为主要内容的涵盖义务教育学段和职业教育学段的特色"融·和"课程。

（一）基础类"融·和"课程

基础类"融·和"课程主要指义务教育学段的生活语文、生活数学、生活适应、劳动技能和职业教育学段的语文、数学、英语，让学生从最基本的学科知识和技能开始学习，掌握基本的学习方法，逐渐渗透学科素养，增强学科的生活性和实用性，使特殊学生具备生活和职场中基本的沟通表达及书写能力，能够运用所学的数学知识解决生活和职业学习中的基本问题。

（二）生涯类"融·和"课程

生涯类"融·和"课程主要包括义务教育学段的综合劳动实践和职业教育学段的心理健康、职业道德与法律、生涯规划及校本"一日常规课程"，旨在促进特殊学生能生活、会生活、乐生活、爱生活，提高其生活质量。

（三）艺体类"融·和"课程

艺体类"融·和"课程包括各学段的艺术体育类学科，如唱游与律动、绘画与手工、运动与保健等，使学生学会感受美、表现美，进而创造美，丰富、愉悦学生的精神生活，同时形成热爱体育、崇尚运动、健康向上的良好风气。

案例 2-1

一日常规课程

"积极行为支持理念下智力障碍学生一日常规的建设"课题组

金秀红执笔

智力障碍学生的"一日常规课程",是指为帮助智力障碍学生在一日生活中养成良好行为习惯,习得日常生活必需技能,提升生活适应能力而开展的系统课程。包括家庭环境支持下的晨起、用餐等日常教育活动课程,以及学校教育课程体系下的围绕学习、活动、休息等常规教育要求开展的课程。

2016年起,学校开展了"一日常规"辅读学校特色行规养成教育的研究。2018年,课题"积极行为支持理念下智力障碍学生'一日常规课程'的建设"被正式列为区重点课题和市教育科研市级课题。

一、课程理念

(一)围绕学生发展需求

课程以学生日常生活为核心,帮助学生在日常事件的处理中提高自我管理能力,学会基本沟通与表达,逐步形成规则意识,养成良好习惯。而对学生能力的培养,需要放在每一天的生活中,时时处处蕴含课程的教育功能。

(二)注重生活实景运用

课程注重在生活实景中对学生进行教育,让学生自己分析并解决生活实际问题,体现实用性。一日常规课程与日常学科课程相互联系,是学科课程的实践延伸,也是学科课程的评价平台。

(三)关注学生主动参与

课程实施中引导学生自主参与,通过多实践、多锻炼,逐步习得技能、学会沟通、懂得道理、养成习惯。关注学生对生活事件的处理方式,引导其自我反馈和调整。

(四)发挥家庭教育功能

课程发挥可视化环境对学生各方面能力培养的塑造功能,抓住学校及家庭中各种人、事、物的教育契机,尤其是发挥家庭教育的功能,在平凡的日常生活中让学生接受锻炼。

二、课程目标

基于生活适应核心理念,确定课程目标为:帮助智力障碍学生从在校、在家的一日生活中习得日常生活、学校生活所必备的适应性技能,养成良好的生活、学习和行为习惯,提升他们的生活适应能力和积极乐观的社会生活态度,让他们更好地适应家庭环境和校园环境,为他们持续、长久的生涯发展和融入社会打下基础,提升生存质量。

三、课程实施

(一) 甄选课程内容,链接一日生活

智力障碍的特殊学生因为认知水平低,他们在行为习惯形成的过程中存在主动学习能力弱、分辨是非意识差、个体之间差异大、好习惯养成周期长等群体特征。学校在对教师、家长、志愿者等进行调查研究的基础上,将调查分析结果与《中小学生守则(2015年修订)》《上海市辅读学校行为训练指南》相结合,梳理出辅读学校学生在校一日行为规范的内容。学生从早上踏进校门到下午跨出校门,一天的校园生活中每一个环节都不留行规教育空白点,让行为习惯的养成教育在我们的校园中无处不在。利用每天日常发生的事件素材,从特殊学生融入社会目标需要日积月累培养和锻炼的能力要求出发,不仅提出行为习惯养成的要求,还在自我管理、交往沟通、合作素养等方面提出相应要求。并整合家庭、社区的教育力量,让学生把在校园中养成的良好行为迁移到家庭环境和社区环境中,举一反三,不断延伸。充分发挥德育课程的育人功能,不仅有利于智力障碍学生更好地适应校园环境、家庭环境和社区环境,更为其将来融入社会打下基础,提升他们目前和未来的生存质量。

课程内容具体体现为"四会",分别是日常自我生活会管理、日常行为习惯会养成、日常交往沟通会学习、日常规律生活会安排。

(二) 采用特色方法,提高教育实效

在课程实施过程中,我们重点运用"环境可视化"与"积极行为支持"两个特色的教育策略来提高行为规范养成教育的实效性。

1. 环境可视化

我们把环境作为课程实施的一个途径,把一日常规的各个教育环节的内容、要求、过程、评价用图画、图形、线条、简单文字等形式直观地呈现给学生,通过可视化的方式帮助他们理解、记忆、重构和应用知识。在校门口、教室、走

廊、楼梯、洗手间……一日常规可视化的呈现无处不在,一个小图示、一句俏皮话、步骤化演示、结构化流程图、操作性互动墙等无声地发挥着教育功能。可视化策略在行为规范教育的分层教育中也发挥着独特的功效,让部分以视觉学习为主的自闭症孩子受益,改善了师生之间的理解、对话、探索和交流,让学生清晰地了解自己需要做什么、应当如何做及做得怎么样。

2. 积极行为支持

智力障碍的特殊学生有特别多的问题行为,在行为习惯养成过程中经常会出现刻板、反复、退化的现象。我们运用积极行为支持理念,改善校园生态系统,引导老师关注学生良好行为的建立和养成,多运用正面鼓励去教育学生,不仅更新教师的教育理念,也努力打造良好的德育生态环境。每日的好习惯打卡栏、每月的金海贝评比和海贝币奖励等不断地激励着学生。

(三) 实施精致管理,追求扎实过程

对于课程的实施,我们注重学生行为习惯养成教育的过程,根据特殊学生行为习惯的养成特点,采用一月一重点、一周一推进的形式,确保德育课程的有效实施。

每个月针对一个主题内容设计一份主题教育方案,分别形成适合低、中、高、职校年级学生的微课,教师利用晨会课、班会课等时机对学生进行教育。通过"四周方案"推进课程的实施。

1. 宣传周(第一周)

通过德育工作会议,让全体教职工了解当月一日常规的工作内容;通过微信公众号推送"给家长的一封信",让家长知晓当月学校行为习惯教育重点,家长在家庭教育中需要怎么做;通过各班级老师,根据一日常规学段教育的要求,利用晨会课、班会课等途径,采用可视化、三字经儿歌等方式让学生了解做什么、如何做。

2. 训练周(第二周)

教师遵循"教育—实践—评价—改进—再实践"的原则对学生进行好习惯养成教育,同时注重对家长家庭教育的指导,促进家校教育一致,加强对学生行为习惯的训练。

3. 观察周(第三周)

这是好习惯形成的固化阶段,教师对学生边观察边指导,通过一日常规

评价表、班级微信群视频打卡、家长反馈等方式帮助学生巩固技能,强化良好的行为习惯并能在生活中进行泛化。

4. 比赛周(第四周)

围绕每月教育重点,设计月月赛行为规范评比活动,评出"餐后整理能手""出操准备标兵"等,给每个班级最优秀的学生颁发行为规范"金海贝"奖杯,并通过微信公众号公开表彰。

四、课程收获

(一) 学生的行为习惯明显进步

课程实施以来,通过将一天中的零碎时间串联起来,利用每日不同时段,落实随时随地的浸润式教育,在特殊学生身上已经看到了明显的成效,孩子们的好行为、好习惯正在慢慢养成。他们在时间观念、规则意识、责任意识、行为习惯等多个方面都有非常明显的变化和进步。他们不仅能在学校生活场景中把好习惯外化,也能在家庭场景、社会场景中进行迁移和举一反三,得到了老师、家长、志愿者和用人单位的好评。

(二) 教师的育人理念有效提升

通过课程的实施,老师们对于人人都是德育工作者的育人理念有了更高的认同,对于学科德育的渗透和落实也在日常工作中践行。我们的积累也很丰富:1份课题开题报告;1份课题调研报告;1份一日常规课程指南;1个一日常规网上学生评估平台;11份一日常规主题教育方案;44篇主题教育微课设计;8份一日常规主题教育月月赛方案;4本一日常规主题教育绘本故事;10个一日常规主题教育微视频及结构化图示;12封一日常规课程家校联动告知信;1份课题中期报告;3份教育个案;5篇小论文。

(三) 家校的互动沟通更为密切

在课程实施过程中,学校通过微信公众号推送、家长学校、家长会、家长开放日等途径,做到让所有家长知晓一日常规课程,并积极配合学校做好日常的教育和支持。让家长们意识到,养成良好的行为规范和生活习惯,能让孩子们更好地适应校园环境、家庭环境和社区环境,更能为孩子们将来融入社会打下基础,提升他们目前和未来的生存质量。

案例 2-2

用心做好一日常规教育，助力学生好习惯养成

芦代祯

良好的行为规范影响着我们一生。对于我们学校的学生而言，良好的行为规范不仅能提高他们的生活质量，提高他们的社会适应性，还能使他们获得社会大众广泛的接纳。我们学校的一日常规教育就是为了培养学生从起床到放学这段时间内良好的行为规范。一日常规教育是班主任工作很重要的一部分，作为班主任，我一直在思考如何有效地进行一日常规教育。

一、主题制定

每月初，我都会根据学校要求和学生需求制定本班学生一日常规的主题，通常是 2 个校级规定主题和 5 个班级自选主题。我在制定一日常规主题时会根据学生的发展需求，和我的搭班共同商议。

（一）符合学生发展需求

我在制定一日常规主题时首先考虑的就是符合学生的发展需求。

1. 不同学生不同主题

我会为不同年级段的学生制定不同的一日常规主题。低年级，制定能够帮助学生尽快适应学校生活的一日常规主题，如主动问好、进校洗手；中年级，制定能够帮助学生树立自我服务劳动意识的一日常规主题，如餐后整理、收拾玩具；高年级，制定能够帮助学生建立服务集体的意识的一日常规主题，如午间小扫除。

2. 同一主题不同要求

在同一主题下，我会对不同年级段的学生提出不同要求。比如午间小扫除，让低年级学生自己擦课桌，中年级学生擦黑板、整理课桌椅，高年级学生自主决定如何进行小扫除。

（二）正副班主任等共同制定

如果说班主任是班级管理的主要负责人，那么副班就是班级管理的"合伙人"。我是和我的搭班薛老师以及助教陈阿姨一同商量，共同制定当月的一日常规主题。由于是共同制定一日常规主题，所以我、薛老师和陈阿姨都很清楚一日常规主题的要求，从而能够更好地推进一日常规教育的实施。

二、可视化环境布置

环境是一种重要的教育资源,我也是充分利用一日常规可视化环境布置培养学生的良好行规。

(一)"量身定制"一日常规步骤图

除了学校统一的一日常规可视化环境布置,我还会以我们班学生为主角,为他们制作专属我们班的一日常规步骤图,如"进校""餐前准备""操后整理"等相关的一日常规步骤图。步骤图全部采用图文结合的方式,符合学生的认知水平。图片都是我们班学生真人出镜,不仅让学生体验到真实感,也为他们树立一日常规的榜样。

(二)学生参与一日常规环境的使用和评价

在进行一日常规可视化环境布置时,我还会根据学生的实际能力,让学生适当地参与到一日常规环境的使用和评价当中。比如,我会让学生自己更换日期和课表;会在晨会的时候让学生看着有自己形象的一日常规步骤图说一说,学着做一做;每月末,我会让学生贴一贴评价章,自己选一选心目中的"进步小火箭"。学生参与到一日常规可视化环境的使用和评价中,不仅能够激发他们学习一日常规的兴趣,还能让他们在潜移默化中得到教育。

三、实施方法

制定好主题,布置好环境,接下来就是一日常规教育的重头戏——如何实施。以下是我进行一日常规教育的主要方法。

(一)多方合作,分工合理

多方合作,指的是正副班主任、助教阿姨共同对班级学生进行一日常规教育。分工合理,指的是每个教育者都有自己的教育任务。比如我们班的"操后整理"一日常规分成四个步骤:洗手、擦手、喝水、休息。其中洗手、擦手、喝水这三个步骤需要教师特别指导,以保证过程有序、成果有效。我、搭班薛老师和助教陈阿姨分别负责这三个步骤,像流水线一样指导学生完成操作。经过反复多次实践,我们班的大部分学生已经知道了"操后整理"要做的事情以及正确的步骤。

(二)奖励措施,积极强化

我们班的黑板上有一块是一日常规养成奖励版面。学生通过积累"大拇指章"换取相应的奖励。我事先会和任课老师说明我们班的奖励措施,每位任课老师都可以根据学生的常规表现对学生进行奖励,包括上课认真听讲、课间自己接水并及时回教室、午饭光盘、自己整理玩具等。每天在规定时间进行奖励兑换。这项奖励活动一开始是针对我们班一个小朋友的好习惯养成设置的,后来我想既然做都做了,索性就面向全班。适当的奖励能够激励学生掌握一日常规,养成良好的学习、在校生活习惯。我们班有一个学生为了集齐"大拇指章"兑换相应的奖励,他能够自己接水并及时回教室,不再玩电梯了,也有学生能够在午休结束时自己收拾玩具,也有学生午饭挑食的情况好转了,即使再不喜欢吃的食物也会为了"大拇指章"尝一尝。

(三)松紧结合,张弛有度

在一日常规教育中,我坚持松紧结合的原则。"紧"指的是对于大部分一日常规,学生需要按照规定步骤进行活动。比如"餐前准备"按照洗手、擦手、拿餐具的步骤进行,"进校"按照洗手、量体温、挂书包、放水杯的步骤进行。"松"指的是对于部分一日常规,学生可以自主选择如何开展活动。比如我们班午休时,在安全的、不影响他人的情况下,学生可以自由选择活动。午休时我们班的玩具柜和图书角是开放的,学生可以画画,也可以拼图;可以看书,也可以唱歌;可以蹦蹦跳跳,也可以趴在桌子上休息。一日常规教育中的松紧结合,能够在学生快速有效地掌握一日常规要求的同时,发挥学生活动的自主性,让学生养成自主安排自由时间的意识,培养学生的独立性。

(四)结合学情,循序渐进

一日常规主题的制定要考虑学生的发展需求,我们在实施一日常规教育时要考虑学生的发展规律和接受程度。比如在"排队"这项常规教育中,对于一年级新生来说,如果我们要求学生一步到位做到跟着前方同学有序前进,是十分困难的。我们班依据小步子原则,对"有序排队前进"的目标进行分解:一年级要求学生手搭在前面同学的肩膀上,让学生不乱跑的同时树立跟着班级队伍向前走的意识;二年级在学生形成排队跟着班级队伍向前走的意识后,撤除手搭肩膀的支架,让学生自己跟着前面的同学向前走。经过两个多月的练习,我们班大部分学生能够自己跟上班级队伍,不乱跑不掉队,个别学生还能够自己跟着前面的同学走。目前我正在做的是让学生继续练习手不搭肩膀排队向前走的同时,练习伙伴结对排队走。

(五)家校联动,事半功倍

对于学校有家中也有的情境,我会鼓励家长要求学生照着学校里的一日常规要求做。比如"餐前准备",我会要求家中和学校步调一致,让学生自己洗手、擦手、拿餐具。再比如,学校里是学生自己收拾玩具和图书,我也会鼓励家长在家中让孩子自己收拾玩具和图书。家校统一,让学生在学校在家中不断练习一日常规的要求和做法,不仅能帮助学生更好地掌握一日常规,还能帮助学生提高自我服务的能力。

四、结语

对学生而言,一日常规能够让学生感受到学校生活的秩序感和安全感,有利于学生良好情绪的保持。一日常规还能够培养学生良好的规则意识和自控能力,有利于学生更好地适应集体生活。对班级管理而言,一日常规是顺利开展各项活动的基础,有助于顺利开展班级管理工作。作为班主任,我们要做好一日常规教育,只要我们用心做了,就能看到成效。

二、选择性课程:重个性化——挖掘潜能,补偿缺陷

选择性课程分为发展性课程和补偿性课程,着眼于学生个性化发展需要,注重学生潜能开发、缺陷补偿,强调给学生提供高质量的相关服务,体现学生发展差异的弹性要求,遵循学生身心发展规律,并为其后期的全面发展奠定基础。

(一)发展性课程和补偿性课程的辩证关系

特殊教育学校中的发展性课程和补偿性课程具有一种辩证关系,反映了教育领域中对矛盾的对立统一性原理的应用。这两种课程旨在满足特殊学生的教育需求,但在方法和目标上存在一定的差异。

发展性课程侧重于特殊学生的个性化发展,根据他们的潜能和兴趣,提

供有针对性的教育。这类课程强调学生的优势领域，鼓励他们充分发挥自己的潜力，实现全面发展。这体现了教育领域中的对立统一性原理中的"个性与普遍性"的对立统一，即在个性化发展的同时，也要保持教育的普遍性，确保学生获得必要的知识和技能。

补偿性课程旨在填补特殊学生可能存在的学习差距，提供额外的支持和资源，以弥补他们的教育缺陷。这类课程强调对学生特殊需求的关注，确保他们能够获得与普通学生平等的教育机会。这反映了教育领域中的对立统一性原理中的"平等与差异"的对立统一，既要确保平等的教育权利，也要关注不同学生之间的差异。

在特殊教育实践中，发展性课程和补偿性课程相互补充、互为辅助。发展性课程可以帮助学生充分发展自己的潜能，提高他们的自信心和自尊感，从而更好地应对学习障碍。而补偿性课程则可以为学生提供必要的支持，帮助他们克服学习障碍，更好地融入教育主流系统。通过两类课程的相互辅助，可以为特殊学生提供全面的教育支持，帮助他们实现全面发展和克服学习障碍。这种综合的教育方法有助于满足特殊学生多样化的需求，实现对他们的更好支持和培养。

（二）发展性课程的内容和要求

发展性课程借助区域内各类优秀资源，以丰富的活动为载体，以社团活动为主要实施方式。上海市浦东新区辅读学校结合义务教育学段和职业教育学段课程实施情况，将发展性课程分为四类。

第一类是按照课程方案要求开设的，包括第二语言、信息技术、科普等课程。

第二类是结合本校学生实际需要开设的，包括特奥运动、特奥融合运动课程。

第三类是满足学生个人兴趣及体验需要的社团活动，包括趣味扑克、茶艺等生活类，小推车、历奇、太极等运动类，乐高、魔法等科技类，手工绣、书法篆刻、黏土、木艺等手工类，闻香烫画、衍纸画、炫舞、朗诵、合唱等艺术类，戏剧、心绘本、心理体验活动等心理类。

第四类是服务于职校专业课程和学生未来发展的选修课程，包括家庭餐饮、西式面点、商品经营、家政服务、园艺种植、手工皂、绘画、摄影、陶艺、茶艺、手工绣、咖啡服务、洗车服务、形体等。

案例 2-3

特奥融合课程

龚 波

世界特殊奥林匹克运动会(Special Olympics,简称"特奥会")是专门为智能低下、言语不清的神经和精神障碍患者甚至是生活不能自理的儿童和成人举办的国际性体育运动竞赛活动,旨在促进他们的身体健康、社交互动和自信心。1975年前不定期举行,共举办了4届。自1975年起,每四年举行一届,迄今已举办10届。比赛项目有田径、水上运动、羽毛球、篮球、地掷球、保龄球、自行车、马术、高尔夫球、体操、力量举、轮滑、帆船、足球、垒球、乒乓球、手球、网球、排球、赛艇、室内滚木球等。

特奥会的目标:为智障人士提供参与社会的平等机会,使他们有机会成为对社会有用,被社会认可和尊重的公民。口号:"勇敢尝试,争取胜利!"(Let me win. But if I cannot win, let me be brave in the attempt.让我获胜,如果我不能获胜,让我勇敢地去尝试)精神:技能、勇气、分享以及超越国家、政治、性别、年龄、种族、宗教的界限带来的快乐。

一、课程概况

特奥运动课程是建立在义务教育基础性课程"运动与康复"和职业教育基础性课程"运动与健康"上的发展性课程,是发展性课程中的核心课程之一。不是每所特殊教育学校都会开设特奥运动课程,但特奥运动课程在特殊教育领域是相当普遍和有价值的。特奥运动课程对智障学生有特别重要的意义,它不仅以体育促进学生身心的健康发展,以体育带动其他四育使学生全面发展,而且能更好地培养学生的交际合作协调能力、团队精神和良好的意志品质,能增强学生的进取精神和自信心。

上海市浦东新区辅读学校设有特奥融合课程,这是学校的特色亮点课程。学校通过特奥融合课程,不仅促进了有体育才能的学生加强了身体活动,还增强了学生的团队合作意识、竞技精神和自尊心,为他们提供了展示自己才华的机会。学校特奥融合课程的基本情况如表1所示。

表1 2019学年特奥融合课程表

运动队名称	训练时间	学生数	教练
体操队	周一—周五　7:30—8:00(上南) 周一、周三　9:45—11:10(陆家嘴)	26人	施卓英 高成双　陆冬晴
速滑队	周一、周四　14:00—15:00	23人	赵欣华　管国良 李秀明(校外)
软式曲棍球队	周四　8:15—11:15 周三　12:50—14:10(软式曲棍球社团课) 周日　10:30—11:45(高年级融合训练) 周日　16:30—17:45(低年级融合训练)	31人	管国良　高成双 蒋治国 张闻雨(校外) 买买提(校外)
足球队	周二、周四　15:00—17:00	16人	高强
舞龙队	周二　14:00—15:00	4人	杨斌 陈咏(校外)

从2007年开始,学校特奥运动蓬勃发展,惠及全校每一个特殊学生(图1),十多年来可以看到特奥运动带给孩子们的改变。他们不仅感受到了体育运动带来的无穷魅力,而且通过不断地磨炼,学会了合作、坚持,变得更加自信,抗挫能力得到了提高。

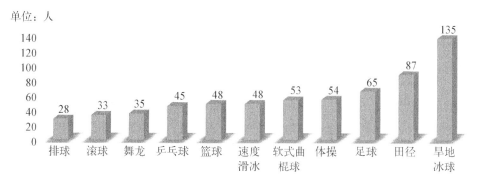

图1　2020学年特奥运动项目参与人数

二、课程实施

(一)制定方案和计划

学校制定了《特奥运动课程方案》和《特奥领袖培养计划》,定位于发展性课程之校本课程中的重点课程,提供政策支持和保障,强化规范和管理。依据课程方案中学生为本的理念,尊重学生的兴趣爱好,组建各类特奥运动社团、特奥训练梯队、训练小组和个人特长训练,利用晨间锻炼、社团活动课、课后训练等形式教学,并把每天9:00—10:00专门列为特奥运动时间。

(二) 培养教练团队

2000年,学校开足了特奥运动项目,有些项目学校老师也无专门的训练经验乃至知识。学校尽可能创造机会选送老师参加上海市、全国的特奥教练员培训,更多的是老师们自己学习探讨,在实践中不断总结。目前,学校以全国特奥优秀教练员、上海市教书育人楷模施卓英老师为首的一个个草根教练、金牌教练、明星教练相继而生,已有特奥足球教练高强,软式曲棍球教练管国良、高成双,速滑教练赵欣华,滚球教练陆冬晴等多名特奥教练。我们也通过特奥运动结识了一批热心于特奥运动的编外教练(团队),如十几年来关心我们体操队的沈教练、申花足球的刘教练、软式曲棍球的沈教练、杨扬速滑教练团队。

三、课程成效

目前,学校已建立起多支特奥运动队伍。下面着重介绍速度滑冰、软式曲棍球、轮滑等三支队伍的情况。

(一) 速度滑冰

速度滑冰(speed skating)是一项在400米赛道上较量滑行速度的冰上体育运动。速滑运动有助于增进身心健康,促进人体新陈代谢,提高心肺功能,增强防寒能力,培养坚毅顽强的意志品质。

2013年9月,上海市浦东新区辅读学校与飞扬冰上运动中心合作成立了溜冰队,这是上海唯一一支由智障学生组成的溜冰队伍。现有队员12人,均为中重度智障学生,包括自闭症4人。

每周的周一、周四下午都是他们的训练时间,经过教练的系统训练,学生们从一开始在冰上站都不能站稳到现在基本能掌握冰上的技术动作,自如地在冰上做出各种动作。

2017年3月,第十一届世界冬季特殊奥林匹克运动会在奥地利举行,学校短道速滑队运动员李想、王佳莉、黄宇颉参加冰上首秀,获得1金、4铜的成绩,他们向世界展现了浦东特奥宝贝的风采。

2017年10月,学校特奥速滑队9名队员代表中国参加了在韩国首尔举行的2017韩国国际特奥速度滑冰大赛,获得4金、6银、7铜和1个第四的成绩,为国增光。

2019年12月,学校特奥速滑队12名队员参加了2019年全国冬季特奥运动会,获得4金、3银、8铜和3个第四、2个第五、2个参与奖的成绩。

(二)软式曲棍球

软式曲棍球(floorball)又被称为福乐球、地板(曲棍)球,起源于1958年的美国,1968年被引入瑞典。软式曲棍球是一项团体运动,在增强学生体质、促进队员互动交流、培养学生团队精神和终身体育习惯等方面具有独特价值。

2016年9月,学校成立软式曲棍球运动队。

2017年2月,学校召开特奥青少年融合软式曲棍球志愿者行动项目启动仪式。

2017年6月,学校召开"融·在一起"第一届特殊软式曲棍球邀请赛。

2017年7月,学校软式曲棍球队远赴北欧,与芬兰国家特奥队、瑞典国家青年队进行友谊赛。

2018年10月5—8日,学校与青新青少年发展促进中心共同组建了国内首支软式曲棍球融合队,参加在韩国江原道举行的2018韩国特殊奥林匹克融合节的特奥软式曲棍球赛,获得A组亚军。

2019年12月12—15日,学校软式曲棍球融合队代表上海参加2019全国特奥冬季项目软式曲棍球比赛,获得A组冠军。

(三)轮滑

2019年8月25日—9月1日,学校王佳莉、李想、王顾彬、陈强等4名队员入选上海特奥轮滑队,参加在天津举行的全国第十届残运会暨第七届特奥会,获得2金、6银、3铜的成绩。

2021年,全国第十一届残运会暨第八届特奥会将在西安宝鸡举行。学校特奥轮滑队5名队员积极备战,进行赛前集训,力争做足准备,代表上海出征全国特奥赛场,再创佳绩。

案例 2-4

特奥运动让孩子重获新生

江 涛

在座的各位家长朋友、各位老师,大家晚上好!我的孩子江奕阳目前就读于忠华校区职一(2)班,我是他的父亲江涛。非常感谢咱们学校提供了这次机会,让我们这些已经有了经历的家长,可以在这里交流得失,因为每一个孩子的经历,都可以为在座的各位家长提供借鉴,以便少走弯路。

今天的主题是谈运动尤其是特奥运动对孩子的改变。在谈这个话题前,有必要向大家介绍一下阳阳的成长经历。

2003年出生的阳阳在17个月时确诊脑白质减少,和在座的每位家长一样,我们经历了晴空霹雳。这个症状的医学解释为:大脑神经突触减少,也就是神经元之间的联结变少了;外在的症状表现为:大动作发育迟缓、语言发育滞后。我们家立刻全体动员为孩子安排了对应的康复训练,一直坚持训练至5岁。这样努力的结果是,孩子18个月时会站立,23个月后开始走路,但是动作不协调,笨拙易跌跤,常被嘲笑。因语言发育更晚,造成交流沟通障碍。因为我们家本身有运动习惯,所以在他4岁时让他接触了第一项运动——轮滑。

有一个心得需要和大家交流一下,可能也是这些孩子的共同点,就是他们会对学习新的东西产生抗拒,这时我们家长就必须坚持。

阳阳5岁时学习骑自行车。7岁进入普校一年级。到了2年级的下半学年,因各种原因导致只能上半天课,下午在家休息。除了文化课跟不上,身体也不好,每个月都要去医院报到。但这半年我们给他安排得很充实,开始让他学习游泳、篮球和绘画。

游泳安排的是一对一教学,学了一年半,四种泳姿都学了,熟练掌握了蛙泳和自由泳。就游泳这件事我们的体会是,这种类型的孩子在技能学习上最终是能够学会的,只要我们有耐心给他们充足的时间。

然后我们给他安排了篮球课程。事实上,运动增多后他的身体强壮了,也灵活了,很多单人操作运动,比如游泳、骑车、打乒乓、打羽毛球等,他的表现都挺好,但他在篮球这项团体运动中并未达到我们的预期。因为他总是以自我为中心,非常容易和人产生肢体冲突。我们安排篮球训练的初衷,是想通过这项运动降低他的肢体接触敏感性,改善他在与人合作时的表现。造成这种结果的外在因素又是什么呢?传统的篮球课程是针对正常同龄孩子设计的,并不是专为特殊孩子而设计,在这样的环境里,他要学会和他人合作非常困难,因为这需要老师和其他孩子的配合,但显然这种可能性非常小。为了避免碰撞和无法达成的合作,他学成了超级厉害的三分球技术,可是其他的都没有学会,更不用提应用在日常生活中。

六年级,阳阳来到辅读学校上南校区。好习惯的养成不但需要有外在环境,同时也需要时间的积累,由量变到质变。孩子是在八年级进入学校软式曲棍球队的,现在已经训练两年。近期的两件事让我们感受到阳阳的巨大变化:一是9月去韩国参加特奥软式曲棍球邀请赛,回来后我们向领队龚老师了解孩子的表现情况,得知孩子除正常比赛外,还会帮助他人做些力所能及的事情。这让我们感受到一个以自我为中心的孩子有了很大的改变。二是这次去哈尔滨比赛,回上海前一天,他打电话给妈妈,要求奖励。妈妈问为啥奖励,他说得了冠军。妈妈问他决赛进了几球,他说虽然没进球,但是他传了几个好球,而且被犯规的对手打到嘴唇也没有发火,就只想着好好打球。说到这里,大家有没有觉得我们当初让他去学篮球的目的在学校的特奥软式曲棍球运动中达成了呢?在这次比赛期间,我们利用周六、周日特地去了趟哈尔滨,为孩子们加油助威,正巧在周日碰上了最为艰苦,却也是最有成就感的一场比赛,对手是主场作战的黑龙江一队,北方的孩子人高马大。比赛异常激烈,两队的比分交替上升,终场前两分钟对手以3∶2领先,但我们这帮孩子在融合教练的带领下,在最后的一分半钟连进两球锁定胜局。整个过程深深地震撼了我们,更让我们领略到了特奥运动的魅力所在:坚持、勇敢、合作,永不言败!

我总结一下:第一,运动对这些孩子来说并不容易,但是他们是一定能学会的,只要我们耐心给他们时间;第二,学校组织的特奥运动是专门针对这些孩子的特点的,是这些孩子获得成长的最好资源。

特奥口号,中文翻译为"勇敢尝试,争取胜利",英文字面意思为"让我获胜,如果我不能获胜,让我勇敢地去尝试"。我觉得勇敢地去尝试,对这些孩子来说具有更加深刻的现实意义。因为去尝试了,才会有无限的可能;因为去尝试了,他们才有机会去拥抱属于自己的生活!

(三) 补偿性课程的内容和要求

上海市浦东新区辅读学校在义务教育学段为补偿性课程设置了五大领域的内容,包括语言康复、动作康复、感知康复、心理康复、社会适应等。针对个别学生特殊需要、多重干预的校本微型课程,实施面对面个别化、小组形式的教育,包括语言训练、言语沟通、AAC 沟通、作业治疗、物理治疗、感知运动、多感官治疗、蒙台梭利、感觉统合、沙盘游戏、音乐治疗、生活自理、自闭症干预、行为矫正、社交故事等。

在职业教育学段,补偿性课程以康复社团的形式接续呈现,设置言语沟通、情绪管理、运动功能康复、生活适应、社会技能五大板块的内容,衔接义务教育学段的五大领域,具体包括非遗拼布、非遗刺绣、西式点心、家庭餐饮、一茶一坐、创课木艺、光影随行、生活插花、洗车服务、科普课堂、戏剧、心理团辅、艺术疗愈、足球队训练、软式曲棍球等。

三、职业性课程:重融合性——注重实践,促进融合

在上海市浦东新区辅读学校,职业性课程围绕"职业生涯"主轴,设置专业课程,提供校内外实习、梦工坊实践等职业转衔类课程,以提高特殊学生的生活质量和促进他们融入社会为核心,以职业技能培训为切入口,以增强特殊学生参与并融入社会的能力培养为特征,最大限度地促进每个特殊学生达到"自力更生、立足社会"的目标。

专业课程主要包括中餐烹饪与营养膳食、计算机平面设计两大类,实行年级走课制,教师两两合作,采用主、助教协作教学模式。此外,根据学校情况和学生需求,在校内真实场景中设置顶岗实习岗位,模拟实训场景,增加实操机会,为学生今后融入社会、参加工作起了很好的衔接作用。

为促进学生更好地参与职业实践,近几年,学校还构建以特殊中职生发展为中心的"梦工坊"职业转衔教育课程,探索校企合作创新之路,打通特殊中职生实习就业的"最后一公里"。在"融·和"教育理念下,以"梦工坊"模式为例,学校不断探索如何将校园文化与企业文化相渗透,学习环境如何与企业环境相融通,为特殊学生就业需求提供进一步的支持,现已形成咖啡吧

梦工坊、刺绣工坊、work 工坊、艺术工坊等为核心的实习课程。

案例 2-5

社会实践综合活动方案(一)

班　　级	职二(1)班		班主任	章敏
活动主题	古代纹饰之"刺绣体验"课堂			
活动地点	一楼室内体育室		活动时间	2022 年 10 月 24 日
活动目的	1. 观察刺绣图案,了解古代纹饰。 2. 学习用平针刺绣古代纹饰。 3. 培养动手能力、审美能力、创新能力。			
活　动　设　计				
	教师活动		学生活动	
活动准备	一、活动纪律教育 1. 学生分组,4 人一组,按规定坐座位。 2. 活动过程中要注意文明礼貌,与指导老师打招呼。 3. 活动过程中要精神饱满、认真听讲,不交头接耳,不随意离开座位。 4. 保持活动地点的整洁,不随地丢垃圾。活动结束后整理座椅。 二、课前准备 让学生自己搜索古代纹饰刺绣相关资料、图片,提前了解古代纹饰刺绣。		认真听老师讲社会实践的要求,清楚自己的分组、座位。 利用搜索引擎、书籍等工具查找古代纹饰刺绣相关资料,初步了解古代纹饰刺绣。	
实践内容	一、了解古代纹饰 1. 展示刺绣作品,让学生观察刺绣作品。问:在这些刺绣作品上看到了哪些图案? 2. 用 PPT 展示各类刺绣图案,让学生观察。引出这些刺绣图案都是古代纹饰。 3. 介绍古代纹饰,介绍刺绣图案与古代纹饰的关系。 4. 展示古代纹饰刺绣图片,详细介绍这些刺绣的图案。 (1) 上海博物馆镇馆之宝青铜钺和中国第一位女将军妇好的中华保卫战。 (2) 中国文化遗产标志——金沙遗址出土的太阳神鸟金箔和劳斯莱斯全球唯一限量款。		观察刺绣作品,自由回答在刺绣作品上看到了哪些图案。观察刺绣图片。 一边听老师介绍刺绣作品,一边观察刺绣作品上的古代纹饰图案,思考两者有什么关系。	

续 表

活 动 设 计	
教师活动	学生活动
实践内容	二、古代纹饰刺绣体验 1. 学生分组,每组由一位老师进行指导。 2. 老师选择一个古代纹饰进行刺绣演示,强调刺绣针的使用方法与刺绣过程中的注意事项。演示平针的操作。 3. 学生选择一个自己喜欢的古代纹饰图案,在老师指导下进行平针刺绣。在刺绣过程中注意针的使用规范。 三、刺绣作品展示 1. 将学生完成的刺绣作品摆放在教室前,让学生进行观摩。 2. 与学生进行互动。问:你绣了什么图案,选的古代纹饰是什么? 四、小结 1. 总结古代纹饰的特点。 2. 总结刺绣的方法与注意点。	观察老师刺绣的动作,仔细听好相关的注意事项。 挑选自己喜欢的古代纹饰,A组学生试着自己进行刺绣,B组学生在老师的指导下进行刺绣。 观察同学的刺绣作品,相互分享。
活动小结	在今天的实践体验活动中,孩子们在辅导员的介绍和指导下,通过观察刺绣图案、学习用平针刺绣,了解了中国传统的非遗艺术"古代纹饰",培养了动手能力,提高了审美能力。时间虽短,但小小的成品满足了孩子们小小的成就感,让他们树立了热爱传统文化的信心。

案例2-6

社会实践综合活动方案(二)

班　级	职一(3)班	班主任	张璐璐
活动主题	职业小达人体验"梦工坊洗车服务"		
活动地点	忠华校区(浦三路653号)	活动时间	2022年10月27日
活动目的	1. 体验职业洗车清洗工作,知道车身外部清洗的重要性,掌握车身外部清洗的步骤和方法。 2. 能正确使用人工清洗汽车的工具和用品。 3. 形成洗车工人应具备的基本素养。		

续　表

活　动　设　计	
教师活动	学生活动
活动准备 1. 组织学生集合，推选活动"团长"。 2. 游戏分组活动。 3. 检查工作服装、仪容仪表。 4. 检查准备洗车工具。	集合，推选"团长"。 组长检查组员着装。 检查工具准备。
实践内容 一、教师讲解车身外部清洗步骤 1. 车身外部冲洗。 2. 海绵泡沫擦洗。 3. 轮毂清洗。 4. 车身外部再冲洗。 5. 车身擦干。 6. 检查验收（团长负责）。 注意事项：依次倾斜冲洗（冲洗时从上往下、从前往后、从左往右）；水枪靠身后，防止刮伤漆面；及时清洗海绵和抹布，并检查是否有颗粒物。 二、梦工坊洗车服务社实例接单 环节一：准备工作 1. 工具：高压水枪、水桶、海绵、专用毛巾、专用刷子、洗车专用拖把等。 2. 清洁剂：洗洁精、轮毂清洁剂、轮胎保护釉、雨刮水等。 环节二：接车 1. 给顾客拉开车门并询问来店意图。 2. 提醒顾客收管好贵重物品，检查车身情况，填写《车身外部情况检查单》，并让顾客签字确认。 环节三：车身外部清洗。 1. 团长宣布各团员工作任务单，岗位定人。 2. 车身外部清洗。 环节四：教师巡视检查、评价。 三、结束实践活动 1. 教师辅助留影 2. 指导学生交流小结。	认真学习、观察。 明确洗车纪律和安全事项。 团长带领自己的团队进行检查工作。 由2名学生分别扮演值班团长进行业务接待，完成接车工作，2位老师扮演洗车顾客。 团长带领团队成员接收工作任务单，并协助B组团员明确自己的工作岗位和任务。 谈谈职业洗车人体验。
活动小结	通过本次社会实践活动，学生初步认识到社会上普遍存在的职业"洗车工"。通过学习实践，孩子们知道了车身外部清洗的重要性，掌握了车身外部清洗的步骤和方法，并能正确使用人工清洗汽车的工具和用品，熟悉汽车清洗的注意事项。最重要的是，实践活动培养了学生的团队合作精神，培养了学生具备洗车工作人员所需的基本素养及安全防范知识，理解了职业劳动人民的辛劳，树立了踏实勤奋的职业素养。本次活动以学生为主，老师为辅，注重对个别学生的重点指导，并充分发挥了学生的动手能力和组织能力。

案例 2-7

社会实践综合活动方案(三)

班　　级	职三(1)班		班主任	朱雯
活动主题	职业之旅"探访梦起航之地"			
活动地点	梦工坊实习基地(成山路345号)	活动时间		2021年3月
活动目的	1. 通过观察职四年级实习生及毕业生的工作状态,聆听梦工坊优秀员工、家长就业辅导员讲述的职场故事,明确实践"一日常规课程"的重要性。 2. 知道未来的就业不仅需要专业技能,还要具备良好的职业素养。			
活　动　设　计				

	教 师 活 动	学 生 活 动
活动准备	一、活动纪律教育 1. 学生分组,按规定坐座位。 2. 活动过程中要注意文明礼貌,与梦工坊员工、指导老师打招呼。 3. 活动过程中要精神饱满、认真听讲,不交头接耳,不随意离开座位,不扰乱梦工坊的正常营业。 4. 保持活动地点的整洁,不随地丢垃圾。活动结束后整理座椅。 二、课前准备 让学生思考自己想从事的职业,以及从事这个职业需要哪些素养。	认真聆听实践活动要求,清楚自己的分组、座位。 思考老师给出的问题。 准备好自己的口罩,外出佩戴,洗手消毒,测量体温。
实践内容	一、职业小调查 1. 简单介绍梦工坊,以及梦工坊中的岗位、工作要求等(面馆、咖啡吧、洗车坊)。 2. 学生活动：职业调查 (1) 每个观察团调查一个梦工坊(面馆、咖啡吧、洗车坊)。 (2) 观察内容：职业、岗位、技能、素养等。 (3) 观察结果分享。 (4) 学生互评。 二、职场那些事 1. 听员工、就业辅导员讲故事：职场那些事。 2. 感想交流：听了这些职场故事有什么感想? 与你想象中的有什么区别? 如果你碰到这些事,会怎么处理?	根据要求进行职业观察,并填写观察表。 分享观察的结果。 相互评价,补充观察不充分的地方。 仔细听梦工坊员工分享他们的职场故事,并交流自己的感想。

续 表

活 动 设 计	
教师活动	学生活动
实践内容 三、讨论交流会 1. 说一说：自己想从事的工作。 2. 提问：通过刚刚的调查，你觉得从事这份工作需要什么技能、素养？现在可以做哪些准备？与学校正在实行的一日常规课程哪些要求相对应？以后可以怎么做？ 3. 老师、梦工坊员工解答学生对职场的困惑。 四、小结 1. 总结：与一日常规课程要求相对应，提炼总结就业需要具备的职业素养。 2. 鼓励学生要努力，多行动，希望学生将来能从事自己理想的职业。	根据课前思考，谈一谈自己想从事的工作。结合调查，思考并回答从事这份工作需要具备哪些技能、素养，对将要面对的职场中的困惑进行提问。
活动小结	前期工作：查询了路线并选择公交作为出行方式；通过学校微信公众号、网络视频了解上南咖啡吧、洗车房、面馆；晨会课上学生自由分成了三组；师生一起熟悉职业素养观察表中的内容，使学生对本次出行的目的有了相应的了解。在社会实践过程中，学生们学到了书本上学不到的知识，比如人际交往、克服困难等，这些有利于他们自身的发展与提高。通过观察职业、岗位、技能、素养等，聆听员工、就业辅导员的职场故事，对即将从事的工作进行互动交流，让他们明白了自身的不足以及需要培养、强化的职业素养。活动结束后，让学生总结交流，鼓励学生要努力，多行动，希望学生将来能从事自己理想的职业。

案例2-8

预见未来　助力职场第一步
——记上海市浦东新区辅读学校职业转衔系列融合课程

黄诗意

为了培养学生的自主生活能力，掌握就业所必备的基本技能，本学期以来，上海市浦东新区辅读学校邀请融合伙伴为学生提供点单式职业转衔课程服务，围绕职业认知、团体合作、财商管理、情绪疏导等职业素养展开，以此推动大家顺利实现角色转化，做好就业准备。

一、展示自我，体验模拟面试

为了让同学们提前适应企业面试环境，亲身感受面试的全过程，增强学生的求职技能,进一步提高大家的就业竞争力、语言表达能力和自我展现能力,喜利得公司人力资源部的志愿者们为职三、职四年级的学生们带来了模拟面试的职业转衔课程。

如何制作一份出色的简历？面试前应当做哪些准备？怎样的自我介绍才能给面试官留下美好的第一印象？面试过程中又该注意哪些礼仪规范？一场普通的面试,却有着很深的学问。

人生的任何一场考试,对于考试的答案,都是之前所有的积累,只有准备足够充分,才能克服所有的障碍。志愿者们用六周的时间与学生们共同探索职业兴趣,传授积极的工作态度,授予面试技巧,以此提升新青年的职业素养和职业人格。

二、学会理财,提升财商思维

随着现代经济社会的不断发展,理财观念深入人心,对特殊学生进行理财教育是必要的。这是时代发展的需要,也是学生成长的需要,更是职业发展的需要。

工商银行浦东分行陆家嘴软件园支行的志愿者们将"财商素养课程"带进了职二、职三年级的课堂,就货币的发展、个人征信、金融产品等多方面知识进行了详细讲解,旨在让学生知道钱从哪里来的,应该怎么花,形成正确的金钱观和价值观。

除此之外,志愿者们还通过多个生活案例让学生了解了电信诈骗的常见形式,提醒学生平时预防电信诈骗要做到五不要和补救措施的五大招,让学生明白要增强防范意识,远离电信诈骗。

三、跨学科碰撞,聚焦核心素养

职业转衔对学生的意义不仅仅局限于就业方面的支持与帮助,更在于改善和提高学生的整体能力,包括自主生活、热爱生命、核心素养等。为了帮助学生增长见识,扩宽视野,开动大脑,学校还安排了一系列体验课程,让人文艺术、自然科学、科技元素相互碰撞,为学生成长助力,开启创意生活。

海洋大学的志愿者们带来海洋知识课堂,带着学生们探索美丽的海洋,了解海洋资源,学会保护海洋环境。

上海科技馆的志愿者们则给同学们带来了"结构的力量"的科技课堂,让学生沉浸式体验科学实验,感受科技的魅力。种多肉、做书签、制香牌……在志愿者的讲解下，同学们亲身体验，与大自然来了一场亲密的接触。眼动、手动、心动，大家的动手操作能力也得到了进一步提升。

南码头街道更是将传统戏曲这一非遗瑰宝送进了校园，让学生品尝了一道有"知"有味的文化大餐。

丰富的课程让孩子们在实践体验中学会动脑思考、挖掘生活细节，激发学习热情，增强无限创意。而这一系列优质教学资源离不开融合伙伴的鼎力相助。

对于特殊学生而言，"转衔"是一个过程，是以大家的愿景和梦想为目标，为他/她建立清晰的支持方案和计划，协助他们完成角色和生活状态的转换。一个人、一所学校的力量是有限的，希望能有越来越多的社会企业加入融合伙伴的队伍，为学生们的职业体验搭建更加良好的平台，给予他们追求平等劳动、优质生活的权利，为他们博得更加美好的未来。

第三章

"融·和"教育理念下的课程实施

第一节 "融·和"课程的实施路径

一、在课堂教学中强化认识

就特殊教育学校的教学组织形式来看,课堂集体教学仍是比较常见的教学组织形式,主要针对占比较大的一般性课程的学习。一般性课程包括生活语文、生活数学、生活适应、劳动技能、运动与保健、唱游与律动、绘画与手工等七门课程,着眼于学生适应生活、适应社会的基本需求,体现了对学生素质的最基本要求。

在上海市浦东新区辅读学校的集体教学中,教师会根据班内学生的能力水平差异,将学生分成 A、B、C 三组。在同一教学进程中,教师会制定不同的教学目标,以满足不同层次学生的学习需求。教师也会从学生的生活经验出发来设计教学、开展课堂活动,以为学生创设真实情境,缩短课堂与现实的距离。比如目前尝试的综合主题教学,以"乘坐公共汽车"主题教学为例,生活适应课会让学生学习乘坐公共汽车的相关要求、规则等,生活语文课会教给学生与乘坐公共汽车相关的语言沟通技能,而生活数学课则会让学生学会怎样付钱等。

二、在康复训练中补偿缺陷

在集体课堂中,由于教师要面对较多的学生开展教学,在教学目标和内容上往往难以考虑到每个学生的情况,教学进度和方法上也难以适应每个学生的需求,当学生障碍程度比较严重,特别是自我管理能力缺乏时,教师更难以通过集体教学来满足其需求。因此,上海市浦东新区辅读学校根据学生生理和心理的发展需求,以及在运动、感知、言语、思维和个性等方面的主要缺陷,结合学生个别化教育计划的制定,有针对性地进行各种康复训练、治疗、咨询和辅导。比如,为肢体障碍或肢体活动受限的学生提供物理治疗、感觉统合训练;为无语言、语言沟通能力不足的学生开展言语沟通、AAC沟通训练;为自理能力弱、精细运动差的学生开展作业治疗、生活自理训练;为存在情绪行为问题、社交技能缺乏的自闭症学生开展行为干预、沙盘游戏、社交故事、自闭症训练等。

个别化训练课程的实施能够使学生的身心缺陷得到一定程度的康复,受损器官和组织的功能得到一定程度的恢复,同时也能满足特殊学生的差异化发展需求,提高教育教学的针对性。

以学校一年级学生M同学参加的AAC沟通训练为例。在实施个别化训练前,首先由语训老师对其语言与沟通能力进行了评估,其中包括构音生理、发音、词句理解、言语交际、会话技能以及非言语交际六个模块,总体得分情况如图3-1所示。其次再对各模块的发展情况进行细化评估,结合对班主任老师以及家长的访谈,确定其优劣势。最后综合以上因素,设计出M同学的AAC介入方案,包括AAC介入的目标(长期目标、短期目标)、AAC的四大要素、AAC介入与追踪(活动、成效、调整和反思等)。

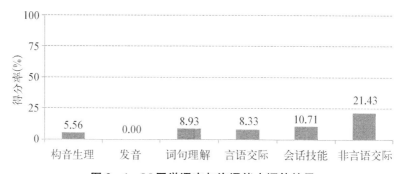

图3-1 M同学语言与沟通能力评估结果

三、在社团活动中挖掘潜能

上海市浦东新区辅读学校常规社团课在每周二和周三的第四、五节课进行，主要采用走班这一教学形式，各班班主任可根据本班学生的能力情况、性格特点、爱好等实际情况为其选择合适的社团课程。比如运动类社团，主要为了促进学生身体运动协调性，提高学生身体控制水平，挖掘学生的潜能和特长，培养学生的组织意识和纪律意识；科技类社团旨在增强学生对科学技术的好奇心，通过尝试科技小制作、小设备，感受科技带来的愉悦体验，掌握一定的社会生活技能；手工类社团活动主要是发展学生精细动作技能，提高学生自信水平，为学生搭建作品会友的平台，帮助学生表达内心的想法；艺术类社团活动以发掘学生的艺术表达能力为主要目标，借助戏剧、配音、舞蹈、合唱等形式，展现学生对美的理解和表达。

比如学校的书法社团，包括硬笔书法和软笔书法两项内容，社团老师在教学中会对汉字笔画、部首以及常用字进行细致讲解和示范指导，还会针对学生的障碍情况及书写特点，专门设计不同版本的书写练习，让不同组别的学生都能得到与其能力相适的书写训练。这个过程不仅仅是感悟和传承传统文化的历程，还有书写能力的提升，更有学生因此改善了自己的情绪行为问题，学会了安静坐好、安静书写，专注度得到了大幅提升。

丰富多样的社团活动既让学生拓展兴趣、增长见识，使学生尝试学会感受美和表现美，丰富、愉悦学生的精神生活，学习若干种简单的休闲方式，又能帮助学生养成健康的心理，更好地适应生活和社会发展，提高生活质量。

四、在校园环境中浸润学习

生态学家巴克说过，人总是通过调整自己的行为来适应环境，而环境则为人的行为方式提供了线索。特殊儿童因为认知水平低下、人际交往能力弱、生活适应能力不足，尤其是自闭症儿童可能存在刻板的行为特征、异常的感知觉等特点,所以可能存在这样那样的环境适应不良。为了提升他们适应环境的能力,上海市浦东新区辅读学校致力于改善校园和班级环境,力争让每一面墙说话,合理利用视觉提示策略,比如利用走廊、教室内外墙面、楼梯、食堂甚至卫生间等学生日常活动较频繁的场所,呈现良好行为的图示或图例,用正确的行为示例引导学生。

为了培养和发展学生的一日常规好习惯,学校开发了一日常规校本课程资源包,课程内容从"晨起"到"放学前整理"一共15项,每一项活动中所包含的基本行为规范都以三字经、流程图和示范视频等视觉资料来呈现(图3-2)。各个班级以此为参考,在教室环境中进行一日常规可视化创设,低年级大都侧重生活自理,中高年级侧重劳动能力和人际交往等。

图3-2 一日常规之多彩晨会示例

可视化、结构化的物理环境创设能够潜移默化地影响学生,有利于学生模仿和运用,习得良好行为习惯,提升他们对社会环境的适应力。

五、在综合实践中体验应用

为了让学生可以在真实情境中学习、理解和演练真实的社会技能,上海市浦东新区辅读学校定期组织社会实践活动,包括校园劳动、海贝农场劳动、志愿服务等多种形式的劳动实践活动。通过引导学生实地参与活动,让学生亲身体验社会环境和社会角色,培养他们的生活自理能力、社交技能以及适应社会的能力。课程内容一般包括购物实践、公共交通实践、生活技能训练、安全教育、社交活动等。为了促进普特融合,学校还借助各类中小学、大学院校、企事业单位的各种资源,以丰富的活动为载体,为学生创造与不同社会人群往来、交流的机会,在不同的融合环境中学习处理简单问题,积累生活经验,逐步提高融入社会的基本技能和素养。

对于职业教育学段的学生来说,实践更是步入社会的前提。在"融·和"教育理念指导下,学校围绕职业生涯主轴,将学生职业素养培育融入日常教育,使学习环境工作化,工作过程有支持,为学生职业转衔提供进一步的支持。为了培养学生良好的职业道德、强化实践能力和职业技能、提高社会适应能力,学校提供了包括认知实习、跟岗实习、顶岗实习等大量实习岗位,使学生在真实的工作环境下实现由"学生"向"员工"身份的转变,增强职场能力,为其实现真正融入社会奠定基础。

针对学生特点和需求开设的一系列综合实践活动,不仅能使学生将课堂所学在真实的生活场景中进行应用、实践、巩固,也可检验学生是否真正具备了生态情境下的必要生活技能。学校的实践表明,通过"体验生活、理解生活、适应生活"的连环操作,学生获得了陶行知所说的书本上没有的"活教育",也获得了真正的生活适应能力。

第二节 "融·和"课堂教学的多元模式

特殊教育学校的课堂教学模式可以划分为主题教学模式、生活情境教学模式、个别化教学模式、辅助沟通系统教学模式、智慧生态教学模式等,每种教学模式都有不同的侧重点和目标,以满足特殊学生的各种需求。

一、主题教学模式

主题教学是一种以主题为中心的教学方法,通过围绕一个主题或话题展开学习活动,使学生在一个有意义的背景下进行学习。例如,在"欢度中秋节"这一主题下,各学科在教学内容与教学评价上可以实现有机融合(表3-1),其具体运行如图3-3所示。

表 3-1 "欢度中秋节"主题教学

生活适应		生活语文		生活数学	
本学科内容	内容	本学科内容	融合内容	本学科内容	融合内容
物品识别用餐礼仪	查找商店货架上的物品；查找厨房所需物品；布置餐桌	阅读写字	阅读购物清单；阅读食谱；阅读有关中秋节的故事；制作节日餐的席卡	大小概念多少概念轻重概念	根据需要称量原料；在商店购物付费；确定就餐人数
综合主题活动	欢度中秋节主题活动，包括聚餐准备、购物、制作月饼、品尝月饼，读有关中秋节的故事，说、写、唱有关中秋节的诗歌等				

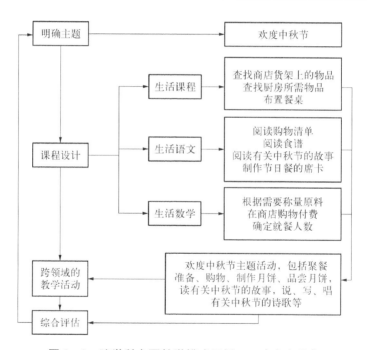

图 3-3 跨学科主题教学模式示例——欢度中秋节

（一）明确主题

主题选择环节是主题教学中的关键步骤，因为选择一个合适的主题可以极大地影响学生的兴趣和学习效果。要选择一个与学生现实生活有关的主题,这样可以帮助学生将所学知识应用到实际情境中,增加学习的意义和价值。在这一原则基础上,主题的选择方式有以下几种。

第一,学生兴趣调查。教师可以通过调查学生的兴趣和爱好来选择主题。这种方式可以确保主题与学生的个人兴趣相关,从而提高他们学习的积极性。例如,如果教师发现大多数学生对科学小实验感兴趣,可以选择一个与科学实验相关的主题,如"探索化学反应"。

第二,社会问题分析。教师可以选择与当地社会或全球社会问题相关的主题。这种方式可以帮助学生将所学知识应用到实际情境中,增加他们学习的意义。例如,选择主题"环境保护与可持续发展",让学生了解和探讨环保问题,提出解决方案。

第三,跨学科整合。教师可以根据课程标准和学科内容的要求,选择一个涉及多个学科领域的主题。所选主题与学科内容相关,有助于学生达到教育目标,也能够让学生看到不同学科之间的联系,并培养综合思维能力。例如,主题"中国传统节日"可以涵盖语文、艺术、历史等多个学科的综合知识。

第四,季节和时间因素。主题的选择可以因时制宜,考虑学年中的季节和教学时间。选择与季节或节日相关的主题,可以增加学习的趣味性和参与度。例如,在中秋节前选择主题"欢度中秋节",学生在学校学习相应内容后,也可以在随之而来的节日中强化一次学习成果。

在选择主题的过程中,可以让学生参与,增加他们的投入感。教师可以组织投票或讨论,以确定最终的主题。选择一个好的主题可以为主题教学奠定坚实的基础,促进学生深度学习和积极参与。无论选择哪种方式,关键是确保所选主题能够激发学生的兴趣,与学科内容相关,能够让学生将所学知识应用到实际情境中,提高学习的深度和意义。

(二) 制定目标

主题教学的目标与其他教学的目标有一定的相似之处,但也有其自身特点。在确定主题教学目标时,应注意以下几方面的问题。

第一,教师在为每个主题制定一个总体目标后,可以再细分长期目标和短期目标。长期目标是学生需要在较长时间内实现的最终成就,而短期目标则是为了逐步达到长期目标而设定的里程碑。制定目标时教师应全面关注目标的高低层次，以便引导学生从低层次学习逐步过渡到高层次学习，使教学更加有条不紊。

第二，关注学生的个体差异。特殊教育涵盖各种不同的学生，包括有自闭症、学习障碍、情感障碍等各种特殊情况的学生。因此在确定主题教学目标时必须充分考虑学生的个体差异，包括他们的认知水平、学习风格、沟通方式等，根据每个学生的需求和能力量身定制。

第三，关注功能性目标。目标的制定不仅要关注学生知识和技能的提高，更应着重于提高学生在日常生活中的功能性技能，包括社交技能、自理能力、沟通技能等，同时要考虑学生的态度与情感，让学生形成正确的世界观与价值观。

第四，考虑社会融入。主题教学的目标一方面要有助于学生更好地融入社会，另一方面也应考虑到家庭和社区的参与。目标可以涵盖家庭和社区合作，以支持学生在各种环境中的发展。

（三）课程设计

课程设计过程中，需要教师综合整合各类资源，包括围绕主题进行环境设计、提供学习资源、选择适当的教学工具，从教学、环境、教研等多方面加以考虑。每个主题以思维导图的形式呈现（图3-4），在其中对目标、内容、资源、过程等进行整合，建立起密切的联系。这样也能够让涉及的各学科的教师明确自身的教学目标和任务。

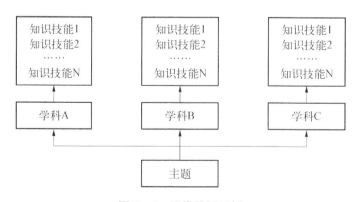

图3-4　思维导图示例

(四) 实施教学活动

实施是整个主题教学的重要环节,是前面设计的所有环节的一个统一展现,是前面的一个实践。在实施教学活动的过程中需要注意以下几个方面。

第一,联系生活。特殊学生通常更容易理解和应用与他们生活经验相关的内容,确保主题教学与他们的现实生活相符,可以增加学习的意义和可持续性。例如,如果主题是有关饮食的,可以学生的日常饮食习惯和偏好为出发点,让他们更容易理解和参与。

第二,灵活调整。特殊学生的学习进度和需求可能会因个体差异而有所不同。在实施主题教学时,教师需要密切关注学生的学习进展,适时进行调整和个别化的支持,确保每个学生都能在适合的步调下取得进展。适时调整和适度整合学科内容可以更好地平衡跨学科性和学科性的关系,以更好地支持特殊学生的学习和发展。

第三,适度整合。特殊教育主题教学确实强调跨学科整合,但并不意味着完全混淆所有学科。这是因为学科性的知识和技能对特殊学生的发展仍然很重要。适度整合意味着在主题教学中有选择地包括相关学科内容,以满足学生的需求和学科目标。

(五) 综合评估

综合评估是指在一个主题场景下,对多个学科知识的掌握情况进行评估的过程。这既是对教育教学的检验和评估,又能够考查学生对主题相关的知识、概念、技能和能力的掌握情况,体现了"融·和"教育多元、科学的评估体系。在主题教学模式的综合评估中,学生、教师、学校和家长四个方面都是评估的主体。

第一,学生是主题教学模式中的主要学习者。通过参与综合评估,他们可以评估自己在主题相关知识、技能和能力方面的掌握情况。这有助于提高学生的自我认知和自我管理能力,使他们更有动力和方向感地参与学习。学生还可以使用综合评估结果来设置个人学习目标,追踪自己的进展,发现自己的弱点,感受自己的成就和进步,增强学习动力。

第二，教师在综合评估中扮演了评估者的角色，他们可以通过评估结果了解学生的学习需求、弱点和潜力。这有助于开展个别化教育，根据学生的具体需求调整课程设计、教学方法和支持服务。教师还可以使用综合评估来改进自己的教学方法，提高教学质量，更好地满足学生需求。

第三，学校在综合评估中可以评估教学质量和学生学习成果，了解其是否达到了教育目标和标准。这有助于学校改进教育政策、资源分配和教学管理，以提供更优质的教育服务。综合评估结果也可以用于学校的评估和认证，以检验学校的综合素质教育成效。

第四，家长是学生的支持者和合作伙伴。家长可以经常与教师进行交流，了解孩子的现状问题、学习进展和弱点，以便更好地支持孩子的学习。家长可以告知教师孩子在家中的表现情况，以便教师了解学生的生活经验是否丰富了、各种技能是否得到了一定的提升，以利综合评估效果的实现。家长可以与教师合作，制定家庭学习计划，提供额外的支持和资源，以满足学生的学习需求。综合评估有利于促进学校和家庭之间的沟通和合作，以便共同关心学生的全面成长。

案例 3-1

"护牙小卫士"单元主题教学与评估

以单元主题教学"护牙小卫士"为例，各学科分别围绕主题进行了教学设计与实施，生活适应设计了4课时、生活数学设计了3课时、生活语文设计了4个课时，并在本单元主题教学结束后进行了综合实践，在活动中进行了表现性评估。

生 活 适 应

设计者：谢红

第3课 "刷牙"教学方案设计	
单元名称	第二单元 个人生活
一、本课教学目标 1. 知识与技能。 (1) 认识并能准备好刷牙的相关用品。	

续 表

第3课 "刷牙"教学方案设计

（2）知道刷牙的正确方法与步骤。
（3）初步养成爱护牙齿的好习惯。
2.过程与方法。
通过看图、观察视频动作分解、教师现场示范、实践操作等方式，掌握刷牙的正确方法。
3.情感态度与价值观。
爱护牙齿，初步养成良好的卫生习惯。
二、本课教学重点、难点
1.教学重点：学习刷牙。
2.教学难点：掌握牙齿的正确刷法。

课　　名	认识刷牙用品		第1课时	
本课时目标	知识与技能	知道刷牙前要准备刷牙用品，认识刷牙用品。		
	过程与方法	通过观看图片和视频、指认实物、实践操作等方式，认识并能够准备牙刷、牙膏、漱口杯和毛巾。		
	情感态度与价值观	初步养成良好的个人卫生习惯。		
教学重点	知道刷牙前要准备刷牙用品，认识刷牙用品。			
教学难点	能够准备牙刷、牙膏、漱口杯和毛巾。			
教学资源		可选资源名称		
	配套资源	视频：《刷牙歌》。 游戏：《热气球升空》。 图片：刷牙用品。 文字：选购刷牙用品。 教学用具：刷牙用品的图卡。		
	自备资源	牙膏、牙刷、漱口杯、毛巾，以及其他物品的图卡。		
始活动→主活动→练习活动→整理活动	教　学　过　程		配套资源	自备资源
	一、始活动 1.教师播放视频《刷牙歌》，学生观看。 师：同学们，这首儿歌好听吗？请大家想一想，视频里告诉了我们每天要做一件什么事情？ 生：刷牙。		P16视频：《刷牙歌》	

续 表

	教 学 过 程	配套资源	自备资源
始活动→主活动→练习活动→整理活动	师：兰兰是个讲卫生的好孩子，她每天早晚都会刷牙。同学们，你们会刷牙吗？刷牙前我们应该准备哪些物品呢？今天我们一起来认识这些刷牙用品。 2. 教师板书本节课的课题：认识刷牙用品。 二、主活动 1. 师生一起讨论交流：刷牙前要准备哪些物品？（牙膏、牙刷、漱口杯和毛巾） 2. 教师先在黑板上出示刷牙用品的图卡，带领学生认一认图卡，再在屏幕上展示刷牙用品的图片。 3. 教师出示刷牙用品的实物，一一让学生指认。 4. 教师小结：刷牙前我们要准备牙刷、牙膏、漱口杯和毛巾。我们用牙刷刷牙，用牙膏清洁牙齿，用漱口杯漱口，用毛巾擦嘴。 三、练习活动 1. 游戏：《热气球升空》。 （1）教师在屏幕上出示游戏《热气球升空》，引导学生点击找出刷牙需要用到的物品，帮助热气球升空。 （2）学生轮流玩游戏。 2. 选购刷牙用品。 （1）教师向学生出示图卡，请学生从中找出刷牙用品的图卡，并说出名称。如果有学生找错图卡或无法说出图卡上的刷牙用品的名称，教师要加强引导，强化学生记忆。 （2）教师将学生进行分组（主教带一组，助教带一组）。 （3）教师组织学生来到超市并安排选购任务：每组学生需要在超市找到并购买一套刷牙用品。 （4）学生以组为单位开始采购。教师提醒学生采购过程中不能乱跑，要小心，不能弄乱、破坏货架上的物品。 （5）采购结束后，教师统一结账并将学生带回教室，检查每组的购买情况。	教学用具：刷牙用品的图卡 P17图片：刷牙用品 P17游戏：《热气球升空》 P17文字：选购刷牙用品	牙膏、牙刷、漱口杯、毛巾 其他物品的图卡

	教 学 过 程	配套资源	自备资源
始活动→ 主活动→ 练习活动 →整理活 动	四、整理活动 　　1. 教师小结：刷牙前我们要准备牙刷、牙膏、漱口杯和毛巾，这些是我们刷牙时需要用到的物品。 　　2. 教师对学生本节课的表现给予评价。 　　3. 布置课后作业：学生回去后认一认自己的牙刷、牙膏、漱口杯和毛巾，家长录下学生指认的过程，发送给教师。		

课　名		学　刷　牙	第 2 课时
本课时 目　标	知识与技能	知道刷牙的正确方法与步骤。	
	过程与方法	通过看图、观察视频动作分解、教师现场示范、实践操作等方式，掌握刷牙的正确方法与步骤。	
	情感态度与 价值观	爱护牙齿，初步养成良好的个人卫生习惯。	
教学重点	学习刷牙的正确方法与步骤。		
教学难点	掌握刷牙的正确方法与步骤。		
教学资源	可选资源名称		
	配套资源	视频：《来刷牙》。 游戏：《我来排序》。 文字：学刷牙。 教学用具：牙齿模型、刷牙的步骤图卡。	
	自备资源	口腔图、牙膏、牙刷、漱口杯、毛巾。	

	教　学　过　程	配套资源	自备资源
始活动→ 主活动→ 练习活动 →整理活 动	一、始活动 　　1. 教师播放视频《来刷牙》，师生一起观看视频。 　　师：同学们，上节课我们认识了刷牙用品，这节课我们将一起来学习刷牙。 　　2. 教师板书本节课的课题：学刷牙。	P18 视频： 《来刷牙》	

续　表

	教　学　过　程	配套资源	自备资源
始活动→主活动→练习活动→整理活动	二、主活动 1. 了解牙齿的结构。 （1）教师创设看牙医的情境，教师扮演牙医，给学生检查牙齿。 师：同学们，你们看过牙医吗？你们了解自己的牙齿吗？今天，我们一起来了解牙齿的结构。 （2）教师在屏幕上展示口腔图，并出示牙齿模型，学生观察。教师讲解牙齿的结构：上牙、下牙、牙缝、牙齿内侧、咬合面等。 2. 学习刷牙步骤。 （1）教师将学生分为三组，小组内讨论刷牙有哪些步骤。 （2）教师出示刷牙的步骤图卡，将图卡贴在黑板上并板书刷牙的步骤：挤出适量牙膏—刷牙—漱口—擦嘴—牙具归位。 （3）教师小结。 3. 学习刷牙方法。 （1）学生分小组交流讨论：怎样刷牙才是正确的？ （2）教师利用牙齿模型示范刷牙方法： ① 刷上牙，要从上往下刷。 ② 刷下牙，要从下往上刷。 ③ 刷咬合面，要前前后后来回刷。 ④ 刷牙反面，要一点一点往外刷。 ⑤ 刷完牙齿后，还要记得刷一刷舌头。 教师小结：刷牙时注意上下里外都要刷到。 三、练习活动 1. 游戏：《我来排序》。 （1）教师在屏幕上出示游戏《我来排序》，学生按照正确的刷牙步骤给图片排序。 （2）学生分组参与游戏。 2. 学习刷牙。 （1）教师布置活动任务：我们一起来学习刷牙。 （2）教师先利用牙齿模型示范刷牙的正确步骤，再示范刷牙步骤的分解动作：准备牙具—挤出适量牙膏—上、下、里、外、咬合面都要刷到—漱口—擦嘴—牙具归位。	教学用具：牙齿模型 教学用具：刷牙的步骤图卡 P18 游戏：《我来排序》 P18 文字：学刷牙	口腔图 牙刷

续 表

	教 学 过 程	配套资源	自备资源
始活动→主活动→练习活动→整理活动	（3）学生分组利用牙齿模型进行操练，教师从旁指导。 （4）教师带领学生前往洗漱池，给自己刷牙，再次示范刷牙步骤和方法。 （5）教师组织学生分组练习刷牙。 （6）教师进行活动小结。 四、整理活动 1. 教师小结：这节课，我们学习了刷牙的步骤和方法——准备牙具—挤出适量牙膏—刷牙（上、下、里、外、咬合面都要刷到）—漱口—擦嘴—牙具归位。 2. 教师对学生本节课的表现给予评价。		牙膏、漱口杯、毛巾

课　名		爱护牙齿	第3课时
本课时目标	知识与技能	了解龋齿的成因，掌握爱护牙齿的常识。	
	过程与方法	通过观看图片和视频、行为判断等方式，了解龋齿的成因和爱护牙齿的常识。	
	情感态度与价值观	早晚勤刷牙，养成爱护牙齿的良好个人卫生习惯。	
教学重点	了解爱护牙齿的基本常识。		
教学难点	养成爱护牙齿的良好个人卫生习惯。		
教学资源	可选资源名称		
	配套资源	视频：《谁弄疼了我的牙》《爱护牙齿的好习惯》。 图片：爱护牙齿的其他好习惯。 游戏：《帮牙齿做清洁》。 文字：爱护牙齿。 教学用具："爱护牙齿"记录表（家庭版），笑脸、哭脸贴纸。	
	自备资源	学生爱护牙齿和不爱护牙齿的照片，红盒子，绿盒子。	

	教　学　过　程	配套资源	自备资源
始活动→主活动→练习活动→整理活动	一、始活动 1. 复习旧知。 师：上节课我们学习了刷牙，同学们还记得刷牙的步骤和方法吗？（学生自由发言）		

	教 学 过 程	配套资源	自备资源
始活动→主活动→练习活动→整理活动	2.导入课题。 师：除了掌握正确的刷牙方法和步骤，保持牙齿的健康还需要养成爱护牙齿的好习惯。今天，我们一起来学习关于爱牙、护牙的知识。 3.教师板书本节课的课题：爱护牙齿。 二、主活动 1.了解龋齿的成因。 (1)师：上节课我检查了同学们的牙齿，发现很多同学的牙齿上都有黑洞。这些黑洞是怎么形成的呢？让我们一起来看个小视频吧。 (2)教师播放视频《谁弄疼了我的牙》，学生认真观看，初步了解龋齿的成因。 师：皮皮猴的牙齿为什么会出现黑洞呢？这些黑洞是被虫子咬了吗？（学生自由回答） (3)教师小结：吃完东西，如果不好好刷牙，不注意爱护牙齿，很容易形成龋齿。 2.学习爱牙、护牙常识。 (1)教师引导学生观看视频《爱护牙齿的好习惯》。 师：看了视频后，你们了解了哪些爱护牙齿的好习惯呢？ (2)小组交流后派代表上台说一说，教师点评。 (3)教师在屏幕上展示爱护牙齿的好习惯的图片并板书：不和家人共用牙刷、不吮吸手指、认真刷牙、少吃甜食。 (4)教师小结：我们要掌握正确的刷牙方法，养成爱护牙齿的好习惯，这样我们的牙齿才会健康。 三、练习活动 1.游戏：《帮牙齿做清洁》。 (1)教师在屏幕上出示游戏《帮牙齿做清洁》，通过点击选择爱护牙齿的行为习惯图片，将牙齿清洁干净。 (2)学生练习玩游戏。 2.爱护牙齿。 (1)教师事先把学生爱护牙齿和不爱护牙齿的照片贴到黑板上。 (2)教师随机指名学生上台，学生从黑板上取下一张照片，并说一说照片上的行为对不对，	P19视频：《谁弄疼了我的牙》 P19视频：《爱护牙齿的好习惯》 P19图片：爱护牙齿的其他好习惯 P19游戏：《帮牙齿做清洁》	学生爱护牙齿和不爱护牙齿的照片，红盒子，绿盒子

	教　学　过　程	配套资源	自备资源
始活动→ 主活动→ 练习活动 →整理活动	应该怎么做。说完后再将照片投入对应的盒子中(将爱护牙齿的照片投入绿盒子,将不爱护牙齿的照片投入红盒子)。教师从旁指导。 　　(3)教师组织学生分组讨论爱护牙齿的方法,讨论结束后每组派代表上台说一说本组的讨论结果。 　　(4)教师小结。 四、整理活动 　　1.教师对学生本节课的表现给予评价。 　　2.布置课后作业:学生早晚坚持刷牙,家长将学生的刷牙情况记录在"爱护牙齿"记录表(家庭版)中。	P19文字: 爱护牙齿 教学用具: "爱护牙齿" 记录表(家庭版)、笑脸、哭脸贴纸	

课　名		我会刷牙了	第4课时
本课时目标	知识与技能	巩固刷牙的正确方法与步骤和爱护牙齿的常识。	
	过程与方法	通过看图,观察视频动作分解、教师现场示范,实践操作等方式,进一步掌握刷牙的正确方法与步骤。	
	情感态度与价值观	初步养成爱护牙齿的良好个人卫生习惯。	
教学重点		巩固刷牙的方法和步骤。	
教学难点		掌握牙齿的正确刷法。	
教学资源		可选资源名称	
	配套资源	视频:《来刷牙》。 游戏:《刷牙的顺序》《判断正误》。 教学用具:"爱护牙齿"记录表(家庭版)。	
	自备资源	学生在家刷牙的照片或视频,拍摄工具。	

	教　学　过　程	配套资源	自备资源
始活动→ 主活动→ 练习活动 →整理活动	一、始活动 　　1.教师播放儿歌《来刷牙》,师生一起哼唱儿歌。 　　2.教师引出本节课的课题:你们都学会刷牙了吗?这节课我们一起来展示一下吧。	P18视频: 《来刷牙》	

续 表

	教 学 过 程	配套资源	自备资源
始活动→主活动→练习活动→整理活动	二、主活动 　　1.教师回收学生的"爱护牙齿"记录表(家庭版),检查学生在家的刷牙情况。 　　2.学生依次上台,找出自己的刷牙记录表,结合自己刷牙的照片或视频,说一说自己平时是怎样刷牙的。 　　3.教师依次在屏幕上展示学生在家刷牙的照片或播放视频,其他学生说一说这名学生刷牙的方法和步骤对不对。对于刷牙方法不正确的学生,教师予以指导。 　　4.教师点评,表扬激励表现好的学生,鼓励其他学生。 三、练习活动 　　1.游戏：《刷牙的顺序》。 　　(1)教师在屏幕上出示游戏《刷牙的顺序》,学生通过拖动数字到刷牙的步骤图上,给图片排序,巩固刷牙的步骤。 　　(2)学生练习玩游戏。 　　2.游戏：《判断正误》。 　　(1)教师在屏幕上出示游戏《判断正误》,学生通过仔细观察情境,判断对错,巩固认识刷牙的正确行为。 　　(2)学生练习玩游戏。 四、整理活动 　　1.教师小结：经过这几节课的学习,很多同学都学会了刷牙的正确方法和步骤,能做到在家坚持早晚刷牙。希望大家一直坚持下去,养成良好的个人卫生习惯。 　　2.教师对学生本节课的表现进行点评。 　　3.布置课后作业：学生回家后,根据所学的正确的方法和步骤刷牙,家长拍摄学生刷牙的过程并发送给老师。返校后,教师播放这些视频,比一比,看谁做得好。	教学用具："爱护牙齿"记录表(家庭版) P20游戏：《刷牙的顺序》 P20游戏：《判断正误》	学生在家刷牙的照片或视频 拍摄工具

生 活 数 学

设计者：陈文

第3课 "爱护牙齿"教学方案设计

单元名称	第二单元　个人生活

一、本课教学目标

1. 知识与技能。

(1) 能初步感知数6的组成。

(2) 会列得数是6的加法算式，并计算得数是6的加法。

(3) 在教师的指导下，能自主发现生活中的简单问题，并尝试解决。

2. 过程与方法。

(1) 通过观看视频激发学习的兴趣，感受生活中的数学。

(2) 通过实践操作和游戏活动，了解、学习数6的组成，理解得数是6的加法的含义，掌握得数是6的加法运算。

3. 情感态度与价值观。

(1) 养成仔细观察和独立思考的习惯。

(2) 体会数学学习过程中的乐趣。

二、本课教学重点、难点

1. 教学重点。

(1) 在探索过程中了解、学习数6的组成。

(2) 通过实践操作会计算得数是6的加法。

2. 教学难点。

(1) 知道数6有五种不同的组成。

(2) 理解得数是6的加法的含义。

课　名		得数是6的加法	第1课时
本课时目标	知识与技能	1. 在探索过程中了解、学习数6的组成，知道数6有五种不同的组成。 2. 能自主发现生活中的简单问题，并尝试解决。	
	过程与方法	1. 通过观看视频激发学习的兴趣，感受生活中的数学。 2. 通过实践操作和游戏活动，学习数6的组成。	
	情感态度与价值观	1. 养成仔细观察和独立思考的习惯。 2. 体会数学学习过程中的乐趣。	

续　表

课　名	得数是6的加法		第1课时
教学重点	在探索过程中了解、学习数6的组成。		
教学难点	掌握数6的五种不同的组成。		
教学资源	可选资源名称		
	配套资源	视频:《购买牙刷》《1和5合起来是6》《4和2合起来是6》《2和4合起来是6》《3和3合起来是6》。 游戏:《第1题:移一移,数一数》《第2题:数学超人》。 图片:教材插图和《数6的组成》。 文字:"说一说""数一数,合一合""数6的组成"。 教学用具:教材P29合一合的图片;1个洋娃娃、5个洋娃娃、2顶帽子、4顶帽子的图片各1张,3个书包的图片2张。	
	自备资源	牙刷、牙膏等日用品;每名学生6把牙刷和2个学具筐。	

	教　学　过　程	配套资源	自备资源
始活动→ 主活动→ 练习活动 →整理活 动	一、始活动:创设情境,激趣导入 　1.观看视频,初步理解数6的组成。 　教师播放视频《购买牙刷》,学生观看视频并回答教师提出的问题。 　师:贝贝一家在超市做什么?贝贝妈妈买的牙刷有什么优惠?她一共买了几把牙刷? 　学生自由回答,教师小结:贝贝一家在超市买牙刷,牙刷有买5送1的活动,所以贝贝妈妈买了5把牙刷,获赠1把牙刷,一共有6把牙刷。 　2.观看图片,初步感知数6的组成。 　(1)教材P28的图片,1个小朋友和5个大人合起来是6个人。 　(2)教材P28牙刷的图片,货架上有3把牙刷,贝贝妈妈手里有3把牙刷,合起来是6把牙刷。 　(3)教材P28牙刷促销活动的图片,买5把牙刷赠送1把牙刷,合起来是6把牙刷。 　3.开展实践活动"说一说"。 　(1)教师通过提问的方式,引导学生交流爱护牙齿,要养成早晚刷牙的好习惯。 　(2)教师出示教材P28的图片,创设去超市购物的情境,引导学生认真观察图片,引出购买牙膏、牙刷的活动。	P28视频: 《购买牙刷》 P28图片: 教材插图 P28文字: 说一说	

续 表

	教 学 过 程	配套资源	自备资源
始活动→主活动→练习活动→整理活动	（3）教师帮助学生理解促销信息，让学生先拿5把牙刷，再赠送1把牙刷，最后合起来数一数一共有几把牙刷。 （4）学生听指令操作，先拿出4盒牙膏，再拿出2盒牙膏，最后合起来数一数一共有几盒牙膏。 4.师：这节课我们一起来学习数6的组成。 二、主活动：新授，学习数6的组成 1.观看视频，学习数6的组成。 （1）1和5合起来是6，板书组成式。 （2）4和2合起来是6，板书组成式。 （3）2和4合起来是6，板书组成式。 （4）3和3合起来是6，板书组成式。 2.开展实践活动"数一数，合一合"。 （1）学生动手操作把6把牙刷放到2个学具筐中，交流得出不同的分法，教师进行归纳。 （2）学生把2个学具筐中的牙刷合起来数一数，得出数6的不同组成式。 （3）教师出示教材P29合一合的图片，学生看图分别点数每组中两部分物品的数量，说出总数是多少。 （4）让学生完成教材P29做一做，通过贴一贴、填一填巩固数6的组成。 3.教师出示图片，学生看图说一说。 （1）教师展示1瓶漱口水和5瓶漱口水的图片，学生说一说：1瓶漱口水和5瓶漱口水合起来是6瓶漱口水，1和5合起来是6。 （2）教师展示2瓶漱口水和4瓶漱口水的图片，学生说一说：2瓶漱口水和4瓶漱口水合起来是6瓶漱口水，2和4合起来是6。 （3）教师展示4瓶漱口水和2瓶漱口水的图片，学生说一说：4瓶漱口水和2瓶漱口水合起来是6瓶漱口水，4和2合起来是6。 （4）教师展示3瓶漱口水和3瓶漱口水的图片，学生说一说：3瓶漱口水和3瓶漱口水合起来是6瓶漱口水，3和3合起来是6。 （5）教师展示5瓶漱口水和1瓶漱口水的图片，学生说一说：5瓶漱口水和1瓶漱口水合起来是6瓶漱口水，5和1合起来是6。	P29视频：《1和5合起来是6》《4和2合起来是6》《2和4合起来是6》《3和3合起来是6》 P29文字"数一数，合一合" 教学用具：教材P29合一合的图片 P29图片：数6的组成	牙刷、牙膏等日用品 每名学生6把牙刷和2个学具筐

续　　表

	教　学　过　程	配套资源	自备资源
始活动→主活动→练习活动→整理活动	三、练习活动：巩固练习数6的组成 1. 完成教材P29做一做第1题及其拓展练习。 （1）屏幕上展示教材P29做一做第1题的图片，先拖动杯子到轮廓图中，再点数架子上一共有几个杯子，最后点击选择正确的数字。 （2）屏幕上展示4个杯子和2个杯子的轮廓图，先拖动杯子到轮廓图中，再点数架子上一共有几个杯子，最后点击选择正确的数字。 （3）屏幕上展示2个杯子和4个杯子的轮廓图，先拖动杯子到轮廓图中，再点数架子上一共有几个杯子，最后点击选择正确的数字。 （4）屏幕上展示3个杯子和3个杯子的轮廓图，先拖动杯子到轮廓图中，再点数架子上一共有几个杯子，最后点击选择正确的数字。 （5）屏幕上展示1个杯子和5个杯子的轮廓图，先拖动杯子到轮廓图中，再点数架子上一共有几个杯子，最后点击选择正确的数字。 2. 完成教材P29做一做第2题。 （1）屏幕上展示教材P29做一做的1和5的组成式在飞船上，点击数字6，小超人击中数字6。 （2）屏幕上展示教材P29做一做的5和1的组成式在飞船上，点击数字6，小超人击中数字6。 （3）屏幕上展示教材P29做一做的2和4的组成式在飞船上，点击数字6，小超人击中数字6。 （4）屏幕上展示教材P29做一做的3和3的组成式在飞船上，点击数字6，小超人击中数字6。 3. 进行线下游戏《数6的组成》。 （1）教师示范出示1个洋娃娃和5个洋娃娃的图片，口述：1和5合起来是6。 （2）教师请1名学生上讲台，选择一种物品的图片，根据自己选择的图片说一说数6的组成。 （3）可反复操作练习，让每名学生都能参与。 四、整理活动 1. 总结本课。 师：今天这节课，我们学习了数6的五种不同的组成。 2. 布置作业。 在教材上完成P33练一练第1题。	P29游戏：《第1题：移一移，数一数》 P29游戏：《第2题：数学超人》 P29文字：数6的组成 教学用具：1个洋娃娃、5个洋娃娃、2顶帽子、4顶帽子的图片各1张，3个书包的图片2张	

课　名		得数是6的加法	第2课时
本课时目标	知识与技能	1. 能正确认读、计算5+1=6、1+5=6、2+4=6、4+2=6。 2. 理解加法算式的含义，能初步学会运用加法算式去解决生活中的简单问题。 3. 知道合并或添加时用加法计算。	
	过程与方法	1. 通过观看视频激发学习的兴趣，感受生活中的数学。 2. 通过实践操作和游戏活动，能正确认读、计算5+1=6、1+5=6、2+4=6、4+2=6。	
	情感态度与价值观	1. 养成仔细观察和独立思考的习惯。 2. 培养学习数学的兴趣，体会数学学习过程中的乐趣。	
教学重点		能正确认读、计算5+1=6、1+5=6、2+4=6、4+2=6。	
教学难点		1. 理解加法算式的含义，初步学会运用加法算式去解决生活中的简单问题。 2. 知道合并或添加时用加法计算。	
教学资源		可选资源名称	
	配套资源	视频：《5+1=6》《1+5=6》《4+2=6》《2+4=6》。 游戏：《想一想》。 文字：《摆小棒》《拿一拿》《贴一贴，列算式》。 教学用具：6根小棒，教材P30—31想一想的图片，5个橙色小圆片，5个绿色小圆片。	
	自备资源	6把牙刷。	

	教　学　过　程	配套资源	自备资源
始活动→主活动→练习活动→整理活动	一、始活动：复习导入 1. 开展实践活动"摆小棒"，复习数6的组成。 （1）教师将6根小棒摆成两部分，请1名学生上讲台将两部分小棒合起来，说一说几和几合起来是几。 （2）请学生观察教材P32做一做第1题的小棒图，让学生根据小棒图先把6根小棒摆成两部分，再把两部分小棒合起来，最后完成教材P32做一做第1题。 （3）可更换两部分小棒的数量，反复练习。 2. 导入新课。 师：我们已经知道5和1合起来是6，现在我们来看5添上1得数是几。	P32文字：摆小棒 教学用具：6根小棒	

续　表

	教　学　过　程	配套资源	自备资源
始活动→主活动→练习活动→整理活动	二、主活动：新授 1. 学习加法算式 5＋1＝6。 （1）教师播放视频《5＋1＝6》，学生观看视频后回答问题。 师：兰兰先是往购物筐里放了 5 把牙刷，而后又放入了几把牙刷？购物筐里一共有几把牙刷？ 师：购物筐里原来的 5 把牙刷用 5 个红色点子表示，5 个红色点子用数字 5 表示，兰兰又放入的 1 把牙刷用 1 个绿色点子表示，1 个绿色点子用数字 1 表示，购物筐里一共有 6 把牙刷，6 把牙刷用 6 个点子表示。怎样用加法算式表示呢？ 学生可以用数 6 的组成、接着数和从头数的方法得出 5＋1 的得数是 6。 教师板书 5＋1＝6，并带读算式 5＋1＝6。 教师小结加法算式 5＋1＝6 的含义：购物筐里原来有 5 把牙刷，又放进去 1 把牙刷，购物筐里一共有 6 把牙刷。 （2）开展实践活动"拿一拿"。 ① 教师让学生按照教材 P30 的第一组图片先拿 5 把牙刷，再提出问题：又拿来 1 把牙刷，一共有几把牙刷？学生点数牙刷的数量，得出结论：一共有 6 把牙刷。 ② 学生结合实物操作理解算式过程，5 个橙色小圆片添加 1 个绿色小圆片，一共有 6 个小圆片。 ③ 教师引导学生列出加法算式 5＋1，并计算出结果。 ④ 教师带领学生读一读加法算式。 2. 学习加法算式 1＋5＝6。 教师播放视频《1＋5＝6》，学生观看视频学习加法算式 1＋5＝6 的含义，并学会计算。 3. 学习加法算式 2＋4＝6。 教师播放视频《2＋4＝6》，学生观看视频学习加法算式 2＋4＝6 的含义，并学会计算。 4. 学习加法算式 4＋2＝6。 教师播放视频《4＋2＝6》，学生观看视频学习加法算式 4＋2＝6 的含义，并学会计算。	P30 视频：《5＋1＝6》 P30 文字：拿一拿 教学用具：5 个橙色小圆片，5 个绿色小圆片 P30 视频：《1＋5＝6》 P30 视频：《2＋4＝6》 P30 视频：《4＋2＝6》	6 把牙刷

教　学　过　程	配套资源	自备资源
三、练习活动 　　1. 完成教材P30游戏《想一想》第1—4关。 　　(1) 屏幕上展示教材P30的1把牙刷和5把牙刷的图片,先用一一对应的方法将牙刷下面的点子拖动到轮廓图中,再点击选择数字6,完成加法算式。 　　(2) 屏幕上展示教材P30的5把牙刷和1把牙刷的图片,先用一一对应的方法将牙刷下面的点子拖动到轮廓图中,再点击选择数字6,完成加法算式。 　　(3) 屏幕上展示教材P30的2把牙刷和4把牙刷的图片,先用一一对应的方法将牙刷下面的点子拖动到轮廓图中,再点击选择数字6,完成加法算式。 　　(4) 屏幕上展示教材P30的4把牙刷和2把牙刷的图片,先用一一对应的方法将牙刷下面的点子拖动到轮廓图中,再点击选择数字6,完成加法算式。 　　2. 开展实践活动"贴一贴,列算式"。 　　(1) 教师出示教材P30想一想的图片、5个橙色小圆片和5个绿色小圆片。 　　(2) 教师示范先根据图意贴小圆片表示出牙刷的数量,再在黑板上列出对应的加法算式,并讲解算式表示的含义。 　　(3) 教师分别出示教材P31想一想的图片,请学生根据图意贴小圆片表示出牙刷的数量,再在黑板上列出对应的加法算式,并讲解算式表示的含义。 　　(4) 可反复操作,让每名学生都能参与。 四、整理活动 　　1. 总结本课。 　　师:本节课我们学习得数是6的四个加法算式,分别是5+1=6,1+5=6,2+4=6,4+2=6。 　　2. 布置作业。 　　在教材上完成P32的第1、2题。	P30游戏: 《想一想》 P30文字: 贴一贴,列算式 　教学用具:教材P30—31想一想的图片,5个橙色小圆片、5个绿色小圆片	

始活动→主活动→练习活动→整理活动

课 名		得数是6的加法	第3课时
本课时目标	知识与技能	1. 能正确认读、计算3+3=6。 2. 复习巩固得数是6的五个加法算式,进一步理解加法算式的含义,能初步学会运用加法算式去解决生活中的简单问题。 3. 通过完成练习,获得成就感,提高学习的积极性和兴趣。	
	过程与方法	通过观看视频、实物操作和游戏活动,能正确认读、计算3+3=6。	
	情感态度与价值观	1. 养成仔细观察和独立思考的习惯。 2. 体会数学学习过程中的乐趣。	
教学重点		能正确认读、计算3+3=6。	
教学难点		理解得数是6的加法的含义,学会运用加法算式去解决生活中的简单问题。	
教学资源		可选资源名称	
	配套资源	视频:《3+3=6》。 游戏:《第2题:算一算》《第2题:看图完成算式》《第3题:击落陨石》。 图片:《5+1=6》《1+5=6》《2+4=6》《4+2=6》《3+3=6》。 文字:《牙刷合一合》《摆积木》。 教学用具:5个橙色小圆片、5个绿色小圆片。	
	自备资源	若干积木(两种颜色),6把牙刷。	

教 学 过 程	配套资源	自备资源
始活动→主活动→练习活动→整理活动		
一、始活动:复习导入 1. 教师分别展示算式5+1=6、1+5=6、2+4=6、4+2=6的图片。让学生看图片完成算式,并说出算式的含义。 2. 导入新课。 师:我们复习了得数是6的四个加法算式,其实还有一个算式,这节课我们来学习。 二、主活动:新授,学习加法算式3+3=6 1. 教师播放视频《3+3=6》,学生观看视频后回答问题。 师:桌子的一边有3把牙刷,另一边也有3把牙刷,桌子上一共有几把牙刷? 师:桌子上一边的3把牙刷用3个红色点子	P30图片: 《5+1=6》 《1+5=6》 《2+4=6》 《4+2=6》 P30视频: 《3+3=6》	

续　表

教　学　过　程	配套资源	自备资源
始活动→主活动→练习活动→整理活动	表示,3个红色点子用数字3表示,另一边的3把牙刷用3个绿色点子表示,3个绿色点子用数字3表示,桌子上一共有6把牙刷,6把牙刷用6个点子表示,6个点子用数字6表示。怎样用加法算式表示呢? 　　学生可以用数6的组成、接着数和从头数的方法得出3+3=6。 　　教师板书3+3=6,并带读算式3+3=6。 　　教师小结加法算式3+3=6的含义:桌子上一边有3把牙刷,另一边也有3把牙刷,桌子上一共有6把牙刷。 　　2.教师展示3+3=6的图片,让学生看图片列出加法算式3+3=6,并说出算式的含义。 　　3.开展实践活动"牙刷合一合"。 　　(1)学生动手操作,1把牙刷和5把牙刷合起来一共有6把牙刷,学习加法算式1+5=6。 　　(2)教师先出示1个橙色小圆片,再出示5个绿色小圆片,帮助学生理解加法算式1+5=6的含义。 　　(3)学生用同样的方法,学习加法算式2+4=6、4+2=6、3+3=6,并说出算式表示的含义。 三、练习活动 　　1.完成教材P32做一做第2题。 　　(1)屏幕上展示教材P32做一做第2题的牙线图,拖动数字6到方框里,完成算式。 　　(2)屏幕上展示教材P32做一做第2题的牙刷图,拖动数字6到方框里,完成算式。 　　(3)屏幕上展示教材P32做一做第2题的牙膏图,拖动数字6到方框里,完成算式。 　　(4)屏幕上展示教材P32做一做第2题的杯子图,拖动数字6到方框里,完成算式。 　　2.开展实践活动"摆积木"。 　　(1)教师给每名学生随机分发两种颜色的积木共6块。 　　(2)请学生各自把颜色相同的积木摆放在一起,并数一数每种颜色的积木的数量。 　　(3)教师请1名学生上讲台展示自己的积木,并引导学生描述自己积木的数量,如:有1块红色积木,5块蓝色积木,一共有6块积木,1	P30图片: 3+3=6 P30文字: 牙刷合一合 教学用具:5个橙色小圆片、5个绿色小圆片 P32游戏: 《第2题:算一算》 P32文字: 摆积木	6把牙刷 若干积木(两种颜色)

	教 学 过 程	配套资源	自备资源
始活动→主活动→练习活动→整理活动	加5等于6。学生在黑板上列出对应的算式。 （4）按同样方法练习5＋1＝6、4＋2＝6、2＋4＝6、3＋3＝6。 3.完成教材P33练一练第2题及其拓展练习。 （1）屏幕上展示教材P33第2题牙膏的图片，拖动数字6到方框里，完成算式。 （2）屏幕上展示教材P33第2题牙刷的图片，拖动数字6到方框里，完成算式。 （3）屏幕上展示教材P33第2题杯子的图片，拖动数字6到方框里，完成算式。 （4）屏幕上展示漱口水的图片，拖动数字6到方框里，完成算式。 （5）屏幕上展示盆的图片，拖动数字6到方框里，完成算式。 4.完成教材P33练一练第3题。 屏幕上展示太空的背景，飞机上分别展示教材P33练一练第3题的算式，点击标有算式的正确答案的陨石，完成算式。 四、整理活动 1.总结本课。 师：本节课我们学习了得数是6的最后一个算式3＋3＝6，还复习了得数是6的另外四个算式。 2.布置作业。 在教材上完成P33练一练第1—3题。	P33游戏：《第2题：看图完成算式》 P33游戏：《第3题：击落陨石》	

生 活 语 文

设计者：姚是语

第5课 "爱护牙齿"教学方案设计	
单元名称	个人生活

一、本课教学目标
  1.知识与技能。
（1）认真倾听，并听指令指出"牙齿"的图片。

续 表

第5课 "爱护牙齿"教学方案设计		

(2) 认读汉字"牙",弹性认读汉字"齿、心",读准字音。
(3) 跟读词语"牙齿、开心",理解词语的意思,读准字音。
(4) 跟读并理解句子"我们要爱护牙齿/我们要早晚刷牙"。
(5) 结合场景使用句式"我们要_____"说句子或拓展说其他内容。
(6) 跟着教师朗读课文。
(7) 正确描红和抄写汉字"牙"。
2. 过程与方法。
(1) 通过观察图片、观看视频理解词语意思并运用词语说句子。
(2) 通过认读字卡熟练认读汉字。
(3) 通过配对练习熟练认读词语。
(4) 通过情景演示熟练跟读句子。
(5) 通过观看视频学习书写汉字"牙"。
3. 情感态度与价值观。
知道要爱护牙齿,逐步养成早晚刷牙、饭后漱口的好习惯。
二、本课教学重点、难点
1. 教学重点。
(1) 认读汉字"牙、齿、心"。
(2) 跟读和理解词语"牙齿、开心"。
(3) 描红和抄写汉字"牙"。
(4) 跟读和理解句子"我们要爱护牙齿/我们要早晚刷牙"。
2. 教学难点。
(1) 认读汉字、词语,读准字音。
(2) 跟读并理解课文。
(3) 结合场景说句子或拓展说其他内容。
(4) 抄写汉字"牙"。

课 名		爱护牙齿	第1课时
本课时目标	知识与技能	1. 结合图片、视频理解词语"牙齿、开心"的意思。 2. 跟读或认读词语"牙齿、开心"。	
	过程与方法	1. 通过观察图片、观看视频理解词语的意思。 2. 通过图文配对熟练跟读词语。	
	情感态度与价值观	了解爱护牙齿的方法及重要性,养成好习惯。	
教学重点		1. 理解图片及词语"牙齿、开心"的意思。 2. 跟读或认读词语。	
教学难点		1. 理解图片及词语"牙齿、开心"的意思。 2. 跟读或认读词语。	

续 表

		第5课 "爱护牙齿"教学方案设计		
教学资源	配套资源	视频:《爱护牙齿》《我会读:牙齿(慢速/正常语速)》《我会读:开心(慢速/正常语速)》《谁弄疼了我的牙》。 游戏:《配对练习》。 文字:我会刷牙。 图片:教材插图①。 教学用具:"牙齿、开心"的词卡。		
	自备资源	牙齿模型、牙刷、菜叶、巧克力、牙膏、漱口杯、镜子。		
		教 学 过 程	配套资源	自备资源
组织教学→导入→新授→课堂总结		一、组织教学 1. 师生点名问好。 2. 整理课桌椅。 二、导入 1. 出示牙齿模型,引出"牙齿"。 (1) 教师出示牙齿模型,提问:这是什么? (2) 让学生摸一摸、看一看。 (3) 学生自由发言。 (4) 教师小结:这是牙齿,分为上下两排。 2. 出示图片,引出"检查牙齿"。 (1) 教师在屏幕上出示教材P32的图片,引导学生观察。 (2) 提问:图片包含什么内容? (3) 学生自由发言。 (4) 教师小结:妈妈带乐乐在检查牙齿。 3. 引出课题"爱护牙齿",教师板书课题。 4. 教师带领学生读课题。 三、新授 1. 观看视频,初步感知课文内容。 (1) 教师播放视频《爱护牙齿》,引导学生观看视频。 (2) 提问:视频里有谁?他在干什么?视频里还有个穿白大褂的人是谁?他在干什么? (3) 学生自由发言。 (4) 教师小结:视频里乐乐在刷牙、漱口、看牙医。视频里的牙医在为乐乐检查牙齿。 (5) 教师板书课文:小牙齿,上下排,开心一	P32图片:教材插图① P32视频:《爱护牙齿》	牙齿模型

续　表

	教　学　过　程	配套资源	自备资源
组织教学 →导入→ 新授→课 堂总结	笑露出来。定期检查勤漱口，早晚刷牙白又白。从小养成好习惯，牙齿健康人人爱。 2. 辨析理解词语"牙齿、开心"的意思。 （1）理解词语"牙齿"的意思。 ①教师在屏幕上出示教材P32的图片，引导学生观察图中医生手中拿的是什么？墙上的图案是什么？ ②学生自由发言。 ③教师出示"牙齿"的词卡，带领学生认读。让学生指一指自己的牙齿在哪里。 （2）理解词语"开心"的意思。 ①教师播放视频《爱护牙齿》中乐乐照镜子，对着镜子笑一笑，露出牙齿的镜头。提问：乐乐笑了代表什么意思？ ②学生自由发言。 ③教师出示"开心"的词卡，带领学生认读。让学生做开心的表情。 3. 认读词语"牙齿、开心"。 （1）教师带领学生观看真人朗读视频，学生跟着视频读词语"牙齿、开心"。 （2）教师辅助有困难的学生，矫正其读音。 （3）练习图文配对，熟读词语。 ①教师示范图文配对的过程：找到"牙齿"的图片，右手食指指住图片，再观察屏幕上的词卡，找到"牙齿"的词卡，左手食指指住词卡，右手食指将图片移动到词卡的上面，边移边读词语；将图片停在词卡的下面，指词指图，大声朗读。 ②引导学生回忆刚刚点的是什么词语。 ③能力稍强的学生完成"眼睛、手"的图文配对。 ④重复多次。 4. 课间休息，教师带领学生观看视频《谁弄疼了我的牙》，了解牙齿健康的好处。 5. 拓展延伸：学习正确的刷牙方法。 （1）教师在牙齿模型上弄一些菜叶、巧克力，让学生指出牙齿不干净的地方，并拿牙刷把不干净的地方刷干净。 （2）学生学习刷牙步骤，观察如何才能把牙齿刷干净。	P32图片： 教材插图① 教学用具： "牙齿、开心" 的词卡 P34视频： 《我会读：牙齿（慢速/正常语速）》 《我会读：开心（慢速/正常语速）》 P32游戏： 《配对练习》 P32视频： 《谁弄疼了我的牙》 P32文字： 我会刷牙	

续 表

教 学 过 程		配套资源	自备资源
组织教学 →导入 →新授→课 堂总结	（3）教师将巧克力分发给学生吃。吃完后，学生照镜子观察自己的牙齿是否有不干净的地方。 （4）学生到洗漱池刷牙，再回到镜子前检查自己是否把牙齿刷干净了。 四、课堂总结 1.回忆本节课所学内容。 教师小结：今天我们学习了词语"牙齿、开心"，了解了爱护牙齿的重要性，还学习了正确的刷牙方法。 2.布置作业。 （1）指读词语"牙齿、开心"各10遍。 （2）学生按照正确的步骤刷牙，家长拍成视频发送给教师。		牙齿模型、牙刷、菜叶、巧克力、牙膏、漱口杯、镜子

课 名		爱护牙齿	第2课时
本课时目标	知识与技能	1.看懂图片并指出/说出词语"牙齿"。 2.认读汉字"牙、齿、心"。 3.朗读课文。	
	过程与方法	1.通过配对练习熟练认读词语。 2.通过观看视频、玩游戏、观察图片认读汉字。	
	情感态度与价值观	了解爱护牙齿的方法及重要性，养成好习惯。	
教学重点		1.跟读词语"牙齿、开心"。 2.结合视频理解词语的意思。	
教学难点		1.跟读词语"牙齿、开心"。 2.结合视频理解词语的意思。	
教学资源	可选资源名称		
	配套资源	视频：《爱护牙齿》《我会读：牙(慢速/正常语速)》《我会读：齿(慢速/正常语速)》《我会读：心(慢速/正常语速)》《刷牙歌》。 图片："牙"字的组词、"齿"字的组词、"心"字的组词。 游戏：《整理玩具》《配对练习》《单字跟踪》。 文字：你来比画我来猜。 教学用具："牙齿、眼睛、手"的图卡。	
	自备资源	增强物(小礼品)。	

续 表

	教　学　过　程	配套资源	自备资源
组织教学→导入→新授→课堂总结	一、组织教学 　1. 师生点名问好。 　2. 整理课桌椅。 二、导入 　1. 教师在屏幕上出示游戏《整理玩具》，引导学生从多张图片中找出与听到的词语对应的图片。 　（1）教师指定4名学生，按能力强弱分别指派游戏任务，能力较弱的完成简单的关卡，能力稍强的完成稍难的关卡。每名学生完成关卡任务则可以获得奖励。 　（2）教师讲评。 　2. 教师过渡：今天我们继续学习第5课"爱护牙齿"。 　3. 教师板书课题，带领学生读课题。 三、新授 　1. 认读词语。 　（1）练习文图配对，熟读词语。 　① 教师示范文图配对的过程：找到"牙齿"的词卡，右手食指指住词卡，再观察屏幕上的图片，找到"牙齿"的图片，左手食指指住图片，右手食指将词卡移动到图片的上面，边移边读词语；将词卡停在图片的下面，指词指图，大声朗读。 　② 引导学生回忆刚刚点的是什么词语。 　③ 能力稍强的学生完成"眼睛、手"的文图配对。 　④ 重复多次。 　（2）教师带领学生玩游戏《你来比画我来猜》，理解词语"牙齿、眼睛、手"的意思。 　① 教师出示"牙齿、眼睛、手"的图卡。 　② 教师指定1名学生上台观察图卡，做出与图卡上的身体部位相关的动作，其他学生猜是哪个身体部位（如：眼睛——演示睁大眼、闭眼、眨眨眼等动作；牙齿——演示露齿笑、舌头舔牙齿等动作；手——演示拍手、握手、挥手等动作）。 　③ 更换学生上台表演，反复练习。	P34 游戏：《整理玩具》 P32 游戏：《配对练习》 P34 文字：你来比画我来猜 教学用具："牙齿、眼睛、手"的图卡 P32 视频：《爱护牙齿》	增强物（小礼品）

	教　学　过　程	配套资源	自备资源
组织教学→导入→新授→课堂总结	2. 熟悉课文中的句子。 （1）教师带领学生观看视频《爱护牙齿》，理解课文的意思。 ① 提问：视频里有谁？他在干什么？视频里还有个穿白大褂的，他在干什么？ ② 学生自由发言。 ③ 教师小结并出示课文： 小牙齿，上下排，开心一笑露出来。 定期检查勤漱口，早晚刷牙白又白。 从小养成好习惯，牙齿健康人人爱。 （2）朗读课文。 ① 教师播放朗读课文的视频，引导学生跟读课文。 ② 教师引导学生用齐读、分组读、个别读、点名读等方式读句子，注意句子间词语的停顿。 ③ 教师提问：数一数，课文里有几个句号？有几个逗号？一一指出来。 3. 认读汉字"牙、齿、心"。 （1）教师带领学生观看真人朗读视频，进一步规范读音及口型。 （2）教师在屏幕上出示游戏《单字跟踪》，要求学生做到认读汉字。 （3）教师在屏幕上以图配文的形式分别出示含有"牙、齿、心"的词语，指名学生依次找出汉字"牙、齿、心"，并读一读。 4. 课中休息。 教师带领学生观看视频《刷牙歌》，进一步了解刷牙的好处。 四、课堂总结 1. 回忆本节课所学内容。 教师小结：今天我们复习了词语"牙齿、开心"，学了汉字"牙、齿、心"，学了朗读课文《爱护牙齿》。 2. 布置作业。 （1）指读汉字"牙、齿、心"、词语"牙齿、开心"各10遍。 （2）家长拍摄学生爱护牙齿的行为的照片或视频并发给教师。	P34视频：《我会读：牙（慢速/正常语速）》《我会读：齿（慢速/正常语速）》《我会读：心（慢速/正常语速）》 P34游戏：《单字跟踪》 P32图片："牙"字的组词、"齿"字的组词、"心"字的组词 P32视频：《刷牙歌》	

课　名		爱护牙齿	第3课时
本课时目标	知识与技能	1. 熟练认读词语"牙齿、开心"。 2. 结合图片说句子"我们要爱护牙齿/我们要早晚刷牙"。 3. 结合场景使用句式"我们要＿＿＿＿＿"说句子或拓展说其他内容。	
	过程与方法	通过观察图片说句子。	
	情感态度与价值观	培养爱护牙齿的良好生活习惯。	
教学重点		1. 学说句子"我们要爱护牙齿/我们要早晚刷牙"。 2. 结合场景使用句式"我们要＿＿＿＿＿"说句子或拓展说其他内容。	
教学难点		1. 学说句子"我们要爱护牙齿/我们要早晚刷牙"。 2. 结合场景使用句式"我们要＿＿＿＿＿"说句子或拓展说其他内容。	
教学资源		可选资源名称	
	配套资源	游戏:《切水果》《看图填空》。 图片:教材插图②。 文字:传声筒、看图填空、看图说话、我是小牙医。 教学用具:"牙齿、开心"的词卡,"漱口、刷牙"的异形图卡纸,"我们要＿＿＿＿"的空缺句子卡,"牙齿、眼睛、手"的图卡。	
	自备资源	筷子,篮子,白大褂,口罩,放大镜,牙刷,牙膏,漱口杯,学生早上起床后、晚上睡觉前刷牙的电子照片,学生饭后漱口的电子照片,学生看牙医检查牙齿的电子照片,增强物(小礼品)。	
组织教学→导入→新授→课堂总结		教　学　过　程	配套资源	自备资源
		一、组织教学 　1. 师生点名问好。 　2. 整理课桌椅。 二、导入 　1. 教师带领学生玩游戏《传声筒》,认读词语"牙齿、开心"。 　(1) 教师将学生分成2组,每组学生站成1排。 　(2) 教师将词卡分发给每一排的第1名学生,并朗读词卡上的内容(牙齿/开心),要求学生跟读。 　(3) 每一排的第1名学生读完后,将词卡传递给下一名学生,拿到词卡的学生跟读。学生依次传递词卡并跟读词卡上的内容。	P34文字:传声筒 教学用具:"牙齿、开心"的词卡	增强物(小礼品)

续　表

	教　学　过　程	配套资源	自备资源
组织教学→导入→新授→课堂总结	（4）最先传递完并读对的小组获得胜利，教师给予奖励。 2. 教师带领学生玩游戏《切水果》，复习汉字"牙、齿、心"。 （1）教师在屏幕上出示游戏《切水果》，带领学生认读水果上的汉字，学生跟读汉字。 （2）教师带领学生玩游戏，根据语音提示点击相应的水果，并跟读汉字。 3. 教师过渡：今天我们继续学习第5课"爱护牙齿"。 4. 教师板书课题，带领学生读课题。 三、新授 1. 根据图片学说句子。 （1）教师在屏幕上出示教材P32的图片，引导学生仔细观看。 （2）提问：图片上有谁？他在干什么？小朋友为什么要这样做呢？ （3）学生自由发言。 （4）教师小结，引导学生说句子：我们要早晚刷牙/我们要勤漱口。 （5）教师引导学生用齐读、分组读、个别读、点名读等方式读句子。 2. 结合场景说句子。 （1）根据图片将句子补充完整。 ①教师出示教材P35的图片，请学生仔细观察。 ②教师将"我们要_____"的空缺句子卡贴在黑板上，并讲解游戏的规则：学生用筷子从篮子里夹起异形图卡纸，贴在句子的空缺处，将句子补充完整并读一遍。 ③教师根据学生的完成情况给予奖励。 （2）在情境中仿说句子。 教师在屏幕上出示教材P35的图片，引导学生仔细观察图片，拖动卡片将句子补充完整后跟读句子。 3. 根据生活情景说句子。 （1）教师在一体机上展示任意一张电子照片，指名电子照片中的学生使用句式"我们要_____"描述电子照片内容。	P34游戏：《切水果》 P32图片：教材插图② P35文字：看图填空 教学用具："漱口、刷牙"的异形图卡纸，"我们要_____"的空缺句子卡 P35游戏：《看图填空》 P35文字：看图说话	筷子、篮子、增强物（小礼品） 学生早上起床后、晚上睡觉前刷牙的电子照片，学生饭后漱口的电子照片，学生看牙

106

续 表

教　学　过　程	配套资源	自备资源
组织教学→导入→新授→课堂总结	（2）游戏依次进行，描述得好的学生可以获得奖励。 4. 开展课堂小活动"我是小牙医"，学习正确的刷牙方法。 （1）教师指定1名学生扮演牙医，其他学生排队检查牙齿。 （2）教师引导学生张大嘴巴，"牙医"用放大镜看看牙齿的状况，检查牙齿是否黑黑的、黄黄的或有缺口。 （3）"牙医"开出牙刷、牙膏和漱口杯的"处方"，让学生学习用正确的刷牙方法刷牙。 四、课堂总结 1. 回忆本节课所学内容。 教师小结：今天我们继续学习了第5课，学习了句子"我们要早晚刷牙/我们要勤漱口"，学习了用句式"我们要_____"说句子。 2. 布置作业。 （1）家长说指令，学生听指令，指认"牙齿、眼睛、手"的图卡，并找出自己相应的身体部位。 （2）指读汉字、词语和句子各5遍。	P32 文字：我是小牙医 教学用具："牙齿、眼睛、手"的图卡	医检查牙齿的电子照片，增强物（小礼品） 白大褂、口罩、放大镜、牙刷、牙膏、漱口杯

课　名	爱护牙齿	第4课时
本课时目标	知识与技能	1. 熟练认读汉字"牙、齿、心"。 2. 用汉字"牙、齿、心"拓展说词语。 3. 用正确的笔顺描红和抄写汉字"牙"。
	过程与方法	通过观看视频学习按笔顺从左至右书写汉字"牙"。
	情感态度与价值观	对文字拓展产生兴趣，养成良好的书写习惯。
教学重点	1. 用汉字"牙、齿、心"拓展说词语。 2. 用正确的笔顺描红和抄写汉字"牙"。	
教学难点	1. 用汉字"牙、齿、心"拓展说词语。 2. 用正确的笔顺描红和抄写汉字"牙"。	

续 表

课 名		爱护牙齿		第4课时
教学资源	配套资源	视频：《爱护牙齿》《我会写"牙"》。 游戏：《采蘑菇》《写字练习》。 图片："牙"字的组词、"齿"字的组词、"心"字的组词。 文字："牙"字拼一拼，我是"书写之星"。 教学用具："牙、齿、心"的字卡，"牙齿、开心"的词卡，"牙"字轮廓的卡片，"牙"字的笔画异形图卡纸，汉字"牙"的描红纸，"书写之星"贴纸。		
	自备资源	增强物(小礼品)、铅笔。		
		教 学 过 程	配套资源	自备资源
组织教学→导入→新授→课堂总结		一、组织教学 1.师生点名问好。 2.整理课桌椅。 二、导入 1.复习认读汉字和词语。 (1)教师出示"牙、齿、心"的字卡和"牙齿、开心"的词卡，让学生以开火车的方式轮流认读。 (2)教师带读汉字和词语，学生跟读。 2.观看视频《爱护牙齿》，复习句子。 (1)教师带领学生观看视频《爱护牙齿》，引导学生仔细观看视频中的内容。 (2)教师板书课文，带领学生读课文中的句子。 三、新授 1.用汉字"牙、齿、心"拓展说词语。 (1)教师出示"牙、齿、心"的字卡，带领学生认读汉字。 (2)提问：请你想一想，它们能和谁组成朋友，变成新的词语呢？ (3)学生自由发言。 (4)教师视情况在屏幕上出示图片予以提示。 牙：牙膏、刷牙、牙刷。 齿：齿轮、牙齿、马齿苋。 心：开心、卷心菜、通心粉。 (5)教师小结并带领学生跟读词语。 2.教师带领学生玩游戏《采蘑菇》，练习用汉字"牙、心"组词。	教学用具："牙、齿、心"的字卡，"牙齿、开心"的词卡 P32视频：《爱护牙齿》 教学用具："牙、齿、心"的字卡 P32图片："牙"字的组词、"齿"字的组词、"心"字的组词	

续 表

	教　学　过　程	配套资源	自备资源
组织教学→导入→新授→课堂总结	（1）教师在屏幕上出示游戏《采蘑菇》，带领学生认读篮子上的汉字"牙"。 （2）教师指导学生拖动蘑菇（蘑菇上标有汉字）到篮子里，组成词语"牙齿、牙膏、虫牙"，学生跟读词语。完成游戏能获得奖励。 （3）同上完成汉字"心"的组词。 3.课间活动：手指操。 教师带领学生一起做手指操。 小牙刷真方便（右手食指放到嘴巴边做刷牙状）， 上刷刷，下刷刷（右手食指模拟牙刷向上、下方向刷一刷）， 左刷刷，右刷刷（右手食指模拟牙刷向左、右方向刷一刷）， 刷得牙齿笑开花（张开嘴笑，两手腕并拢放在下巴处，两手做花托状托出下巴）。 4.学习书写汉字"牙"。 （1）教师播放视频《我会写"牙"》，学生观看视频，模仿按笔顺书写汉字"牙"。 （2）教师在屏幕上出示游戏《写字练习》，示范书写汉字"牙"，学生模仿。 （3）我是"书写之星"。 ①学生在描红纸上抄写汉字"牙"。 ②教师挑选出写得较好的学生，让他们把自己的作品贴到书写展示栏，并奖励"书写之星"贴纸。 5.巩固"牙"字的笔顺。 （1）教师出示"牙"的字卡，带领学生认读"牙"字，熟悉"牙"字的字形。 （2）教师出示"牙"字轮廓的卡片，指名学生上台将"牙"字的笔画异形图卡纸粘贴到相应的笔画位置。 （3）反复练习。 四、课堂总结 1.回忆本节课所学内容。 教师小结：今天学了用汉字"牙、齿、心"组词，还学写了汉字"牙"。 2.布置作业。 在描红纸上练习描写/抄写汉字"牙"3行。	P35游戏：《采蘑菇》 P35视频：《我会写"牙"》 P35游戏：《写字练习》 P35文字：我是"书写之星" 教学用具：汉字"牙"的描红纸，"书写之星"贴纸 P35文字："牙"字拼一拼 教学用具："牙"的字卡，"牙"字轮廓的卡片，"牙"字的笔画异形图卡纸 教学用具：汉字"牙"的描红纸	增强物（小礼品） 铅笔

综 合 评 估

设计者：谢红、陈文、姚是语

一、活动名称

护牙小卫士

二、主题活动

任务1：导购员——读出购物清单。

任务2：采购员——选购刷牙用品。

任务3：收银员——刷牙用品结账。

任务4：小卫士——完成刷牙步骤。

三、活动目标

1. 看图片、文字，说出购物清单上的刷牙用品。

2. 认识并能找到货架上的刷牙用品。

3. 根据购物清单，拿出对应数量的用品。

4. 知道刷牙的正确方法与步骤。

5. 初步养成爱护牙齿的好习惯。

四、整体活动构想

本活动围绕"护牙小卫士"设计了4个分任务。

任务1：读出购物清单。以"导购员"的身份阅读购物清单上的图片、文字，帮助"采购员"明确采购的用品。

任务2：选购刷牙用品。通过购物清单的提示，在模拟购物环境中认识常见的刷牙工具，完成采购任务。

任务3：采购刷牙用品。通过收银结账的角色活动，计算采购用品数量，在实践操作中培养学习数学的兴趣，体会数学学习过程的乐趣。

任务4：完成刷牙步骤。通过看图，观察视频动作分解、教师现场示范、实践操作等方式，掌握刷牙的正确方法，初步养成爱护牙齿的好习惯。

五、始活动→主活动→整理活动

（一）始活动

1. 环境布置。

（1）在海贝超市中布置"超市牙具区"，在货架上贴上视觉提示图片"牙具区"。

(2) 将洗漱台布置为"我会护牙"主场地。

2. 物品准备。

(1) 货架,牙膏、牙刷、漱口杯、毛巾等护牙工具,商品价格标签,海贝币,购物篮,环保购物袋。

(2) 任务提示卡。

任务1:导购员——读出购物清单。

任务2:采购员——选购刷牙用品。

任务3:收银员——刷牙用品结账。

任务4:小卫士——完成刷牙步骤。

(3) 蛋糕。

3. 人员安排。

教师提前邀请校医院的牙医或者附近医院的牙医进课堂。

(二) 主活动

学生依次前往教师处抽取2张任务卡,按照任务卡上的要求进行活动。

任务1:读出购物清单

活动目标:帮助采购员明确购买的用品。

活动内容:

1. 准备一张包含图片和文字的购物清单,上面列出需要购买的刷牙用品,如牙刷、牙膏、杯子、毛巾等。

2. 请导购员阅读清单上的每个项目,要求他们能够准确读出每个物品的名称,可简要描述其用途。

3. 为了增加趣味性,可以设置一些问题或谜题,要求导购员根据清单上的提示回答,例如:"哪种牙刷是适合儿童使用的?"

4. 鼓励导购员与采购员互动,讨论每个物品的重要性以及应当如何选择。

任务2:选购刷牙用品

活动目标:认识常见的刷牙工具,完成采购任务。

活动内容:

1. 在一个模拟的购物环境中设置展示台或桌子,上面摆放各种刷牙用品,包括不同类型的牙刷、牙膏、杯子、毛巾等。

2.请导购员带领采购员参观展示台,介绍每种刷牙用品的特点和适用场合。让采购员观察、触摸和比较这些产品。

3.为了提高互动性,可以设置一个小游戏,要求采购员根据他们在任务1中得到的信息,选择正确的刷牙用品,放入购物篮中。

任务3:采购刷牙用品

活动目标:计算采购用品数量,培养数学学习的兴趣。

活动内容:

1.设立一个模拟的收银台,导购员扮演收银员的角色。

2.采购员将所选购的刷牙用品放在收银台上,然后导购员计算每件物品的数量,并计算总价告知采购员。

3.鼓励导购员与采购员一起进行简单的数学运算,例如点数量、得数是6的加法等,以确定他们是否有足够的钱购买所需的物品。

4.可以设置一个小奖励或认可系统,以鼓励采购员积极参与数学计算。

任务4:完成刷牙步骤

活动目标:掌握刷牙的正确方法,养成良好的牙齿护理习惯。

活动内容:

1.制作一个图文并茂的刷牙步骤指南,包括正确的刷牙姿势、时间、使用牙膏的量等。

2.教师演示正确的刷牙动作,可以使用模型牙齿和牙刷来进行实际演示。

3.请小卫士们实际操作,模仿正确的刷牙方法,由教师提供反馈和指导,确保他们掌握了正确的技巧。

4.鼓励小卫士们在家里跟随指南,每天养成正确的刷牙习惯。

(三)整理活动

1.评选"护牙小卫士"。

(1)教师评出本次活动的"护牙小卫士"。

(2)"护牙小卫士"们上台讲述自己平时是怎么爱护牙齿的,并说说今天参加活动有什么收获。

(3)教师发放小礼品。

2. 学生各自收拾好自己的刷牙用品，协助教师收拾货架等道具。

通过这些活动，孩子们可以在互动和实际操作中学到关于生活购物、刷牙用品和正确刷牙方法的知识，同时培养图文阅读、数学技能和良好的牙齿护理习惯。这些任务不仅有助于知识的巩固和延伸，还增加了趣味性，使学习过程更加生动有趣。

二、生活情境教学模式

美国实用主义教育家杜威强调教育应从儿童的天性出发，提出教育即生活、教育即生长、教育即经验的改造，表明教育应该发生在生活中，这为情境教育提供了理论基础。生活情境教学是一种将学习内容与学生日常生活情境相结合的教学方法。通过在现实生活中模拟和应用所学的知识和技能，能够帮助学生更好地理解学习的实际意义，激起学生主动学习的兴趣。

特殊学生是一个较为特殊的群体，他们记忆力差、认知水平较低、思维模式非常直观、注意力分散是其课堂行为中的突出问题，而生活情境教学可以增加学习的可操作性和可持续性。教师可以选择与学生日常生活密切相关的学习内容，让学生在实际生活中运用所学，例如在购物场景中练习加法和减法运算，或在实际情境中学会与人沟通的技能。在真实的课堂情境活动中，学生可以维持较长时间的注意力，并且能够做到积极回应教师的问题，可以跟随教学步骤进行学习，课堂效果好于教师为主的讲授教学。生活情境教学模式的具体运行如图3-5所示。

(一) 确定教育目标

教育者首先要明确课程或学习单元的教育目标。这些目标应该与生活情境相关，旨在帮助学生在实际生活中应对特定挑战或任务。特殊学生理解力低，在课堂教学中，教师单纯的讲解会让学生很难理解，也不易提起兴趣，陷入教不下去的困境。如教师在教授"居家生活讲安全"课程中的家具使用安全内容时，提到家庭生活中的各种安全问题，学生一脸茫

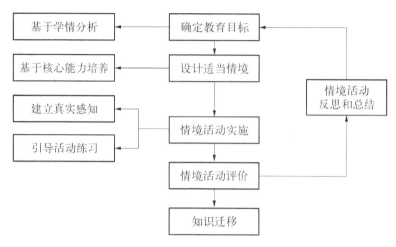

图 3-5　生活情境教学模式

然,没有任何反应,他们难以直接理解抽象的意识类的安全问题。其实,教师可以事先通过提问、观察以及家长问卷的方式对学生在家具使用上是否有自我保护意识进行调查。如果通过学情分析发现大部分学生都缺乏安全意识,经常在家里的电视柜、茶几前横冲直撞,甚至会碰伤自己,缺少居家自我保护知识、技能,教师便可以考虑在具体真实的情境中帮助学生理解家具使用上的安全与危险,使学生能更加直观地理解所学习的内容,将抽象内容形象化。这样既符合教学直观性原则、生活化原则,也符合学生的身心发展规律。

(二)设计适当情境

基于核心素养的教学,要求教师抓住知识的本质,创设合适的教学情境,启发学生思考,让学生在掌握所学知识、技能的同时,感悟知识的本质,积累思维和实践的经验,形成和发展核心素养。在情境活动教学中,聚焦情境提出探究任务和问题非常关键,它能够为学生搭建问题支架,引导学生进一步深入到课堂情境中去探索。教育部《培智学校义务教育生活适应课程标准(2016年版)》明确指出,教学中要创造贴近生活的情境,注重学生在体验、操作、探究和解决问题的过程中获得直接经验,提高学生解决生活实际问题的能力。

例如,在教学小心家具尖角这个内容时,可以图画展现情境,先给学生播放一段视频:小阳正在茶几旁玩小汽车,而他的头即将碰到茶几的尖角。请学生边看视频边思考"小阳在哪里玩小汽车?他的头快要碰到茶几的……",随后在学生的交流中圈出图片上茶几的尖角,由此引出小心家具尖角的探究学习。

再如,在教学不要攀爬书架这个内容时,教师借助音乐的渲染,以教材中的人物贝贝为学生创设一个情境。教师先给学生提供一张动图,动图中贝贝在踮起脚努力拿书架上层的书。同时引导学生观察贝贝在干什么。接着让学生听提前录好的音频,音频中是贝贝着急的声音"我想拿书,可是我拿不到书……",然后教师用生动形象的儿童化语言引导学生思考"拿不到书怎么办呢?",从而进入情境探究。

同样,在教学不要躲在柜子里这个内容时,教师通过语言描绘情境,边引导学生观看兰兰和壮壮玩捉迷藏游戏的视频,边通过语言对游戏进行描述。最后提出"捉迷藏时,壮壮躲在了哪里?"的问题让学生思考,引发不能躲在柜子里的探究学习。

(三) 情境活动实施

情境活动的实施就是引导学生对创设的情境建立真实感知,促使学生思考如何解决问题和完成任务。教师可以充当指导者的角色,引导学生的探究和思考过程,提供必要的支持和指导。

1. 建立真实感知

在学生对情境有了兴趣,愿意去思考时,教师就需要帮助学生在情境中建立真实的感知。还是以居家安全的教学为例,要让学生进一步理解有关家具使用安全的具体内容。如在小心家具尖角这个内容的具体学习环节中设计感知尖角的环节:课堂上提前准备一个有尖角的木板让学生看一看、摸一摸,以实物演示情境,充分调动学生的视觉、触觉感官,让学生真实感知到尖角的锋利和危险,对客观情境获得具体的感受。在学生感知后,让其在教室里找一找尖角,并引导其在尖角处贴上提前准备的防撞角。这样学生可以直观地感受到尖角被包起来前后的危险程度,从而真切地理解在现实生活中应如何注意安全使用家具。又如在高处取物很危险这个内容的教学中，教师可以通过播放小猴子爬高摔下来的视频，让学生直观地感受到爬高的危险性，知道高处取物请大人帮忙的必要性和重要性。

2. 引导活动练习

当学生在情境中充分建立具体认知后，教师还需要把具体的内容过渡到半抽象，以便学生最终理解抽象的安全意识。如学生一开始感知的是教室里实物的尖角，从具体过渡到半抽象的第一步就是先把三维的实物转化为二维的图片，联系"校园安全标识"一课的知识，可以在校园安全标识的基础上将安全标识与家具相结合，自制家具安全提示卡，在学生感知实物的尖角后，呈现小心家具尖角提示卡，帮助学生明确家具使用安全的要点。随后通过任务单练习的形式，引导学生将安全提示卡贴在家长提前拍摄的各个家具图片尖角处，在家庭生活中复现情境，进一步巩固所学知识。

又如在学生理解了不能攀爬书架的时候，教师可以请学生帮忙拿取教室里高处提前藏好的玩偶，引导学生在活动中练习拿不到高处的物品时应该请大人帮忙。这样用表演体会情境，可以使课堂教学情境更加自然。考虑到特殊儿童不会主动求助，也不知道如何求助，因此在情境中以"乐乐"和"兰兰"的口吻提前录制了"爸爸，帮帮我！""妈妈，能帮我拿一下吗？"的音频求助语，再根据学生的能力情况，让学生在活动中通过语言或AAC练习高处取物的情境求助，明确安全要点。

（四）情境活动评价

在一堂课的教学中，教、学、评三者应当是紧密结合、相辅相成的。在情境活动中也是一样，恰当有效的评价能够激励特殊学生始终将注意力集中在情境活动中，并且愿意继续跟着老师去探究。无论在什么情境中，教师都应该运用语言交流，不断增加与学生的互动，增进相互理解。如果学生对一个问题产生兴趣，可以通过不断强化，如利用学生喜欢的强化物，增加学生互动行为，引导学生不断学习，这样可以很好地保持学生注意力的稳定。

1. 奖章评价

在教学中，可以制作和发放奖章，以对学生完成情境教学任务的行为进行肯定。例如,在学生正确地找到了教室中的尖角并贴上防撞角时,教师可以为学生粘贴"居家安全小卫士"奖章,并予以肯定:"哇,你发现了一个尖角,还把它包起来了,真是居家安全小卫士,老师给你颁发光荣的奖章!"通过荣誉感十足的奖章评价使学生知道这是一项安全使用家具的行为。在实际教学当中,学生往往会因为获得荣誉而表现得非常自豪,他们在后面的情境活动中也会时不时抚摸自己的奖章,并向其他小朋友展示。有的小朋友甚至每天都要戴着奖章,一刻也不愿意拿下来。这不仅能够激励学生积极投入情境活动,便于情境教学活动的进一步开展,也能够加深学生对情境教学内容的印象,进而将其应用到实践中。

2. 任务单评价

在教学中,可以制作情境教学任务单,当学生完成情境教学任务后,教师就可以在学生的任务单上进行实时点评,对完成好任务的学生可给予"大拇指"标志。结合智慧教室的教学课件,学生可以看到自己的任务单被贴上了"大拇指"表情,并自带"太棒了!"的表情音效,都非常激动。这种多媒体评价方式能够极大地吸引学生的注意力,让学生不仅能将注意力集中到屏幕上,更能集中到教师需要他们注意的点上。

3. 游戏评价

爱玩游戏是学生的天性,因此在情境活动中也可以通过多媒体为学生设计课堂互动游戏,在游戏中对学生进行评价。如游戏"下面哪种行为是安全使用家具的行为,请你为它送上向日葵",过程中学生先是观看两段引导视频,然后根据自己的理解在游戏界面将向日葵拖曳到正确的行为下面,接着系统会自动作出判断,当学生拖曳成功时,游戏界面会出现如"你真棒,远离家具尖角是安全使用家具的行为"等鼓励性的语言,以强化学生对正确安全使用家具的行为的认识。教师还可以在课堂上引导学生一起为表现好的同学鼓掌,通过伙伴的认可进一步激发学生情境学习的动力。

(五)知识迁移

生活情境教学模式的关键在于将学习与实际生活联系起来,将在生活情境中获得的知识和技能迁移到其他类似的情境中,使学生能够在真实世界中应用所学的概念和技能。

1. 及时准确进行强化

关于家具使用安全问题,分设"天天在茶几旁玩小汽车""贝贝拿不到书架高处的书""壮壮玩捉迷藏躲在衣柜里"三个情境,教师在讲解完每个情境活动时,可以引导学生对当前的情境活动进行及时总结,并且可以情境中的人物和家长的口吻进行语音总结。例如,小阳:"小朋友们,谢谢你们,我记住了,在家里玩耍的时候要小心尖角!"贝贝:"小朋友们,我们拿不到高处的东西时要请大人来帮忙哦!"妈妈:"小朋友们,在家里玩耍的时候不能躲藏在柜子里,很危险哦!"对每个情境活动进行及时总结,既能再次强化学生需要掌握的安全要点,也能便于学生顺畅地转换情境。

2. 设计口诀方便记忆

在情境活动结束,学生有了充分的体验、理解和感悟后,还需要让学生去记忆如何安全使用家具,为生活适应服务。教师可以通过口诀的形式帮助学生进行记忆,例如:"尖尖角,要小心;高处取物,求帮忙;不躲柜子,要牢记。我是安全小卫士。"简单的口诀有助于学生记忆要点,促进学生在居家生活中的迁移和运用。

(六)情境活动反思和总结

情境活动不是单纯地在课堂中为学生创设生活中的情境,而是要切实地培养学生将所学运用于生活情境的能力,需要注意很多方面才能获得良好的效果。因此,教师在促进学生掌握好知识点的基础上,要时常反思和总结,不断提高学生学习效果。

1. 情境创设需恰当合理

教学中创设情境总体应该符合学生实际生活情况,适当发展想象能力,但因特殊学生自身特点,不可过于抽象,抽象成分会影响学生理解,反而让学生困惑。创设情境应以具体形象、来自生活的情境为主,一定是学生接触过、经历过的,且不可复杂,只要能吸引学生注意,帮助学生理解即可。能够帮助学生生情,产生情感共鸣的情境就是最佳的教学情境。

2. 情境活动应凸显主题

受特殊学生抽象思维欠缺的影响,在一堂课中,有时需创设一个又一个的小情境带领学生学习,需要注意的是在每一个情境中都要对教学主题进行强化。如"快要撞到茶几尖角的情境""高处取物的情境""躲到衣柜里的情境",在这三个情境的教学中要不断强调一个大主题,即在居家生活中要注意安全使用家具,将教学的落脚点放在学生的自我保护上,帮助学生在情境学习中提升,理解安全意识的内涵,发展学生的思维,凸显教师在情境中总结提升的作用。尤其是,情境中的一些动画设置、游戏机关等会在极大程度上调动学生的注意力和兴趣,教师要引导学生不要沉迷于有趣的游戏中,要能够带领学生抽离情境,回归主题。

3. 情境活动过程的连续性

课堂上所创设的情境活动之间应当有一定的联系,图片、音乐的运用都需要有故事性、情感性,只有在有故事发展的情境中,学生才有兴趣跟着教师一步一步深入学习。就"居家生活讲安全"这一课而言,教师创设的情境应该都是学生在居家生活中面临的家具安全使用方面的问题,学生在帮助人物小阳、贝贝解决一个个情境问题的同时也能习得家具安全使用方面的注意事项。

在"融·和"教育理念的指导下,上海市浦东新区辅读学校以生活情境教学模式为基础,积极创新课程内容和教学环境,为特殊学生的全面发展奠定了坚实的基础。一是精心设置了各类情境教学课程,使学生能够亲身体验生活的各个方面。例如,在银行情境课堂中,学生可以模拟开设银行账户,了解金融知识;在超市和菜市场情境中,他们可以学习购物和食物分类;地铁情境课程则帮助他们理解城市交通系统。这些情境教学让学生能够将抽象的知识与实际情境相结合,更容易理解和应用所学内容。二是为情境教学提供了配套的教室和资源。这些特殊设计的教室模拟了真实情境,如银行柜台、地铁站台、超市货架、饭店餐桌等,为学生提供了仿真的学习场所。这些环境不仅激发了学生的学习兴趣,还帮助他们建立自信和独立能力。三是配备了现代化的教育技术和辅助工具,以满足特殊学生的学习需求。

学生们通过参与实际情境中的活动,不仅提高了学业水平,还培养了社交技能、生活技能和自理能力。他们学会了与他人合作、解决问题、作出决策,并将这些技能成功应用于日常生活中。更重要的是,他们感受到了自己的价值并能更好地融入社会。

案例 3-2

乘 坐 直 梯

张筠珧

一、教学内容

《培智学校义务教育生活适应课程标准(2016年版)》(以下简称《生活适应课程标准》)将生活适应分为"个人生活""学校生活""家庭生活""社区生活"四个板块,其中"乘坐电梯"属于社区生活板块。在《生活适应课程标准》中明确提出低年级段学生需要达到的目标为"了解社区环境","具有初步的社区活动安全意识"。直梯作为电梯的一种,是现代社会常见的公共设施。认识直梯、学习使用直梯,是特殊儿童必须掌握的一项基本能力。在实际生活中,儿童乘坐电梯时往往出现乱按电梯的现象,部分自闭症儿童对电梯异常感兴趣,会要求一直乘坐电梯,不懂得何时乘坐直梯。因此,如何使学生养成公共场所守规则的良好习惯也是本节课学习的目标。

二、学生情况

二年级(2)班共有学生7名,属于中重度智力障碍儿童,其中自闭症儿童4名(1名学生无语言)、威廉姆斯综合征1名、18三体综合征1名、脑瘫儿童1名。学生分组情况如表1所示。

表1 学生分组情况

分 组	学 习 基 点
A组 李、龚、吴	理解、记忆能力尚可。对于所学知识能很好地运用。认识直梯,且经常在爸爸妈妈陪同下乘坐直梯。
B组 杨、李	操作能力尚可,认识直梯,在学校有乘坐直梯的体验。
C组 周、米	无语言,情绪不稳定,能够指认直梯,但乘坐直梯的次数较少。

三、教学目标

"乘坐直梯"共有4课时,本节课为第一课时。

教学目标:认识直梯,学会正确使用直梯按键,并养成乘坐直梯守规则的良好习惯。

分层目标：

A层：认识直梯，学习正确使用直梯按键，并养成乘坐直梯守规则的良好习惯。

B层：认识直梯，在图片、手势提示下学习使用直梯按键，并初步养成乘坐直梯守规则的良好习惯。

C层：初步认识直梯，能够在他人辅助、引导下使用直梯按键，知道乘坐直梯要守规则。

四、教学过程

片段一：引入生活情境，初步认识直梯

教师播放视频创设问题情境："乐乐家在8楼，爸爸带着乐乐去公园玩，他们选择哪种方式下楼呢？"学生思考后回答乐乐下楼的方式："乘电梯。"教师继续播放爸爸带着乐乐乘坐电梯下楼的动画短片。学生根据对话以及生活经验得出乘坐电梯的优点——方便、省力。之后教师提问："你们在哪里见到过直梯？"部分学生回答："学校。"教师出示某个学生在学校中乘坐直梯的图片，提问："你们会自己乘坐直梯吗？"以此导入课题，今天一起学习"乘坐直梯"。

设计意图：在导入部分利用小视频、图片等所创设的情境，可以使学生更快进入学习场景，并更好理解所学知识和内容。首先，教师通过创设情境来引出问题，激发学生探究学习的兴趣，并能较快地根据实际生活经验来认识问题。然后，利用所创设的情境，在乐乐和爸爸的对话中引导学生得出乘坐电梯的优点。最后，利用学生实际生活中的场景图片（在校乘坐电梯）来与教学内容建立联系，让学生带着问题学习"乘坐直梯"。

片段二：联系情境教学，强化视觉提示

教师出示视频（直梯外部按键图和动态图），引导学生通过视频回答"电梯是上升还是下降"。请学生观察："小朋友按哪个键时电梯上升了呢？"学生指出键钮，老师告诉学生这是上行键："箭头朝上，叫上行键，往楼上去。"请学生观察上行键："上行键的小箭头朝上，就和我们的手指朝上是一样的。"教师出示图片和手势动作。指尖朝上，手向上移动，代表电梯上行。学生学习完上下行键钮后，教师及时进行评价。教师呈现上下行键钮图片，

问:"哪一个是上行键?"A组学生直接找出,B组学生通过教师手势提示找出,C组学生在助教帮助下指出。

设计意图:在前期测评中,发现学生难以区分上下行键钮、开关门键钮,特别是B组学生。因此,通过手势、视频演示帮助学生区分键钮。教师利用视频中创设的情境,让学生观察电梯的状态,以此来认识上行键的特点,并将手势作为支架帮助学生学习上下行键钮。如在学习上行键时,手指并拢,指尖向上,与上行键的箭头朝上有异曲同工之妙(图1、图2)。利用手势提示来帮助学生掌握上下行键钮,同时通过指尖向上或向下移动的操作性活动调动学生学习积极性,学生很快理解并掌握了上下行键钮的功能,也逐步掌握了本节课教学重点。

图1　上行键及手势图　　　　图2　下行键及手势图

片段三:利用情境教学,应用所学技能

教师出示PPT图片(直梯内部键钮图),请学生观察直梯内部键钮图,提问:"同学们,你们看到了什么?"学生回答:"看到了1、2、3。"教师讲解:"1、2、3代表了楼层,1代表1楼,2代表2楼,去几楼就要按几。"紧接着,教师创设情境,提出问题。首先创设情境一:"老师在1楼,现在要去3楼,应该按哪个键呢?"随后根据学生在校生活情景进行情境二的创设:"要上音乐课了,我们要乘电梯去4楼,应该按哪个键呢?"学生根据所创设的两个情境分别回答问题。

设计意图:首先采用直接教学法,将所学知识直接传授给学生,使学生直接接受所学内容。然后在情境创设部分,学生上音乐课时,老师会带领他们乘坐电梯去4楼,直接利用学生在校生活经验进行情境创设。这样学生能够更快地理解所学知识,并迅速将所学知识应用于实际生活。

片段四： 融入情境实操，检验学习效果

师生共同确认学校直梯的方位，一起去乘直梯。教师带领学生来到电梯旁，告诉学生现在要去音乐教室。首先请学生明确音乐教室在几楼，B组学生回答在4楼，A组学生根据B组学生的回答来按上下行键钮。进入直梯内部后，C组学生在助教帮助下按数字4，教师重点强调："去哪一层，就按数字几，不可以多按、乱按，这是乘坐直梯应该遵守的规则，也是我们必须养成的良好习惯。"等电梯门打开后，带领学生走出电梯。

设计意图： 将学生所学知识迁移到实际生活中，在真实的环境中实践操作使用直梯，检验学习效果；通过教师的语言提示，教育学生乘坐直梯时守规则，养成良好的文明习惯，同时也为学习安全乘坐直梯打下基础。

五、教学分析

《生活适应课程标准》中提到生活适应学科要始终把培养和提高学生的实际生活能力作为出发点和落脚点，因此要始终将生活性、实践性作为教学原则。

（一）创设情境教学，立足实际生活

《生活适应课程标准》中指出，"教学形式要服从于内容，符合学生的生活经验"，"创设适宜的学习情境，帮助学生获得体验与感悟，发展其解决生活实际问题的能力"，"强调学生的实践与操作，注重学生在体验、操作、探究和解决问题过程中获得直接经验"。本节课注重学生在情境体验中获得新知、解决问题。教师在教学过程中不断创造适宜的学习情境，帮助学生获得体验，并充分利用多媒体资源、学习环境等设置，在创设情境中去应用所学知识。

（二）联系情境教学，个别化掌握技能

在《生活适应课程标准》教学建议部分，提出"在教学过程中处理好集体教学和个别教学、个别支持的关系"。支架式教学是尊重学生差异的一种教学方法。采取支架式教学前，教师首先了解该班级学生的学情和每个学生的最近发展区，根据学生能力提供脚手架，使学生在支架的帮助下学习新的知识和技能，最终目的是使学生能够摆脱支架，掌握知识和技能。对于特殊儿童而言，视觉提示、口头提示、辅具可以帮助他们更快掌握技能，缩小与他人的差距。

（三）打造"生活"课堂，注重能力迁移

课堂要有"生活"气息，特别是对于特殊儿童而言，要参与家庭生活、适应学校生活、融入社会生活，因此课堂不可不食人间烟火，要让课堂焕发出生命活力和生活气息。教师在课堂中必须贯彻"生活教育"理念，内容选择、教学设计要与具体生活产生有机联系，因此使用电梯不仅仅局限于校园电梯，还应包括小区、商场等场所。让每一个户外场所都成为教学基地，让学生在自身的生活经历和实际体验中进行学习，并检验所学知识，提升学生的生活经验，使其能力得以迁移。

三、个别化教学模式

特殊教育中的个别化教育模式是一个精心设计的过程，旨在满足每个特殊学生的独特需求，确保他们获得有效的教育支持（图 3-6）。

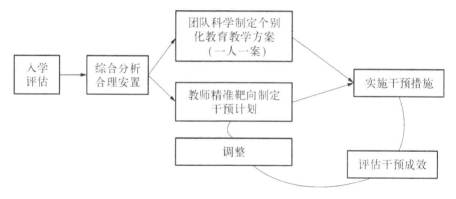

图 3-6　个别化教学模式

第一步：入学评估。当学生进入特殊教育学校或课程时，教育专业人员会对他们进行全面评估，以了解他们的能力、需求和潜力。这包括对学生的学业水平、社交技能、情感状态和特殊需求的评估。

第二步：综合分析，合理安置。根据入学评估的结果，一个多学科的团队会综合分析学生的情况，并确定最适合他们的教育环境和支持服务。这可能包括决定学生是在特殊教育班级、普通教育班级还是混合班级中学习。

第三步:团队科学制定个别化教育教学方案。教育专业人员、家长和其他相关人员会共同制定个别化的教育计划,明确学生的学习目标、课程内容和支持措施。这个过程强调团队合作和共识,确保计划的质量和可行性。同时,教师精准靶向制定干预计划。教师根据个别化教育计划制定具体的干预计划,以满足学生的需求。这包括选择适当的教学方法、教材和教学策略,以及明确干预的目标和时间表,确保教学的针对性和有效性。

第四步:实施干预措施。教师按照制定的计划和方案,针对学生的特殊需求提供支持和指导。这可能包括一对一指导、小组活动、辅助技术的使用或其他个别化的教学方法。

第五步:评估干预成效。评估包括两个方面,即过程的评估和结果的评估。过程的评估涉及监测教学活动的进行,确保按计划实施。结果的评估涉及对学生的学业成就、社交技能和情感状态等方面的评估,以确定干预措施是否取得了预期的效果。根据评估结果,教育专业人员会调整个别化教育计划和干预措施。如果需要,他们会重新制定计划和方案,以更好地满足学生的需求和目标。

这个流程是一个循环的过程,不断地优化和改进个别化教育支持,以确保学生取得最佳的学习成果。其核心思想是"一人一案",确保每个特殊学生都能得到个别化的关注和支持,以满足他们的独特需求,实现全面发展和成功学习。这个流程需要广泛的团队合作、专业知识和不断地评估和调整,以确保特殊学生获得高质量的教育。

案例3-3

聚焦核心障碍 改善问题行为

——以自闭症学生彭彭个别化行为干预计划的制定与实践为例

牟晓宇

一、背景情况

彭彭是转入学校三年级的新生,入校后表现出严重的情绪行为问题。几乎每节课都会在教室或操场上发脾气,表现为大声哭闹,用手掌不停地拍打自己的头,用指甲掐身边老师或者同学的手,常常导致整个班级的教学无法进行。我通过系统化的评估和制定个别化的干预方案,对其情绪和行为进行训练,以帮助其解决情绪和行为问题,更好地适应集体教学。

二、制定干预计划

(一)制定干预流程

在教导处将彭彭的个案转介到行为干预训练组后,我依据《行为训练课程指南》中"问题行为干预流程",对彭彭个别化行为干预计划的制定与实施进行了整体设计与思考,如图1所示。

(二)个案评估

1. 整体情况评估

在接手彭彭的个案后,我运用学校基于《上海市辅读学校行为训练课程指南》自编的检核表

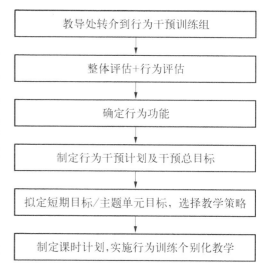

图1 彭彭问题行为干预流程图

对其情绪行为、认知语言、感知觉水平进行了评估。总体来说,彭彭对唤名有反应,能听懂和说出常用的物品名称,交流以单词为主,能复述简单的句子或短语;对声音很敏感,触觉敏感;入校以来无法参与集体活动,不会向他人表达需求、情感和寻求帮助,不会提问以获取信息;常规活动改变或老师的要求与他的意见不一致时往往以发脾气的方式进行表达。

2. 行为功能评估

在班主任和彭彭妈妈的协助下,我对彭彭的问题行为进行了A-B-C行为观察记录,分析并确定彭彭的问题行为具有以下功能:一是表达的功能。彭彭在有某种需求时,无法用言语进行表达,而是习惯于用发脾气的方式进行表达,如果这时没有及时得到理解或者满足,问题行为的表现就会持续升级。二是逃避的功能。彭彭在面对不理解的规则或者不想完成的任务时,会采取发脾气的方式进行表达,以达到逃避任务、改变规则或自己玩的目的。

(三)制定行为干预计划

1. 制定行为干预的总目标

在与彭彭班主任、任课教师和妈妈的共同商议下,为彭彭制定了行为干预计划,确定总目标为:在主题情境中,帮助彭彭增进社交技能,促进情绪

的表达和调控,进而改善问题行为。

2. 制定行为干预的单元目标

依据彭彭的总目标和课时量,制定了三个单元目标(短期目标),本单元"一起去秋游"为第一个单元,单元目标为:一是增加主动开口或非口语的社会互动行为,在老师提问后能够主动应答"这是……"或在提示下说出"我要……""这是什么?";二是在互动游戏中遵守简单的规则,能够安静等待和轮流玩游戏(4—5回合),并在游戏中控制自己的情绪和行为。单元共分八个课时,在本课时之前,彭彭已经学习了前备技能,具体包括:基本的安坐、听指令和模仿能力,区分常见的天气、衣服以及秋天的水果、蔬菜,能与老师在游戏中轮流玩 2—3 回合,并能够在字卡的提示下说出"我要……""这是……"以及询问"这是什么?"。

3. 制定行为干预的课时目标

基于单元目标中的课时分配,以"一起去秋游"一课为例,制定该课时行为干预的目标为:一是增加主动开口或非口语的社会互动行为,在文字提示下说出"我要……""这是什么?"或在老师提问后能够主动应答"这是……";二是在互动游戏中遵守简单的规则,能够安静等待和轮流玩游戏(4—5回合);三是增进对情绪的理解、表达和调控,能够在提示下正确地选择出当下的心情符号,并能在提示下选择出调控情绪的方法,尝试管理自己的情绪。

(四)确定行为干预的社交技能与落实环节

行为训练个别化教学是行为干预计划实施的主要途径,彭彭的行为训练围绕社交技能所包含的四种能力:主动发起、回应、轮换与合作、控制能力。本课时中三个主要的教学环节对应四项社交技能的训练,对应关系如图 2 所示。

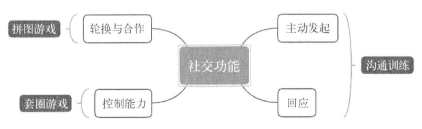

图 2　彭彭行为训练的社交技能与教学环节对应图

三、行为干预实践——以"一起去秋游"为例

(一)教学环节一:搭设情境,引入结构化学习

(1)互动唱游:《两只老虎》。

(2)介绍本节课的主题活动:学校就要组织小朋友们去秋游了,今天请彭彭和老师一起来做秋游的准备好吗?今天我们要完成这些任务:第一项,贴一个清单;第二项,按照你的清单整理自己的书包;第三项,到游戏区一起玩游戏;第四项,最后有时间的话我们可以分享点心。每完成一项,你可以给自己贴一个"大拇指"。

设计意图:在对彭彭妈妈的访谈中发现,彭彭具有典型的刻板行为,如在任务转换和地点转换时特别困难。故在本节课中,我利用自闭症学生的视觉优势,以结构化的视觉提示表,提示他整节课的活动流程以及活动内容,帮助彭彭理解整节课的规则和要求,避免他因不了解活动流程而出现焦虑情绪。而从结构化清单到实物的整理,有利于提高彭彭的生活自理能力和社会适应能力,同时也能够训练他的配对和延迟满足的能力。

(二)教学环节二:沟通训练,增加社会互动行为

(1)依次出示水果、点心、零食、玩具图卡。

老师提问:"这是什么?"(以字卡提示学生回答"这是……")

老师:"请你选一个想要带的水果、点心、零食、玩具贴在清单上,你想要哪一个?"(以文字提示彭彭说出"我要……")

老师:"你做得很好,完成了秋游的清单。请你给自己贴一个'大拇指'吧!"

老师:"现在请你按照这份清单,把所需要的东西放进小书包里吧!"

(2)老师:"老师把水果、零食、点心和玩具放在了篮子里,请你看清单,把选好的东西放进书包里。"(老师提示彭彭按照清单,拿一张图片放一样物品)

(3)老师:"老师的小书包里也带了一些好吃的,你想知道吗?"

老师拿出彭彭不认识的物品,待他目光移动到物品上时,等待彭彭回答或稍后用文字提示他:"当你不知道时,你可以询问:这是什么?"(彭彭提问后,老师自然回答"这是……")

老师:"老师也带来了一个玩具,等会儿我们可以一起玩。"

老师："你做得很好,完成了秋游的清单,请你给自己贴一个'大拇指'。"

（4）现在我们一起来碰碰身体吧！（播放律动视频《碰碰身体》）

设计意图：彭彭的问题行为具有表达的功能,因此在教学中注重运用自然的情境引发出彭彭的主动语言,如在复习"水果"的回合后,将点心、零食和玩具的图卡进行遮盖,引发彭彭自发提问"这是什么？",彭彭无法询问或回答时,再引导他看字卡。在整理书包的第二个环节中,事先准备彭彭不太熟悉的物品。教学时先进行试探,待彭彭目光移动到物品上时,延宕3秒,看彭彭是否有能力自己问出"这是什么？"。待彭彭无法独立回答时,再引导彭彭看文字提示。师生之间"碰碰身体"的互动游戏,是从"学习区"到"游戏区"的过渡环节,有其独特的作用：一是"碰碰身体"能够帮助彭彭舒缓紧张的情绪,预防问题行为的发生；二是彭彭触觉敏感,身体互动游戏可以满足他对触觉的需求；三是彭彭有地点转换的困难,"碰碰身体"游戏能够帮助彭彭更顺利地完成从"学习区"到"游戏区"的地点转换。

（三）教学环节三：快乐游戏,增进对规则的理解和遵守

（1）老师："现在是秋游的快乐游戏时间,让我们一起带着小书包里的玩具去玩一玩吧！你想先玩哪一个玩具呢？"（引导彭彭选择先玩哪一个玩具,并在选择玩具时说出"我要玩……",老师延宕3秒,若他不能独立说出,则用文字卡片进行提示）

（2）拼图游戏。游戏规则：老师和彭彭将拼图分成两份,轮流拼图,直到一起将拼图拼完。没有轮到的人需要安静等待。

（3）套圈游戏。游戏规则：老师引导彭彭站在事先画好的红线后,将6个套圈依次套在彩虹标杆上。游戏共分三个难度,彭彭需要逐步完成挑战。

（4）老师："你做得很好,遵守规则,完成了所有的游戏。请你给自己贴一个'大拇指'吧！"

设计意图：彭彭缺乏在集体游戏中的规则意识,不仅理解规则困难,也很难遵守规则。因此在本课中,不仅始终关注社会沟通的训练,也为彭彭设计了两种规则游戏：第一种是拼图游戏,帮助彭彭学习轮流和等候,这也是集体活动中必备的技能；第二种是套圈游戏,着重训练彭彭面对挑战的能力和控制情绪的能力。在轮流游戏的过程中,彭彭容易出现争抢和不能等待的行为,所以课前制作了彭彭和妈妈轮流玩拼图的示范录像,在游戏开始前

先请彭彭观看,轮流切换遇困难时用口语提示"轮到……?"。在套圈游戏中,根据彭彭的能力起点,为他设置了三个难度梯度。游戏时,先从第一个梯度开始套圈,彭彭很容易套住,帮助他建立游戏中的自信心和成就感;第二个梯度对他来说是有些难度的,但是反复尝试两三次就可以成功;第三个梯度是最难的,彭彭需要重复三四次甚至以上,容易失去耐心,需要老师不断提示和鼓励。

四、经验与反思

(一) 干预经验

1. 秉承以学生发展为中心的理念,整体制定干预训练计划

我针对彭彭出现大声哭闹,用手掌不停地拍打自己的头,用指甲掐身边老师或者同学的手,影响班级教学秩序的情绪行为问题,对其进行整体评估及问题的功能性评估,根据评估结果制定有针对性的行为干预计划开展行为干预,考虑彭彭原有的问题行为的功能,着眼于提高其社交技能,增加社会互动行为以及适应班级集体学习的行为能力。在干预的过程中通过创设情境,引入结构化学习,进行沟通训练,增加社会互动行为,促进其在实际生活中更好地遵循行为规则,通过综合干预措施开展良好行为训练,提高其适应生活的整体行为能力水平,有效预防了不良行为的发生,使其更好地适应集体教学。

2. 围绕干预核心行为问题,开展多元、有效的干预活动

在"一起去秋游"这节课中,彭彭几乎没有出现发脾气的行为。在地点转换时,出现拍头的动作,但在"碰碰身体"的游戏后拍头的动作消失。从教学目标的达成方面来看,彭彭已经能够独立说出"我要……""我要玩……",在制作清单和整理书包的第二个环节中,能够主动询问"这是什么?",在两个游戏环节中,他基本能够按照规则进行游戏。在拼图和套圈的后半程中他有些急躁,但经少量提示即能恢复平静。总体来说,在本单元中,围绕彭彭的问题行为,主要采取了以下策略:

第一,借助情境游戏增强规则意识。在对彭彭进行全面的评估后,干预的重点指向社交技能的训练,但社交技能的使用离不开情境,尤其对于彭彭这样行为刻板的自闭症学生来说,在情境中使用学习到的社交技能更加困难。因此,在对彭彭进行训练前,为他量身定制了"一起去秋游"的单元主

题,在单元的主题教学中,模拟了真实的学校秋游情境。在主题情境的游戏中,以与学生一起"玩"的方式,培养学生轮换与合作、控制情绪行为的能力,自然地增强学生的规则意识。这样的主题单元式训练,与传统的ABA模式相比,更加贴合自闭症学生的真实生活,能够引起学生学习的兴趣,更有利于他们将来在真实情境中运用学过的技能,提高社会适应能力,且规则意识的教学也不再刻板和枯燥,让学生学得有趣,学以致用。

第二,运用多元策略增进沟通技能。首先,结合彭彭的能力起点,我为彭彭设计了社交技能的具体目标和训练内容。训练社交技能的方法很多,在本单元中,根据彭彭自身的特点,综合运用ABA、结构化、录像示范、游戏教学等在实践中已经被证实有良好效果的教学方法,在不同的环节中选择不同的教学方法训练技能点,帮助彭彭更快更好地学习新技能。其次,运用了多种提示方式,来促进彭彭进行社会互动,如图片提示、文字提示、口语提示等方式,帮助彭彭进行自我表达。此外,情绪和行为的调控是我在这节课中关注的另一个重点。为帮助彭彭学习情绪的表达和调控,为其提供了触觉球、轻音乐、结构化游戏等可选择的策略,教会他学习正确调控情绪的替代行为。

(二) 干预反思

本干预个案中也有值得进一步探讨的地方:

1. 将干预行为与教授情绪辨识建立联系

在对彭彭的评估和教学中,我发现彭彭能够知晓自己的需求,但是在情绪爆发时,他无法表达自己的需求,也无法正确表达自己的情绪或调控自己的情绪。在后续的课中,需要系统地教授彭彭进一步辨识情绪以及正确表达情绪的方法。

2. 在学校的集体环节和家庭环节中泛化已学习到的技能

对于自闭症学生而言,在个别化训练课中学习到的技能容易固着。在课后,需要与彭彭的班主任、任课教师,以及彭彭的妈妈进行及时沟通,如后续学校的秋游活动中,引导彭彭运用在个训课上学习到的社交技能,在家庭中也可以进行一次亲子的秋游活动,将学校里学习到的技能在家庭中加以泛化。这也是彭彭行为干预计划中的一部分。

四、辅助沟通系统教学模式

辅助沟通系统（Augmentative and Alternative Communication，简称AAC）由扩大性沟通系统和替代性沟通系统两大部分组成。美国听语协会将AAC定义为一个涵盖研究、临床和教育实践领域，对暂时性或是永久性受到损伤、活动限制、口语或者语言表达障碍和理解障碍的人给予补偿的系统，其内容包括口语和书写模式的沟通。

AAC包括任何能帮助提高说话能力和写作能力的沟通方式。AAC适用对象的共同特征在于需要说话和书写的适应性协助，包括先天性沟通障碍者、后天性沟通障碍者、退化性沟通障碍者和暂时性沟通障碍者。通过结合沟通符号、沟通辅具、沟通技术和沟通策略这四个要素来协助沟通障碍者传达较为准确的信息，提高沟通的效率。

AAC教学者会根据实际需要和辅助对象现有能力，将沟通符号、沟通辅具和沟通技术相整合，成为一个专门的沟通介入方的辅助沟通系统的沟通版面，设计介入方案，最终形成对话脚本，从而使信息在表达和传递过程中效果和效率都达到最佳状态。

案例 3-4

唐氏综合征伴随沟通障碍儿童之辅助沟通系统介入策略

陈　琦

一、基本资料

学生：昕昕

性别：女

年龄：10 周岁

诊断：唐氏综合征，在 6 岁时经韦氏智力测验测量，语言评分为 45 分，操作评分为 42 分，测验总分小于 40 分，属于重度异常。

二、发展史

母亲分娩时 26 岁，孕期无异常状况，无家族遗传代谢病史，直系亲属中无智力低下者。顺产出生，出生后就被医院诊断为唐氏综合征，并伴有先天性心脏病。出生后5—9个月学会爬行,1岁半后学会站立以及行走。

三、教育康复史

唐氏综合征,入学前没有接受过康复干预。入学前也没有受过学校或幼儿园的教育,现就读于辅读学校三年级。

四、主要照顾者

奶奶、爸爸、妈妈。平时奶奶负责昕昕日常上学、放学的接送,奶奶与爸爸、妈妈一同居住,晚上由奶奶、妈妈负责昕昕的作业和夜间活动。学校平时活动由奶奶、妈妈来参加。

五、各领域能力评估

(一) 感知

从图1来看,昕昕各感知能力发展情况不均衡。但比较而言,昕昕的平衡觉、视觉、其他觉发展较好,触觉、本体觉、听觉发展较差。视觉注意较好,听觉注意不是非常敏感,对达到一定分贝的声响有反应。

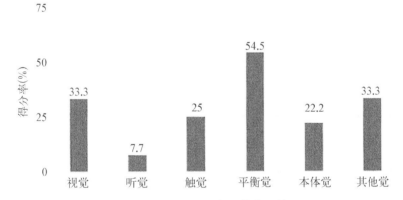

图1 昕昕感知能力总体发展情况

(二) 运动

从图2来看,昕昕运动能力偏弱。但比较而言,昕昕的躯干运动、头部运动发展相对较好,整体运动、上肢运动、下肢运动发展较差。大运动能力较差,肌肉的力量不足,下肢肌张力略低,交替走路时不平稳,不能交替上下楼梯。手眼协调,但手部力量不够,不会用铅笔进行书写。

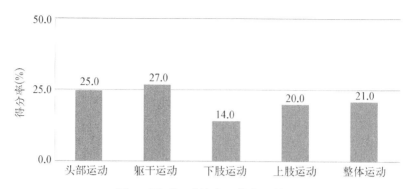

图 2　昕昕运动能力总体发展情况

（三）认知

从图 3 来看，昕昕的认知能力总体发展水平一般。在七个领域中，相比较而言，昕昕的注意、记忆、模仿能力发展较好，属于认知发展的优势领域，其概念学习和恒常性尚有较大的发展空间，而推理和解决问题能力较薄弱，这两方面存在问题。注意力集中的时间比较长，能够维持 25 分钟的时间。能够认识生活中常见物品的图片并能指认，能指认数字，但不认识笔画、汉字、图形。

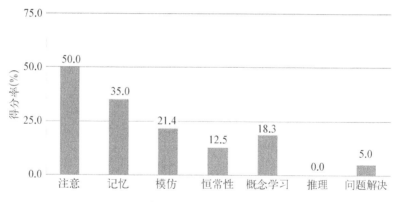

图 3　昕昕认知能力总体发展情况

（四）语言与沟通

从图 4 来看，总体上昕昕的语言与沟通能力发展水平严重落后于同龄普通儿童。但比较而言，昕昕的发音、构音生理功能、会话技能和非言语交际发展较好，词句理解与运用、言语交际发展较差。能够理解家长和老师的指令，口语发育迟缓，只能说单字及简单的词语，但是吐字不清晰。通过点头、摇头来表达自己的意愿，遇到人的时候会通过摆摆手来打招呼。当需要

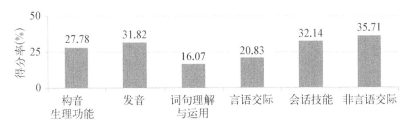

图 4 昕昕语言与沟通能力总体发展情况

帮助的时候能够去拉老师或者阿姨的衣角,但很少会用言语主动表达自己的需求。

(五) 社会适应能力

从图 5 中来看,昕昕的社会适应能力发展尚可。比较而言,昕昕的学校适应能力、家庭适应能力发展较好,社区适应能力发展较差。个人适应即生活自理能力尚可,能听懂指令,会穿衣、穿袜、穿鞋、穿脱外套,能够自行如厕、洗手、洗脸。在学校情绪较稳定,偶尔会比较任性,但生气持续时间不长。喜欢吃酸的水果,如橘子、葡萄等,喜欢吃的零食有巧克力、薯片、旺旺雪饼、酸奶、饼干等。不喜欢吃辣的食物、硬的食物。在家喜欢玩吹泡泡、看动画片、唱歌跳舞,不喜欢激烈的运动,害怕鞭炮声。

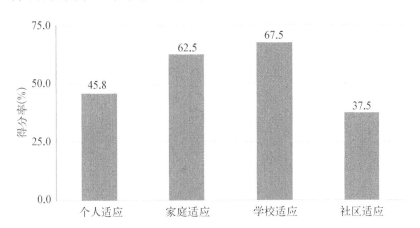

图 5 昕昕社会适应能力总体发展情况

六、一日活动描述

(一) 活动分析

昕昕日常作息如表 1 所示。

表1 昕昕日常作息表

时间	活动内容	沟通需求
6:50—7:20	起床、吃早饭	选择早饭,选择衣服
7:20—8:00	上学	跟老师打招呼,跟同学打招呼
8:00—8:15	晨会课	签到
8:15—8:25	课间活动	玩玩具,表达喝水、上厕所等需求
8:25—9:00	上课	参与课堂,与老师互动,回答问题
9:00—9:45	大活动	选择运动项目,与老师、同学互动
9:45—10:20	上课	参与课堂,与老师互动,回答问题
10:20—10:30	课间活动	玩玩具,表达喝水、上厕所等需求
10:30—10:35	课间放松操	无特殊需求
10:35—11:10	上课	参与课堂,与老师互动,回答问题
11:10—11:20	餐前准备	表达洗手、拿调羹的需求
11:20—11:50	午餐	表达想要喝汤、添饭菜的需求
11:50—12:00	餐后整理	清洗调羹、漱口以及整理仪表
12:00—12:15	小扫除	选择值日项目,表达上厕所、喝水等需求
12:15—12:45	午休	选择喜欢的玩具、动画片,表达上厕所、喝水等需求
12:45—12:50	海贝活力操	无特殊需求
12:50—13:25	上课	参与课堂,与老师互动,回答问题
13:25—13:35	课间活动	玩玩具,表达喝水、上厕所等需求
13:35—14:10	上课	参与课堂,与老师互动,回答问题
14:10—14:20	课间活动	玩玩具,表达喝水、上厕所等需求
14:20—14:55	上课	参与课堂,与老师互动,回答问题
14:55—15:00	放学整理	整理书包,与老师、同学道别

1. 上课时间

昕昕对于学科无明显的喜欢与不喜欢,在语文、数学、生活、运动、美术以及音乐课上,注意力都能够较长时间地集中。当对教学内容感到无聊的时候会趴在桌子上,拒绝参与;遇到感兴趣的环节会积极主动举手参与。

2. 休闲时间

课间休息的时候喜欢看动画片和听儿歌。

3. 吃饭时间

午餐时,能够自己主动去排队洗手。能够自己吃饭,但吃得比较慢,不挑食。吃好饭后能够自主擦嘴巴、擦桌子。

4. 强化物

食物有饼干、糖果、蛋糕,活动有听儿歌、吹泡泡、玩贴纸。

(二) 能力分析

1. 障碍影响程度

昕昕的障碍类型是唐氏综合征、重度智力障碍,发音器官无明显损伤,但语言发展迟缓,日常表达受到了限制。

2. 优势能力分析

昕昕的认知能力、理解能力较好,能够认识常见的图片,理解老师的指令。同时情绪比较稳定,能够与熟悉的人进行良好的互动,具有一定的沟通意愿。通过一年的适应和学习,b、p、m、d 这几个声母的相关词相对发音准确,一般日常称谓如爸爸、妈妈、外婆、奶奶可以清晰地发出。

3. 弱势能力分析

卷舌和翘舌音基本无法准确发出。记忆力不好,所以如果不是日常词语,说过几遍也很难记住。按照她的情绪变化,很难持续一段时间的语言学习,经常学习三四遍后便去做别的事情,没有耐心。

七、初步 AAC 介入情况

(一) 社会环境评估

学校生活与教师期待:教师希望其语言能够得到发展,能够在沟通辅具的帮助下增加其主动沟通的动机,能够在学校课间休息时表达基本需求,能够去海贝超市自主购物。

（二）辅助沟通的需求与建议

1. 需求

用PECS和"听我说"的沟通辅具作为促进沟通和学习的工具。

2. 分析

先使用以图片为主的PECS沟通版面作为辅助沟通策略，然后使用高科技辅具"听我说"介入。

（三）介入目标

（1）能在学校课间休息时使用PECS来表达基本需求，如小便、大便、喝水、洗手、休息等。

（2）提高主动沟通和表达的动机，能够在课间活动或课堂教学中增加与老师和同伴的互动。

（3）能运用沟通辅具去海贝超市自主购物。

（4）能够在个训课上使用"听我说"版面回答老师的问题。

（四）介入策略

1. 沟通符号

5 cm×5 cm的图卡，"听我说"12格沟通版面的图卡和字卡。

2. 沟通辅具

（1）低科技PECS沟通簿：其中的图片为实物图片和卡通图，根据运用的情景分为人物类、动词类、食物类和生活类。

（2）高科技"听我说"沟通版面："听我说"具有语音输出的功能，对于个案来说比较具有吸引力，同时还能够通过视觉和听觉来进行回馈，帮助个案有效地学习如何沟通表达。结合PECS的沟通簿和个训课内容设计了多个版面。

3. 沟通技术

直接选择，拿图卡、按压"听我说"沟通版面与沟通伙伴交换讯息或表达需求。

4. 沟通策略

在言语沟通个训课上学习使用PECS，能够建立基本的沟通模式，理解沟通的含义，主动表达需求。在课间休息和午餐时间的自然情境下学习和强化。在个训课堂中使用并强化。

(五)介入过程

介入时间为2019年3—6月,言语沟通个训课、课间休息、每周三海贝超市开放时。

(六)功能性词汇设计

1. 表达课间休息的需求

代名词	我	老师	阿姨	
表示意愿	要	不要		
动词	小便	大便	喝水	洗手
	休息			
社交用语	谢谢	请帮忙		

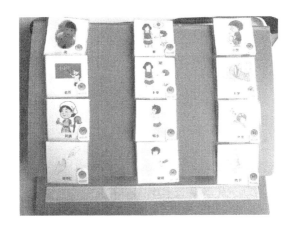

2. 个训课的逛超市活动

代名词	我	陈老师	同学	
表示意愿	要	不要		
动词	买		给你钱	
名词	狗	龟	鼓	白鸽
	蛋糕	饼干	果冻	糖果
社交用语	你好		谢谢	

用爱点燃梦想

（七）句构

1. 表达课间休息的需求

需　求	句　　构
需求一	老师/阿姨，我要小便 谢谢
需求二	老师/阿姨，我要大便 请帮忙
需求三	老师/阿姨，我要喝水 谢谢
需求四	老师/阿姨，我要洗手 谢谢
需求五	老师/阿姨，我要休息 谢谢

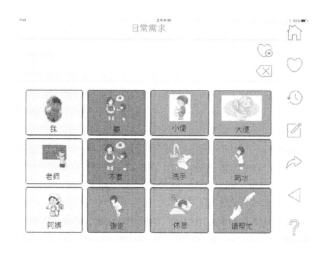

2. 参与"逛超市"活动的句构内容

需　　求	句　　构
需求一	陈老师/同学,你好
需求二	陈老师/同学,我要/不要买蛋糕……
需求三	陈老师/同学,给你钱
需求四	陈老师/同学,谢谢/请帮忙

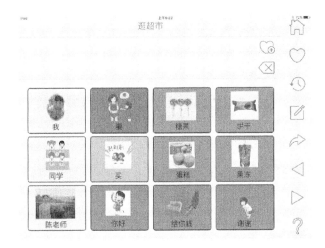

(八) 教学步骤

1. 表达课间休息的需求

具体过程省略。

2. 参与语训课"逛超市"课堂活动

具体过程省略。

(九) 介入结果与评价

随着 PECS 以及"听我说"的介入,昕昕主动表达的积极性提高了,尤其是"听我说"软件能够发音和反馈,昕昕比较感兴趣,也喜欢不停地点按来跟老师进行互动。以往昕昕很少主动表达自己的需求,性格比较害羞、内向,但经过训练后,昕昕掌握了基本的句构,同时增加了表达的主动性。但昕昕仍然处于口齿不清状态,课上学到的技能目前还不能很好地在生活情境中得到泛化,还需要一些辅助提示。

(十) 反思与后续工作

(1) PECS 的使用类化到课间休息的时候,提高学生主动表达需求的能力。

(2) 提高家长对沟通辅具的认识,从而提升家庭训练的效度。

(3) 将"听我说"有效泛化到学生课间休息、海贝超市购物中,真正为学生与人沟通带来新的变化。

五、智慧生态教学模式

在教育数字化转型背景下,努力探索适合特殊学生的智慧生态教学模式(图3-7),为特殊教育领域的数字化转型累积相关经验,才能更好地服务特殊学生,帮助学生克服学习障碍,提供个别化教育支持。

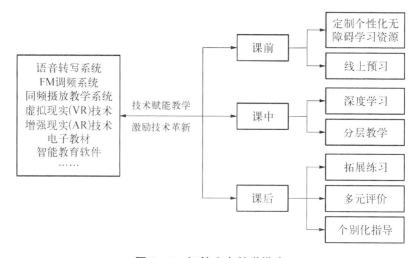

图3-7 智慧生态教学模式

课前,教师依据课程标准,可以结合特殊学生的学习特点,定制个别化无障碍学习资源等,借助教学平台发布,引导学生线上预习。特殊学生思维简单,在教学中必须充分调动他们的一切感官。单纯的讲授远不如让学生主动地去看,借助视频,通过看和听的结合让学生更好地掌握学习的重点。如专业课中都需要以任务的形式完成一个个的操作技能,教师采用的常规方法是手把手地灌输知识内容,学生则囫囵吞下,这种教学模式抑制了学生学习的自主性,压制了学生学习的创造性。而如果采用任务驱动的方法和生活课程 App 的整合运用,就可以让学生借助 App 课程助手,通过独立学习和合作学习完成学习任务,在完成任务的过程中培养分析问题、解决问题的能力,通过交流、操作获得技能,增强他们的自信心和成就感,激发学生求知和创新的欲望。

课中,教师可以利用智能终端突破教与学障碍,师生互融、合作探究,评价即时反馈,助力深度学习。根据学生的自学效果,教师可以运用"无障碍微课"等资源开展"二次学习",教授重点难点;运用语音转写、同频摄放等技术增强课堂互动,强化合作探究;借助信息技术手段,教师可以精准掌握学情,并据此开展分层教学,加强教学针对性,实现智能因材施教,使学生学有所获。

课后,学生可以在线上线下开展拓展练习,将知识内化后进行应用,也能够帮助教师进行个别化指导,使学生潜能得到充分挖掘,个性得到充分发展。在实践中,可以使用软件自带的"作业本"小工具。在"作业本"中,教师可以在对应的题库中选择与自己教学相近的内容进行作业练习的编辑。该"作业本"既能自主设置练习用时,又能智能检测正确率、及时统计完成情况等。通过"作业本"的练习,既能调动学生参与的积极性,又能帮助学生及时巩固知识点。

教师还可以利用数字媒体技术进行辅助评价,促进展评机制的多元融合,让学生、家长、教师都能够参与到评价过程中来。如在"爱我中华古诗小报"课程中,教师、学生、家长以及社会人士可以通过小程序给作品投票,实现评价主体多元化;而学生作品也可以绘画小报、电子小报、视频朗诵等多元化的形式呈现。

案例 3-5

信息技术在特殊中职校体育课中的实践探索

高 强

一、实践背景说明

特殊中职校的学生虽然与普通中职校学生在年龄上相仿,但因他们大多数都伴有中重度智力障碍,所以他们的认知能力、学习能力、运动能力等无法与年龄形成正比,与普通中职校学生相比各方面能力普遍较弱。特殊中职校的学生在完成九年义务教育之后,只有通过评估与面试等环节,才能升入中职校。相较于极重度的智力障碍学生,他们又具备一定的认知能力、学习能力和创造力,有一部分智障学生的运动能力甚至还会优于部分正常的同龄孩子。

如今的体育教学中,教师们普遍感到教学难度越来越大,传统的教学模式、教学方法远远无法满足新时代的学生对于体育知识和技能的渴求。随着信息技术的迅猛发展,将信息技术应用于体育教学已经成为一种趋势。鉴于特殊中职校学生的特殊性,需要根据智障学生的认知特点以及运动习惯,在体育课中辅以多媒体(信息技术)来优化课堂教学,突破传统的教学模式,激发智障学生学习体育技能的动机与兴趣,加深他们对运动技能的动作概念和体育理论知识的理解,构建以学生为主体地位的课堂教学模式,发挥智障学生学习的主动性和创造性,促进智障学生综合素质的发展,从而达到提高课堂效率,提升教学效果的目的,让学生在体育课堂中体验到成功,增强自信心,提高学习能力,增强与伙伴的合作能力,并增强身体的健康水平。

基于此,体育教学中信息技术的使用该如何选择?是否运用了信息技术就能提高特殊中职校体育课堂的教学效果?如何在特殊中职校的体育课堂中运用好信息技术?都是亟须解决的问题。本研究以课堂实践教学案例的方式展开,意欲解决以上三个问题。

二、实践设计思路

在体育课堂中运用信息技术的初衷在于改善课堂的教学效果,并非为了在课堂中凸显信息技术而去使用信息技术。那么对于信息技术的选择,就要符合特殊中职校学生的认知特点和接受能力。为了提高课堂教学的质量,激发学生的学习兴趣,针对教学内容要选择恰到好处的信息技术辅助媒介,让其更好地为课堂教学服务。接下来从学情和教材两方面进行剖析,为体育课堂中信息技术的选择和运用奠定基础。

(一)学情分析

本次课堂教学实践的班级为职三年级(2)班,共有 8 名学生,其中男生 4 人,女生 4 人,皆为中重度智力障碍学生。本班学生参与体育课的热情高涨,对于足球十分感兴趣,班级中有 4 名学生是足球社团课的成员,他们在足球技术的学习中,遇到困难不会退缩,会努力尝试,争取成功(表1)。

表1 学生掌握足球基本技术的能力水平

学生	运动能力	足球技术水平		
		脚下控球	1分钟5米传接球（触球算1次）	1分钟半场运球射门
陈××、陈××	运动能力和模仿能力比较强,拥有较好的球感。	会拨球、停球,能较连贯地运球绕过多个标志杆。	可完成15次以上。	能完成6次以上。
陈××、滕××、彭××、金××	有一定的理解能力和动作模仿能力,学习态度认真,进步缓慢。	会拨球、停球,能间断地运球绕过多个标志杆。	可完成10—15次。	能完成4—6次,比较稳定。
刘××、张×	身体协调性较差,球感不佳,需要在老师不断提醒下完成练习。	会拨球、停球,能缓慢地运球绕过多个标志杆。	可完成10次。	能完成4次左右。

(二) 教材分析

本班学生已经学习了脚背正面运球、脚内侧传接球、脚内侧射门等足球基本技术。为了进一步激发学生对足球的兴趣,提高运动能力,提升团队协作意识,基于学生实际水平和认知能力,笔者设计了"足球：踢墙式二过一"单元教学,旨在通过引导亲身体验和实战,让学生从一个人踢足球,到学会与伙伴完成战术配合,感受并体验控球、过人、射门等一系列动作,逐步激发智障学生对足球运动的热爱,激活其积极、乐观的生命态度。本单元教学共分为5课时实施(图1)

三、实践过程分析

(一) 传统信息技术展现优势

第1课时中,学生对踢球撞墙的游戏很感兴趣,老师通过直观的示范,让学生能够理解游戏的方法,并有序地进行练习。为了让有需要的学生能够在练习过程中随时观看老师的示范,笔者提前录制了老师的示范视频,通过SEEWO大屏幕循环播放,学生兴趣盎然,教学效果很理想,这是传统的

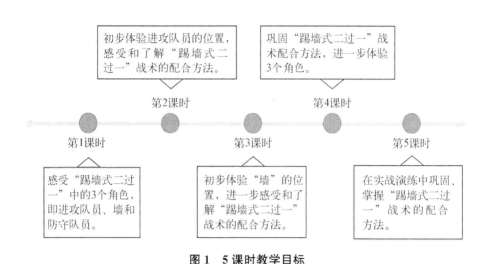

图1 5课时教学目标

信息技术对于体育课堂教学的有效支持。课后笔者进一步反思,课堂的导入部分花了较长的时间来引入"踢墙式二过一"这个战术。教师预设:第一次先让学生尝试单人带球射门,之后在此基础上增加1名防守队员,请学生再次带球射门;第二次难度加大,学生由于技术不够精湛,大概率会射门失败。这时候老师提问:"碰到这样的情况该怎么办呢?"引导学生在比赛过程中寻求队友的帮助,可以通过传球的方式成功过掉防守队员,完成射门。从而引出"踢墙式二过一"这个战术。课堂实践过程中,由于特殊中职校学生的认知和理解能力有限,老师仅通过口头引导,他们并不能很好地理解这个战术,对于"踢墙式二过一"这个战术中的3个角色的认知有限,从而导致第1课时的导入部分课堂气氛沉闷,直到老师示范踢墙接球射门游戏时学生才提起兴趣。

传统的信息技术有着独特的优势,视频的动态与直观性,结合特定的设计意图,能够达到良好的教学效果。笔者反思后续的课堂实践中可以借助传统信息技术的优势,激发学生的学习兴趣。

第2课时的导入环节中,首先出示足球比赛中梅西与队友通过"踢墙式二过一"成功得分的经典战术视频,引导学生复习上节课的知识,创设角色模拟游戏,让学生扮演梅西的角色,以进攻队员的身份开展练习,激发学生致敬经典,提高学习战术的兴趣。其次出示身边伙伴——学校足球队同学"踢墙式二过一"的示范视频,让学生通过直观的视觉感受,产生共鸣,增强代入感。同时在练习过程中循环播放，学生可以随时观看视频，跟着身边熟悉的伙伴练习。视频的直观呈现比教师反复地讲解更具影响力，教学中也可以节省更多的讲解时间，以便学生进行模仿练习。

（二）新兴信息技术激发兴趣

第 2 课时中，笔者使用了梅西与队友通过"踢墙式二过一"成功得分的视频来导入，充分激发了学生的学习兴趣。在练习过程中 SEEWO 大屏幕循环播放足球队同学"踢墙式二过一"的示范视频，刚开始学生借助地上贴有的传球与跑动路线标线，认真练习，学习效果良好，课堂气氛也不错，但是练着练着新的问题出现了。学生们只是在跟着示范视频反复练习，体验进攻队员的角色，对于"踢墙式二过一"这个战术是如何配合完成的，学生们并没有理解和掌握。课堂呈现出来的只是学生按照老师的设定，完成了进攻队员角色的体验，浮于表面而不得要领，这也是在特殊中职校体育课堂中经常会出现的问题。

带着困惑，笔者向教研组的老师们求助。在教研组老师的建议下，笔者下载并尝试操作了"足球教练战术板"App。这款 App 能够将传球和跑动路线直观地标示出来，操作简单，学生比较容易上手，同时还可以随意移动自己代入角色的位置。App 直观性强、操作性简单的特点，正契合特殊中职校学生的认知特点，使用这款 App 可以让智障学生操作体验战术配合的过程，提高学生学练的兴趣，同时还能帮助他们理解战术。

（三）新兴信息技术显露弊端

由于中职校的学生从未在体育课堂中使用过平板电脑，而且"足球教练战术板"这款 App 操作简单，学生很容易掌握，第 3 课时中，笔者让学生在平板电脑上使用 App 进行移动操作，学生的学习兴趣迅速提升，他们能将"踢墙式二过一"中 3 个角色的位置以及传球跑动路线正确地标示出来。学生通过操作 App，理解了战术配合的方法，再进行实际的练习，达到了良好的学习效果。但在上课过程中发现，个别学生很"聪明"，在操作阶段，会探索与课堂内容不相关的功能。虽然他们是特殊中职校的学生，但又有着与同龄孩子相同的问题，就是面对电子产品时自控能力不足，容易走神。本节课中，笔者使用 App 所体现出的功能仅仅是移动角色位置和画出传球与跑动路线，目的在于提高学生的学习兴趣和对战术的理解，但个别 C 组学生不能把知识从平板电脑的移动操作中迁移到实际的战术练习中。操作App也只是课堂中的一个环节,需要与其他教学设计相融合,发挥合力。笔者在课堂中虽然使用了App(信息技术),但由于经验不足、考虑不周、设计不合理等因素,导致App没有发挥出它应有的作用,而且在课堂中暴露了信息技术的弊端,没能有效地提高学生的学习水平。

课后笔者特意请教了学校信息组的老师,从他们那里得到了中肯的建议。学校信息组的老师反馈:为什么要在课堂中运用信息技术呢?就是其他教学方法难以解决的问题,使用信息技术就可以简单有效地解决,从而达到改善教学效果的目的,这是信息技术融入教学的初衷。搞清楚这一点后,你可以想一想,你所要教授的"踢墙式二过一"这个战术中,难以解决的是什么问题?App的优势是否能解决这个问题?两者间的联系在哪里?在教学中哪个环节使用、怎么使用可以帮助学生理解战术配合?把这几点理顺了,才能让App在课堂教学中发挥出它真正的作用。

经信息组老师的提点,笔者对前几课时学生的表现以及课堂出现的问题进行反思,发现"踢墙式二过一"战术配合中,学生对3个角色位置的理解并没有吃透,只是对老师预设的情况进行单一、重复的练习,没有变通。后面两个课时是对"踢墙式二过一"战术的巩固与提高,如何使用好App才能让学生有进一步的提高,这是笔者需要认真思考的问题,也是亟须克服的困难。

(四)新兴信息技术再现优势

第4课时中,笔者两次使用"足球教练战术板"App,让学生在平板电脑上进行操作,画一画传球与跑动的方向路线,根据路线移动自己代入角色的运动轨迹,通过App的操作进行自主式探究式学习。第一次在体验基础上用App实现学生对练习的自我验证,以进一步确认传球方向和跑动路线;第二次在面对传球路线上有遮挡时用App探究解决的方法。学生是否理解、是否掌握,探究情况如何,一目了然,便于教师及时发现,及时进行纠正及其他教学跟进。在教学的过程中,笔者运用了平板电脑的投屏功能,直接反馈学生在操作过程中的问题,也能起到生成性资源利用的最大化,在集中性的分析讲解中,全体学生对具体问题都能有更进一步的认识。同时,为了提高A组学生对战术的理解,操作演示App时,教师还可通过移动防守队员到不同的位置,故意设置疑问、增加难度,让A组学生举一反三、寻找方法,以促进其对"踢墙式二过一"战术的真正掌握与融会应用。

App的作用很明显,但由于授课对象均是智力障碍学生,笔者在个别辅导的过程中发现,C组学生不能完全理解App上的操作,需要在伙伴的帮助或者老师的提示下才能较好地完成练习。笔者又深入研究了这款App,深入了解了软件的功能,发现可以制作一个动画演示的战术微视频,把看(防守队员)、传(传球给墙)、接(跑动接球)这三字口诀录入进去(图2),揭示战术要领,帮助C组学生更好地理解和掌握"踢墙式二过一"战术。

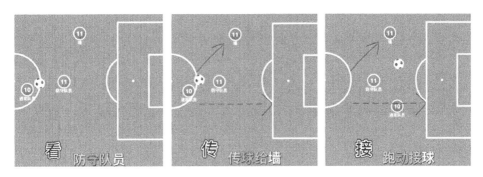

图2　三字口诀

(五) 传统与新兴信息技术相互助力

第5课时中,笔者将录入三字口诀的战术微视频在学生练习过程中循环播放,C组学生在原有基础上提高了许多,可以在战术微视频的提示下完成自主练习,劲头很足,达到了较好的学习效果。

四、实践效果总结与启示

(一) 实践效果总结

随着时代的进步,科技的发展,信息技术的种类与形式繁多,在课堂教学过程中选择信息技术的真正目的应该是提高教学的实效,用以替代抽象的讲授或者指导,并不是为了课堂的"花哨"或者教学比赛的要求而生搬硬套,否则有悖于信息技术赋能教学的初衷。

在特殊中职校的体育教学中使用信息技术以来,笔者深切感受到,信息技术对于特殊中职校的智力障碍学生学习复杂的体育技能有很大帮助。通过视频导入,激发学生的兴趣,再通过教师的讲解,学生初步理解后在App

上进行实践操作,理解战术配合的方法,随后开展实战演练,这一学习过程符合智障学生的认知特点,让他们能代入不同位置的角色进行移动操作,学习战术配合的兴趣浓厚,师生、生生之间的交流也更多了,学练的氛围很好,教学的效果非常明显。在今后的体育课堂教学中,还需继续探索,让信息技术真正为智障学生服务,帮助他们掌握运动技能,培养运动兴趣,健康快乐地成长!

(二) 启示

1. 信息技术的选择

信息技术是把双刃剑,在使用信息技术的过程中,教师要从课堂教学的实际出发选择恰当的信息技术。传统的信息技术有其独特的优势,例如教师或者学生的示范视频,这是最真实的,最贴近智力障碍学生的生活的,学生参照示范视频进行练习会更有亲切感,也更加愿意模仿练习。新兴的信息技术有其强大优势,各种辅助教学软件功能强大,操作性强,合理使用新兴的信息技术会让老师的讲解更容易被学生所接受。同时,要避免一些软件过于炫酷的音效画面设计,导致喧宾夺主,影响学生对教学内容的学习。总之,对于特殊中职校体育教学中信息技术的选择要遵从两点,一是学生的认知特点,二是课堂的实际需要。

2. 信息技术的运用

第一,利用信息技术激发学生的学习兴趣。智力障碍学生的注意力发展水平普遍较低,在学习过程中往往难以将注意力集中在特定的学习任务上,从而影响学习的效果。因此,在体育课教学的热身环节和导入环节,通过视频、音频、照片、多媒体游戏等方式吸引学生的学习兴趣是非常必要的。例如在"足球:踢墙式二过一"第2课时的教学中,笔者使用了梅西与队友通过"踢墙式二过一"成功得分的视频来导入,吸引了学生的注意力,也充分激发了学生的学习兴趣。

第二,利用信息技术创设教学情境。智力障碍学生的绝对感受性较低,表现出视觉敏锐性下降、听觉反应迟缓、触觉反应迟钝等现象。因此,体育教师要深入学生的身心发展特点和实际情况创设教学情境,并在情境教学中融入生活,围绕学生身边发生的事情展开教学,增强体育教学的趣味性,使学生能够根据自己的生活经验将体育学习联系起来,引发学生的情感体验,进一步调动学生的体育学习积极性。例如在"足球:踢墙式二过一"的教学过程中,笔者多次在课堂中播放学校足球队学生的示范视频,引发学生模仿,还使用角色扮演游戏,让学生扮演梅西的角色,以进攻队员的身份开展练习,这大大地激发了学生的学习热情。这些既从视觉上吸引学生的模仿兴趣,又让学生产生学习的欲望。

第三,利用信息技术降低教学难度。特殊中职校的学生存在较大的差异性,学习能力和认知水平普遍低于普通学生,且水平参差不齐,这就加大了体育教学的难度。因此,需要教师利用信息技术,将体育活动中的高难度动作进行分解,并通过动态的形式使学生直观地学习,帮助学生将体育理论与动作练习更好地结合起来,提高体育教学的教学质量和教学效率。此外,体育教师还可以将每节课中的重点、难点制作成微课,使学生可以通过智能设备随时随地观看教学视频,让学生在反复观看、模仿练习中掌握技能,辅以教师的指导,达到个别化教学的目的,使每个学生都能在自己的能力基础之上有所收获。

第三节 "融·和"课堂的教学环节

课堂教学是学校教育的关键环节,也集中体现着"融·和"教育模式的"五育并举"理念。课堂教学包括五个环节,分别是备课、上课、作业、辅导、评价。这些环节在学校教育中相互关联,协同工作,以确保学生获得全面的教育,实现全面发展。

一、备课环节

备课是教学过程中的第一步,也是教学活动的基础。在"融·和"课堂中,备课环节至关重要,它关系到整堂课的教学效果。教师需要读懂课程标准,深入研究教材,制定教学目标,明确教学重点和难点。同时,教师还要了解学生的实际情况,包括学生的学习基础、学习习惯、兴趣爱好等,以便设计出适合学生的教学方案。

(一) 基于学情,注重差异化分析

学情分析是进行教学设计的最重要环节,应该说,没有精准的学情分析,一切教学目标都不可能真正实现,只能是空中楼阁。教学活动的顺利开展基于有效的教学设计,而有效的教学设计则基于精准的学情分析。在同一个班级中,存在着多种不同障碍类型的学生,如自闭症、唐氏综合征、脑瘫等,不同的学生之间存在不同程度的差异。因此,遵循"以学定教"的原则,有必要对学生的学习特点、能力基点等进行全面排摸、检测与评估,精准地了解学生情况及需求,以便为他们提供适合的学习策略,帮助他们逐步实现学习目标。

1. 基于学习的特点

每个特殊学生都是独特的个体,在视觉、触觉、听觉感官的使用上都有自己的偏爱,有自己独有的学习方式。学生的学习特点可以归为五类:视觉型、听觉型、动作型、语言型、社交型。

视觉型的学生偏爱看图片、视频,他们在学习时比较容易接受视觉信息,会把学习的东西在脑海中组成图像或片段。听觉型的学生偏爱听声音、音乐,喜欢用听的方式接受文字和信息。例如,自闭症学生偏好视听,尤其对 App 学习感兴趣。动作型的学生偏爱借助自己的肢体去感知世界,他们学习时喜欢动手操作、实践体验。语言型的学生偏爱表达,喜欢用语言表述自己的所思所想,但这部分学生一般在操作能力上相对薄弱。社交型的学生非常喜欢与同伴合作学习,他们愿意与同伴一起讨论,共同完成学习任务。

2. 基于学习的起点

特殊学生的学习特点各有千秋,每个学生的学习起点更是不在一条起跑线上。只有通过多元化的能力评估,对学生的学习起点进行多角度的探查、摸底,才能最大限度地了解学生。在教学中,需要重点对学生的认知能力、操作能力和学习兴趣进行细致评估。

第一,认知能力。教学前教师有必要对学生的认知能力开展针对性测评,可以从具体认知能力和抽象认知能力两个方面入手。具体认知,如常见

的蔬菜、水果、洗漱用品等具体可见的事物,测评学生是否能辨认等。抽象认知,如语言理解、记忆能力和总结归纳等,测评学生在语言表达方面的能力。教师可以借助测评了解学生的认知能力,并针对其需求搭建支架。

第二,操作能力。在教学中,除了学习常识性的知识之外,更要注重实践操作。例如,在生活适应课程中,低年级注重个人生活技能的提升,如洗脸、刷牙、穿脱衣物等;中年级注重提高简单的家务劳动技能,如打扫教室、清洗小件衣物等;高年级注重更高难度的家庭生活技能,如学做家常菜、整理打扫房间等。

第三,学习兴趣。要让学生掌握知识点,除了需要教师教得好,还需要学生有兴趣学才行。对于同一个教学内容,学生的兴趣点可能是不同的。教师可以课前先了解一下学生喜欢什么、想了解什么样的知识,以便提前做一些准备,相信课堂教学会更有趣有效。只有抓住学生的兴趣点,为学生搭建不同的教学支架,才能真正实现为学生的学而教。

3. 基于学习的重难点

基于学习的重难点,对学生已有的能力进行评估同样必不可少,可通过课前的访谈交流、行为观察等途径,了解学生在学习当前技能时已掌握的能力情况,为课堂有效教学服务。教师可以对学生学习中所涉及的技能点进行梳理,形成图表式学生情况表,清晰呈现重难点学习时学生所具备的学习能力。通过对重难点进行具体评估,教师可以设计针对性的支架帮助学生学得更快。

4. 基于学习的发展点

每个特殊学生的发展潜能都是不同的,教师在教学设计时更需要关注他们的学习发展点,引领能力强、悟性高的学生向更高层次发展。

第一,自主学习的能力。教学中不仅要关注教师的教,还得引导学生自主地学。应当基于学生的学习特点选择不同的教学支架,为学生自主学习提供可能性。上海市浦东新区辅读学校"生活App课程助手"的开发,正是基于培养学生自主学习能力的目的。该App课程助手中包含有操作视频、操作步骤图示、重点步骤小视频、图片排序小练习。这些学习资源的配备让学生有了更多的学习手段和选择方式,学生在遇到学习问题时可以根据自己的喜好、学习方式、学习进程等进行个性化的利用,如选择回看小视频等,以帮助自己更快更有效地掌握技能本领,提升自主学习的能力。

第二,合作学习的能力。特殊学生在个性、能力和障碍类型等诸方面各有不同,促进他们在学习上相互合作,有利于共同进步。例如,唐氏综合征学生给人以热情、阳光的印象,他们愿意与人交流分享,遇到困难时懂得求助、寻求伙伴支持,有着极强的合作学习能力;自闭症学生给人的感觉是疏离冷漠,活在自己的世界里。在教学中,可以通过布置学习任务、发放学习任务单等学习支架,以小组学习的形式引导学生相互合作。

(二) 基于课标,梳理教学目标

想要基于课程标准确保"融·和"教学落地,就需要一份全面的、详细的规划。因此,在认真研读《培智学校义务教育课程标准(2016年版)》《上海市特殊中等职业教育学校(班)课程方案(试行稿)》后,上海市浦东新区辅读学校各教研组立足课标,参考各学科的知识体系和学生的认知发展特点,对特殊学生的学习生涯进行科学规划。下面以施丽凤老师五年级(上)生活适应教学计划的制定与实施为例。

1. 解读课标,梳理年段目标

生活适应课程有其独有的目标体系,从《培智学校义务教育课程标准(2016年版)》来看,学生所要获得的技能包括五个板块,分别是个人生活、家庭生活、学校生活、社区生活、国家与世界,通过低年级、中年级、高年级逐级递进学习达成。首先要解读课标,其次根据年级段特点明确课标中各年级段的教学要求,对课程目标所对应的教学内容做到心中有数。因此,开展教学的第一步就是基于课标的年级段目标的梳理、分解与细化。

2. 评估学生,制定学期计划

在梳理年段目标后,为了制定更适切的教学目标、选取更适合的教学内容,上海市浦东新区辅读学校教研组根据课标中五个板块的目标逐一进行评估,并结合上海市《特殊儿童社会适应能力评估指导手册》对中年级段的每个学生进行了社会适应能力方面的专业评估,梳理出了适合本校中年级段学生生活适应课程的校本化教学目标。

针对五年级学生的学习能力,除了已有的评估数据外,施丽凤老师还根据本班学生上学期末的技能评估情况,并与之前教授过本班的生活适应课任课教师、班主任等进行个别访谈,多方面评估五年级学生的发展水平,罗列出学生已经掌握的技能、已经学习却尚未掌握的技能、尚未学习的技能,依据《培智学校义务教育生活适应课程标准(2016年版)》的要求,最终确定五年级第一学期的教学目标。

以"个人生活"之"疾病预防"的教学目标的确定为例。课标中规定的目标有"能表达身体不适""会向家长或老师寻求帮助""了解常见疾病的简单知识""学习预防常见疾病的简单措施"等。教学中结合学生的生活需求、能力兴趣等,将五年级第一学期"个人生活"板块的学习目标确定为"了解基本的健康常识,能表达自己身体不适,知道居家生活的安全常识"。

3. 精准学情,确定教学目标

第一,精准分析学情。精准的学情分析对撰写有效的教学设计至关重要。以"小伤口的处理"一课为例,课前学情调查结果显示,一半学生能认识医疗用品,大部分学生不会使用棉签及创可贴,这为制定教学目标提供了参考。只有对学生的能力基点进行全面排摸、检测与评估,才能精准了解学生学习需求,为其提供适切的学习策略,帮助学生逐步达成学习目标。

第二,确定课时目标。从学生能力出发,制定合理的分层目标。以"小伤口的处理"一课为例,根据学生的实际能力制定了分层目标:A层"能说出处理小伤口的医疗用品和步骤,初步学会使用棉签消毒伤口";B层"能模仿说出处理小伤口的医疗用品和步骤,在教师指导下初步学会使用棉签消毒伤口";C层"能找出处理小伤口的医疗用品,在教师的帮助下使用棉签消毒伤口"。

二、上课环节

上课环节是"融·和"课堂的核心环节,是教师和学生共同参与的过程。在这个环节中,教师要以学生为中心,关注每个学生的学习情况,充分发挥学生的主体作用。执教过程包括:启发导入,揭示课题;组织教学,教授新课;操作练习,巩固反馈;课堂小结,布置作业。根据"融·和"教学理念和教学模式以及学生的特点,常用的课堂教学方法和策略有以下几种。

（一）情境式教学

情境式教学即以具体生动形象的情境激发学生的学习兴趣。教师可以根据学生的生活实际创设情境，让学生在生活化的教学环境中学习。情境的创设可以让学生感到所学知识和技能是基于生活、联系生活、贴近生活、服务生活的，增进学生对知识和技能的理解、运用和迁移，真正做到学以致用，从而实现课堂生活化。

（二）支架式教学

支架式教学即在课堂教学中着眼于学生的最近发展区，向学生提供暂时性的符合学生学习需要的支持，辅助学生逐步完成无法独立完成的任务，并伴随学生的进步而淡出或撤去，让学生获得相应的知识和技能。

1. "图卡式"支架导入，增强趣味

根据特殊学生的认知特点和思维特点，"图卡式"支架有利于促进学生对知识的习得。在课堂教学中，教师可以将静态的图片制作成可触摸的图卡，让学生产生熟悉感；也可以将图卡设计成学具，设计一些"摆一摆、贴一贴、认一认"的动手小游戏，增强学习的趣味性，让学生从游戏中获得知识。

2. "任务分析"支架引导，提供参考

根据特殊学生在观察力、理解力和记忆力方面的特点，"任务分析"支架有利于帮助学生掌握正确的操作程序和步骤，掌握技能和行为完成的要点，符合小步子教学原则。在课堂教学中，教师可以运用"任务分析"支架进行引导，将目标任务分解成循序渐进的较小单元，或者罗列出一个个小步骤，方便学生学习和操练。

3. "任务单"支架设计，注重合作

特殊教育学校的课堂教学具有实践性、综合性强的特点，只有让学生积极地参与实践练习，才能让学生将知识转化为技能，才能更好地培养学生的生活自理能力。在课堂教学中，教师可以将学生分成小组，鼓励学生以小组合作的形式共同完成"任务单"中的任务。采用"任务单"支架，可以使学生在合作学习过程中人人都有要求、人人都可参与。

4."工具式"支架介入,提供方便

特殊教育学校的课程与教学强调知行统一、手脑并用,"做中学""学中做","工具式"支架有利于学生在操作、体验、探究和解决问题的过程中获得直接经验。在课堂教学中,教师可以根据学生的能力与情况,设法为学生提供适切的辅助工具,以满足不同层次学生的需求,如借用擀面杖取代有一定危险性的小刀,以"敲"的方式取代"切",让学生在学习中更易操作。

(三)差异化教学

差异化教学即在尊重学生个体差异的基础上,依据学生的身心发展特点和生活实际设置合适的教学目标,采用不同的教学方法,因材施教,让每个学生都能在适合自己的节奏和方式下学习,最大限度地挖掘潜能,实现个性化发展。在课堂教学中,教师可以依据课堂教学的成功性原则和个别化原则,采用不同的要求和方法对待不同能力水平的学生。比如,对于认知能力较好的学生,可以采用思维导图式的板书导图帮助其通过独立观察来完成学习任务;对于能力稍弱的学生,可以采用图文结合的图示步骤帮助、引导学生完成学习任务。

三、作业环节

作业环节是"融·和"课堂的重要组成部分,可以帮助学生巩固所学知识,提高学习效果。教师要根据学生的实际情况设计不同层次的作业,以满足不同学生的学习需求。具体而言,作业设计应注意以下几点:

第一,目标导向。作业设计应紧密围绕教学目标和教学内容,突出学习的重点,针对学习的难点,确保有效帮助学生掌握和应用所学知识和技能。

第二,规定清晰。教师应明确作业的具体要求,包括作业的完成时间、提交方式、评价标准等,使学生能够清楚地了解作业的目的和预期成果。

第三,容量适中。教师应根据学生年段层次、能力水平设计适量适度的作业,确保学生能在合理的时间内完成,避免学生负担过重。

第四,多样化。作业设计应尊重学生的总体水平和个体差异,设计不同类型的作业,如层次型作业、巩固型作业和补偿型作业,以满足不同学生的学习需求。作业形式应活泼多样,可以是书面性的、操作性的,也可以是体验性的,以激发学生的学习兴趣。

第五,评价与反馈。教师应及时对作业进行评价,了解学生的学习进展,给予学生反馈,指出学生的优点和需要改进的地方,并提供具体的改进建议。

四、辅导环节

辅导环节是"融•和"课堂的重要补充,旨在满足特殊学生的独特需求,实现预设的教学目标。

第一,课中的个别化辅导。教师通过观察学生的课堂表现,包括练习完成情况、小组讨论参与度和提问回答情况,来评估学生的理解水平。针对学生的具体需求,教师可以提供个别化辅导,如可视化支架、分层式的示例或练习。鼓励学生根据自己的学习节奏和风格进行学习。

第二,课后的个别化辅导。对于在课堂上未能完全掌握学习内容的学生,课后个别辅导是至关重要的,可以为学生提供针对性的辅导,帮助学生弥补知识和技能上的差距。

五、评价环节

评价环节是"融•和"课堂的最后一个环节,依据课程标准,倡导多元、开放、整体的评价观。教师要根据学生的课堂表现、目标达成情况等给予学生课程本位的评价,对学生的学习效果进行全面的评价。

第一,评价的多元与开放相结合。为了适应特殊学生的能力,教师可采用多元化的评价方式,包括:课中学生自评、互评,教师的即时性评价和教学目标达成度的评价;课后的口头作业、书面练习、操作练习等的评价,也可以将家长评价有机结合起来;课外实践活动的表现性评价。在评价的过程中,教师应与家长保持密切沟通,家长也可以参与到学生的评价过程中。特殊学生在学习过程中可能面临各种挑战,学校和家庭都应关注他们的情感需求。

第二,评价目标的共性与个性相结合。评价应考虑每个学生的基础与能力,既要关注全体学生达成的共同目标,也要关注每个学生的个性化目标。对于基础薄弱的学生,对其目标达成的时间和实现目标的方式提供合理的便利,注重他们的进步和努力;对于能力较强的学生,可以设定更高的挑战目标。

第三,过程性评价与终结性评价相结合。评价应既关注过程又关注结果,采取定性与定量评价相结合的形式。过程性评价关注学生在学习过程中的表现和进步,终结性评价关注学生的学习成果,两者结合可以更全面地了解学生的学习情况。

第三,反馈与指导。为了帮助特殊学生更好地发展,教师应及时对学生的学习情况进行反馈和指导。反馈有助于学生及时了解自身学习情况,找到不足之处并进行针对性的改进,积极的反馈可以增强学生的自信心和学习动力,对学生起到激励作用。教师可以根据学生的需求提供个性化的辅导和支持,促进学生在原有水平上的发展。

案例3-6

小伤口的处理
——五年级(上)生活适应学科教学设计

施丽凤

一、教学分析

(一)教材分析

本教材内容是依据《培智学校义务教育生活适应课程标准(2016年版)》个人生活部分内容与要求中关于"疾病预防"之"学习预防常见疾病的简单措施"而设计的。围绕"自我保护、疾病预防"等相关教学内容,本班学生在参与学校德育处所开展的消防演习、防爆演习等集体活动时,还简单学习了如何表达身体的不适,但并未涉及具体操作性的自护自救技能。把"小伤口的处理"作为中年级生活课程学习内容,不仅实用,而且易学易操作。教师可以让学生从认识包扎伤口所需的简单医疗用具入手,完整地演示小伤口处理的过程,让学生对本次学习内容有清晰的整体感知,明确学习内容。

(二)学生分析

五年级(1)班共有学生11名,其中:男生5名,女生6名;A层学生4名,B层学生5名,C层学生2名。本班学生在学习能力上存在两极化倾向:认知

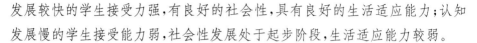

发展较快的学生接受力强,有良好的社会性,具有良好的生活适应能力;认知发展慢的学生接受能力弱,社会性发展处于起步阶段,生活适应能力较弱。

对于小伤口的处理技能,A层学生在平日的家庭生活中有所耳闻,但从未尝试或刻意去认识医疗用品和进行具体操作,B、C层学生只知道受伤了要寻求老师和家长的帮助,其他的并不了解。学生的自我保护意识非常薄弱,教学中需要提供真实情境、图文、图示、实物等支架辅助学生学习。

二、教学目标与重难点

(一) 教学目标

知道处理小伤口的步骤;能按照步骤处理小伤口;学会保护自己,提高居家安全意识和自我保护意识。

(二) 教学重难点

教学重点:知道处理小伤口的方法,学会使用创可贴;教学难点:学习正确消毒伤口的方法和使用创可贴。

三、教学媒体资源选择

课件、视频。

四、教学过程

第1课时	课型:新授
课时目标	1. 知道处理小伤口的医疗用品和步骤。 2. 学会使用棉签消毒伤口的方法。 3. 通过小伤口处理的技能体验,提高居家安全意识和自我保护意识。
分层目标	A层: 1. 知道处理小伤口的医疗用品和步骤。 2. 通过视频图片、图卡标识,初步学会使用棉签消毒伤口。 3. 通过小伤口处理的技能体验,提高居家安全意识和自我保护意识。 B层: 1. 能模仿说出处理小伤口的医疗用品和步骤。 2. 通过视频图片、图卡标识,在教师指导下初步学会使用棉签消毒伤口。 3. 通过小伤口处理的技能体验,提高居家安全意识和自我保护意识。 C层: 1. 能找出处理小伤口的医疗用品。 2. 通过视频图片、图卡标识,在教师的帮助下使用棉签消毒伤口。 3. 通过小伤口处理的技能体验,提高居家安全意识。

续 表

第1课时		课型：新授	
课时重点	使用棉签消毒伤口。		
课时难点	使用棉签从内向外涂抹。		
教学准备	医用托盘、医用棉签、碘伏、双氧水、创可贴、污物桶。		
教学环节	教师活动预设	学生活动预设	设计意图
一、谈话导入	1. 同学们，平时生活中我们总会有些磕磕碰碰，身上会出现小伤口，那时你会怎么处理呢？ 2. 这些方法都很好，但是我们已经长大了，要学会自己处理这些小伤口。 3. 今天，我们学习如何正确处理小伤口。（读课题）	自由回答："找爸爸妈妈"，"找班主任老师"，"去卫生间找老师"。 齐读课题。	从学生的实际生活经验出发，从他们所面临的实际问题出发，激发兴趣。
二、新授教学	1. 接下来我们来看处理小伤口的视频，观看时想一想小伤口的处理有几个步骤。（放视频） 2. 小伤口的处理有几个步骤？ 3. 现在，我们再看一遍视频，想一想小伤口的处理有哪三个步骤，具体用到哪些物品。 4. 清洗伤口。 (1) 第一步是什么？ 清洗伤口。（板贴） (2) 清洗伤口要用到哪些物品？ 双氧水。（出示实物） (3) 还有呢？ 医用棉签。（出示实物） 5. 消毒伤口。 (1) 第二步是什么？ 消毒伤口。（板贴） (2) 消毒伤口要用到哪些物品？ 要用到碘伏和医用棉签。（出示实物） 6. 包扎伤口。 (1) 第三步是什么呢？ 包扎伤口。 (2) 包扎伤口要用到哪些物品？ 创可贴。（出示实物）	A、B组学生掌握小伤口的处理有三个步骤。 A组学生：清洗伤口。 C组学生指一指。 B组学生：双氧水。 C组学生指一指。 B组学生：医用棉签。 C组学生指一指。 A组学生：消毒伤口。 A、B组学生：碘伏和医用棉签。 C组学生指一指。 A组学生：包扎伤口。 B组学生：创可贴。 C组学生指一指。	学生根据自己的经验先说处理方法，然后师生共同整理，总结出一般的操作过程，然后教师再讲解并示范操作要点，最后让学生练习操作，掌握、巩固所学的技能。

续 表

第1课时		课型：新授	
三、操作练习	（一）清洗伤口 1. 接下来，我们一起来分步学习。 2. 老师的食指不小心划破了，怎么清洗伤口呢？ 3. 请看视频。（放第一步） 4. 第一步，用医用棉签蘸双氧水清洗伤口，起到一定的消毒杀菌的作用。（老师边操作边讲解要领） 5. 学生练习自己完成第一步。 （二）消毒伤口 1. 消毒伤口要注意些什么？请看视频。（放第二步） 2. 消毒伤口要注意些什么？以伤口为中心，由内向外涂抹。（板贴） 3. 第二步，用医用棉签蘸碘伏消毒伤口。注意以伤口为中心，由内向外涂抹消毒。（老师边操作边讲解要领） 4. 学生练习自己完成第二步。 （三）包扎伤口 1. 最后，怎样包扎伤口？请看视频。（放第三步） 2. 第三步，创可贴中间纱布对准伤口，撕去一侧胶布贴膜，固定，再撕去另一侧胶布贴膜，固定。（老师边操作边讲解要领） 3. 学生练习自己完成第三步。	学生认真观看视频 学生完成第一步，教师给予指导和帮助。 学生完成第二步，教师给予指导和帮助，过程中教师强调第二步的操作要领。 学生完成第三步，教师给予指导和帮助。	把一个训练内容分解成若干个极其简单的操作动作，鼓励学生从简单的操作动作学起，然后将分散的操作动作连贯成一个整体操作过程。在整个练习过程中，老师必须耐心地一步一步分解指导，学生跟着老师学，小步子，多循环。
四、反馈小结	1. 在平时的生活中，如果同学受伤了，你会帮他处理吗？ 2. 分组练习。（一边循环播放小伤口的处理视频，一边全班学生进行两两合作，连贯操作，教师巡视并及时纠正操作不规范之处） 3. 小结：今天我们学习了小伤口的处理，回家多练练，以后碰到类似小伤口就可以自己解决，不用让家长、老师帮忙了。 4. 不过还要记住：小伤口处理以后，在伤口愈合前尽量不要碰水，要每天更换创可贴。	学生自由回答。 学生分组练习。	通过分组练习锻炼学生的合作能力，巩固处理伤口的技能。

续　表

第1课时		课型：新授	
五、布置作业	★★★：能使用棉签消毒伤口。 ★★：和家人合作使用棉签消毒伤口。 ★：在家人的帮助下练习使用棉签消毒伤口。		
板书设计	小伤口的处理 1. 清洗伤口：双氧水。 2. 消毒伤口：碘伏、医用棉签（由内向外）。 3. 包扎伤口：创口贴。		

第四节　"融·和"教育的动态评估

特殊学生之间具有很强的差异性，评估能够更好地提供教育服务，满足个性化发展诉求。"融·和"教育的动态评估是一个持续的、反馈循环的过程，通过监测学生的各方面发展情况进而适时调整特殊学生的教育计划，以满足他们的成长需求和个性化发展（图3-8）。在实践中，要建立多元化的

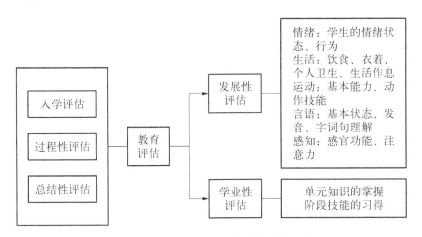

图3-8　"融·和"教育的动态评估示意图

课程评价体系,发挥评价的诊断、激励、导向作用,建立多元、科学的评价体系,采用个别化的评价方法,促进学生、教师、学校的发展。

一、评估的目的

"融·和"教育的动态评估是指根据一定的测量标准,对学生的能力水平进行判断的过程,涉及特殊学生的健康状况、各领域发展以及学业成绩等多个方面。评估是全面了解特殊学生的有效路径,也是开展后续个别化教育计划的基础,对于促进学生全面发展、提高特殊教育的质量具有重要意义。

(一)个体识别与需求分析

评估可以帮助教育专业人员识别每个学生的独特需求和特点。通过评估,可以确定学生的学习障碍、认知水平、发展水平和行为特点等。通过评估,学校可以全面了解每个学生的独特情况,而不仅仅是根据课堂表现或刻板印象来评估他们。通过准确识别语言障碍、注意力缺陷、自闭症谱系障碍等,学校可以制定适当的教育策略,以克服这些缺陷和障碍并提高学生的学业表现。

评估不仅关注学生的困难之处,还可以帮助教育专业人员发现学生的强项和兴趣。这有助于为学生提供更多的机会,以发展和运用他们的优势领域,提高其自尊心和自信心。基于评估结果,学校可以制定个别化的教育计划,确立可以满足每个学生发展需求的教学目标、教学策略和支持服务,以确保每个学生都能够实现均衡发展。

(二)检测教学成效和调整教育策略

教育评估在检测教学成效和调整教育策略方面发挥着重要作用。评估通常在学生进入特殊教育学校或项目时进行,它能够提供一个初始的学业和行为基准,用于衡量学生未来的进展。通过比较评估结果和后续的学业成绩,学校可以确定学生在不同领域的成长情况。而学校每学期、每学年定期进行的评估,可以追踪学生的进展,有助于监测学生在不同学科和技能方面的发展情况,以及作为判断是否需要进行教育策略调整的依据。如果评估显示学生在某些方面面临挑战,学校可以及时采取干预措施和提供额外的支持,包括提供辅导、个别指导、特殊教育服务或其他适当的支持,以帮助学生克服困难,取得更好的发展。

上海市浦东新区辅读学校在多元化开展"融·和"教育教学评估的过程中,除了对学生进行书面检测,还组织课本剧表演、诗歌诵读、争做劳动小能手等各类学科竞赛,学生展露生活技能、听说读写的本领、计算演示的过程,全员参与,乐在其中。每学年组织学生参加快乐考试,以生活情境为背景,以活动操作为模式,以经验获取为目标,让学生在复习巩固知识的同时,用所学解决实际问题,促进核心素养的提升。

(三) 促进课程建设和学生个性化发展

在特殊教育学校中,促进课程建设和学生个性化发展是一个综合性的任务。基于评估结果,学校可以制定个别化的课程计划,以满足学生的需求,促进学校高质量实施课程。学校课程计划的可行性,课程安排的适切性,课程管理的合理性、有效性、针对性,个别化教育计划的科学性等都应成为学校课程评估的重要内容。通过分析评估数据,学校可以确定哪些教育策略和课程组织方式是成功的,哪些需要改进。这种反馈可以帮助学校不断优化课程,提高教学质量。

在"融·和"教育的动态评估中,学校应该将评估、课程建设和学生的个性化发展视为一个连续循环的过程,持续的监测和评估将确保学校不断适应学生的需求,优化课程,提高教学质量,并最大限度地促进每个学生的个性化发展。

二、评估的内容

在评估的内容上,侧重于行为和沟通等技能领域,因为这些因素对学校和社会的接纳以及学生的生活质量有着重要影响。此外还需要特别关注优先技能的评估。优先技能是指在评估的众多技能项目中,对学生或其家庭来说相对重要的有优先发展意义的技能。多重障碍学生遭受的功能限制多,需要学习的技能也多,同一时段或同一领域中会同时存有许多需要学习的技能,不可能所有的技能学习齐头并进,这样就必须评估出那些对学生发展具有最高优先价值的技能,以便为学生制定合适的学习计划。依据评估的具体内容可分为发展领域能力评估、学业评估等。

(一) 发展领域能力评估

发展领域技能评估主要是对感知能力、运动能力、情绪行为、生活自理、言语语言等方面的评估,是一种反映构建主义教育理论的评估方法。构建主义理论强调学生的学习是一个主动的、建构性的过程,强调学生的个体差异和发展,即每个学生都有独特的学习风格、学科能力、兴趣和学习速度。发展领域技能评估旨在识别和尊重这些差异,以制定个别化的教育计划,为教育计划的调整提供反馈,以支持学生个性化发展。

发展领域技能评估也是多样复杂的,如在感觉技能领域,教师不仅需要了解学生现有的各种感觉能力水平,还需要对其感觉通道学习的适应性进行评估,以便更好地为学生提供相应的学习媒介,支持学生的学习。此外,如偏好评估、优势强项评估等可归入发展技能评估的范围。

1. 感知能力评估

感知能力评估包括视觉注意、听觉注意、关系理解 3 个大项和 19 个小项,侧重于对学生的感官功能和注意力的检测(表 3-2)。在对家长的访谈中还会涉及学生的敏感禁忌,以期在确保学生安全、稳定的基础上更好地开展教育活动(表 3-3)。

表 3-2 感知能力检核表(生)

编号	模块	测题	评估结果
1	视觉注意	能平行追视	
2		能垂直追视	
3		能够在一堆物品中找到和老师手中一样的物品	
4		能够在有背景图案的图画中找出和老师手中一样的物品	
5		能记住图案所在的位置(类似于翻牌)	

续 表

编号	模块	测 题	评估结果
6	听觉注意	能注视叫他或和他说话的人	
7		能听到声音后转向并指出声源	
8		能够在一堆物品中找到老师说的物品	
9		能够在有背景图案的图画中找出老师说的图案	
10	关系理解	能说出空间位置(上下)	
11		能说出空间位置(左右)	
12		能说出空间位置(前后)	
13		能分辨颜色	
14		能区分大小	
15		能分辨多少	
16		能判断胖和瘦	
17		能分辨高和矮	
18		能分辨白天和黑夜	
19		能分辨男女	
简述:(只要学生有无法完成的部分,必须进行描述)			

注:评估结果会的标"1",不会的标"0",无法判断的标"?"

表3-3 感知能力检核表(家)

编号	模块	测 题	解 释	评估结果
1	感觉器官功能	视觉正常	能视物,无弱视、斜视、近视等(明暗、颜色、形状、速度变化)	
2		听觉正常	能听声,无重听、听觉敏感等(方向、高低、日常声音)	

续 表

编号	模块	测 题	解 释	评估结果
3	感觉器官功能	触觉正常	能感受到接触、温度、痛觉等(干湿)	
4		嗅觉正常	能闻味,对香臭及刺激性味道有感觉及反应	
5		味觉正常	能辨味,对酸甜苦辣咸等有感觉及反应(味觉还是口腔触觉)	
6		本体觉		
7		平衡觉		
8	注意力	喜爱的活动(请列举)	如看电视、听歌等	
9		注意力集中时间	未要求时专注喜爱活动的时间	
10		活动中表现	如沉默、兴奋等	
11		喜爱的物品(请列举)		
12	敏感禁忌	颜色敏感度	能否分辨颜色	
13		声音敏感度	如敏感,孩子会有何表现	
14		温度敏感度	如敏感,温差变化下孩子会有何表现	
15		有无过敏(物品)	如有请列举	
16		有无过敏(器官)	如有请列举	
简述:(只要学生有无法完成的部分,必须进行描述)				

注:评估结果会的标"1",不会的标"0",无法判断的标"?"。

在实际评估过程中,可以通过创设情境的方式进行(表3-4)。例如,为了评估个体的视觉注意力,可以设计视觉搜索任务,如要求被评估者在一系列图像中找到特定的目标物体或符号,从而帮助评估者了解个体的注意力集中能力、快速识别和定位目标的能力。另一个方法是利用视觉干扰任务,在执行任务时引入一些干扰元素,评估被评估者的干扰抵抗能力,如在给定的图像中添加一些不相关的元素,看看被评估者是否能够有效地筛选出关键信息。在进行这些创设情境的感官评估时,需要确保任务和情境具有足够的标准化和可重复性,以便进行客观的评估和比较。此外,还应该考虑被评估者的年龄、认知水平、文化背景和特殊需求,以确保评估工具和情境的合适性。

表3-4 感知能力评估的情境创设

情 境 创 设	评 估 项 目
1. 师生打招呼 ——我是李老师,你叫什么名字? (庄老师打招呼) ——谁在喊你?请你指一下。 ——你是男生还是女生?李老师呢?庄老师呢? ——请你看一下,现在是白天还是夜晚?	能注视叫他或和他说话的人
	能听到声音后转向并指出声源
	能分辨白天和黑夜
	能分辨男女
2. 玩玩具 ——请你指出图片中的小狗。它是什么颜色的?这两只小狗哪个大哪个小? (翻盖小狗卡片,一旁有干扰卡片) ——你能指出哪张图片是有小狗的吗? (老师拿出积木,通过移动积木让学生追视)	能够在一堆物品中找到老师说的物品
	能够在一堆物品中找到和老师手中一样的物品
	能够在有背景图案的图画中找出老师说的图案
	能够在有背景图案的图画中找出和老师手中一样的物品
	能记住图案所在的位置

续　表

情　境　创　设	评　估　项　目
——请你在卡片上找一找一样的积木。 ——请你去桌子上把这个积木拿过来。 （老师再拿出一些积木，让学生比较大小和多少）	能分辨颜色
	能区分生活物品颜色
	能区分大小（平面、立体）
	能分辨多少
	能平行追视
	能垂直追视
3. 佩奇互动 老师扮演小猪佩奇。 ——请学生指认自己的身体部位。 ——看看你的上（下、左、右、前、后）面是什么？ 老师把佩奇放在书包里。 ——佩奇在书包里还是书包外？	能指认身体部位
	能说出空间位置（上下）
	能说出空间位置（左右）
	能说出空间位置（前后）
	能说出空间位置（里外）
4. 互动休息 ——我们站起来玩一玩。咱们俩谁高谁矮？ ——我们来个小竞赛怎么样？比一比单脚站立。	能分辨高和矮
	左腿单脚站立
	右腿单脚站立

2. 运动能力评估

运动能力评估的模块包括颈部动作、躯干动作、基本动作、运动技能，主要检测学生的基本能力和动作技能（表 3-5）。对于每个运动领域需要明确评估的具体项目和标准。例如，对于颈部动作，可以包括头部的左转和右转、抬头和低头等动作，标准可能是达到特定的角度或完成动作的流畅性。同时，需要建立系统的数据记录和分析程序，以便对评估结果进行记录和分析。这有助于跟踪学生的进展，并根据需要调整教育计划或康复方案。

表 3-5 运动能力检核表(生)

编号	模块	测题	评估结果
1	颈部动作	能低头	
2		能抬头	
3		能躯干不动头左转 90 度	
4		能躯干不动头右转 90 度	
5		能顺时针转动头部	
6	躯干动作	能扭腰	
7		能弯腰	
8		能侧屈	
9	基本动作	能前平举	
10		能侧平举	
11		能上举至贴耳	
12		能做肩周运动	
13		肘关节能弯曲并手拍肩膀(不交叉,左手拍左肩)	
14		能以腕关节为点手掌向下	
15		能以腕关节为点手掌向上	
16		能以腕关节为点做周运动	
17		手指能伸直与手掌齐平	
18		能抓握	
19		能三指对捏	
20		能二指对捏	
21		能分指	

续　表

编号	模块	测题	评估结果
22	基本动作	能前踢	
23		能后伸	
24		能侧举	
25	运动技能	能双手搬椅子	
26		能单手取物	
27		能用拇指和食指捡取小物品	
28		能独立走路	
29		能上下楼梯	
30		能跑步	
31		能双脚并拢跳跃	
32		能蹲下	
33		能从蹲下状态起身	
34		能以四肢爬行	
简述：（只要学生有无法完成的部分，必须进行描述）			

注：评估结果会的标"1"，不会的标"0"，无法判断的标"?"。

3. 情绪行为评估

情绪行为评估主要从学生的基本状态、情绪感受、情绪表达和行为方面进行考察（表3-6）。要注意的是，评估环境应该是安全和舒适的，以便学生感到放松和自在，这可以促进他们更自然地表现情绪，而不受外部环境的干扰。情绪行为评估可能需要在一段时间内进行多次，以观察学生的情绪变化和稳定性。

表3-6 情绪行为检核表(生)

学生当天情绪：平稳（　　）　波动（　　）

编号	模块	测题	评估结果
1	基本状态	能保持较稳定的情绪	
2	情绪感受	能通过表情感受到别人的情绪	
3		能通过语气感受到别人的情绪	
4		能根据场景感受现场的氛围和情绪	
5	情绪表达	与陌生人接触时会害羞	
6		与陌生人接触能友好相处	
7		在得到表扬和鼓励后能够表现出高兴的情绪	
8		在受到批评和责怪后能表现出难过、不安的情绪	
9		在参与喜欢的活动时能表现出激动、快乐的情绪	
10		当自己的需求得不到满足时会表现出伤心、愤怒的情绪	
11		什么情况下会出现不良情绪(季节、温度、场地、人物变化)	
12	情绪行为	活动中能控制自己的情绪,不容易失控	
13		当看到喜欢的食物时会忍不住去抢	
14		依赖家长,当他们不在身边时情绪不能稳定	
15		当第一次与陌生人接触时警觉性很高,比较抗拒	
16		当不开心时,会有自伤行为	
17		当不开心时,会有伤人行为	
总体评价		兴奋（　　）　焦虑（　　）　紧张（　　）　忧郁（　　） 狂躁（　　）　平稳（　　）　波动（　　）	
简述：(只要学生有无法完成的部分,必须进行描述)			

注：评估结果会的标"1",不会的标"0",无法判断的标"?"

4. 生活自理评估

生活自理评估包括自我认知、自我照料、家庭成员、家庭适应四项内容（表3-7），从饮食、衣着、个人卫生、生活作息等多个维度进行了解，用于制定个别化的支持计划，以帮助学生改进自理能力。评估应该是一个起点，而不是终点。通过综合评估，可以更好地理解学生的自理能力水平，并为他们的生活质量提供支持和改进建议。

表3-7 生活自理检核表（生）

编号	模块	测题	评估结果
1	自我认知	知道自己的基本特征	
2		知道自己的基本需求（饮食、排泄、感知等）	
3	自我照料	会穿、脱套衫	
4		能脱有拉链的衣服	
5		能穿有拉链的衣服	
6		会解开衣服上的纽扣	
7		会扣上衣服上的纽扣	
8		能脱自粘式的鞋子	
9		能穿自粘式的鞋子	
10		能保持个人整洁	
11		会穿袜	
12		会戴帽子	
13		会戴手套	
14		能用清水洗手	
15		洗手后能用毛巾擦干手	
16		会用纸巾或手帕擦鼻涕	

续 表

编号	模 块	测 题	评估结果
17	自我照料	能独立背上书包	
18		能自己用杯子喝水	
19		能从小壶中倒水喝	
20	家庭成员	知道家庭成员姓名	
21		知道家长电话	
22	学校适应	知道自己幼儿园的同学和老师,或者能够说出一个自己的好朋友	
23		见到老师或者工作人员会打招呼	
简述:(只要学生有无法完成的部分,必须进行描述)			

注:评估结果会的标"1",不会的标"0",无法判断的标"?"。

5. 言语语言评估

言语语言评估主要设计生理功能、语音语调、常用词汇理解、言语交际、会话技能、非言语交际六个模块(表3-8),主要观察学生的基本状态、发音、字词句理解的情况。如果学生有特殊需求或言语障碍,评估需要考虑这些特殊需求,并确定是否需要特殊支持。

表3-8 言语语言检核表(生)

编号	模 块	测 题	评估结果
1	生理功能	双唇自然地处于水平正中位,左右对称,能正常保持微闭的状态	
2		不流口水	
3	语音语调	能以正常响度发声	
4		能以正常语调发声	
5		口齿清楚	

续 表

编号	模块	测　　题	评估结果
6	常用词汇理解	听到自己的名字能有回应	
7		能理解5个以上常用人称词	
8		能理解5个表示瓜果、蔬菜等食品的词语	
9		能理解5个表示身体部位的名词	
10		能理解5个表示学习和生活用品的词语	
11		能理解5个以上表示动作的词语	
12		能认识3种以上常见颜色	
13	言语交际	能安静聆听,轮候进行表达	
14		能在语境中说几句话,与对话者保持1个话轮	
15	会话技能	能理解简单的指令	
16		能理解简单的提问	
17		能回答简单的提问	
18		能描述看到的人或物	
19		能表达否定句	
20	非言语交际	能理解生活中常见的表情和手势	
21		能理解生活中常用的图片和标志	
22		能运用表情或手势表达情绪和需求	
简述:(只要学生有无法完成的部分,必须进行描述)			

注:评价结果会的标"1",不会的标"0",无法判断的标"?"。

实际过程中,言语语言评估也可以采用情境创设的方式进行(表3-9),这更接近实际生活中的交流和沟通,因此具有更高的生态效度,有助于评估学生在实际情况下的表现。教师可以根据学生的年龄、发展水平、文化背景等因素设计合适的情境,以更好地理解他们的言语和语言能力。

表 3-9 言语语言评估的情景创设

项目	操作过程	测试条目	观察条目
活动一 "自我介绍"	师:"小朋友,你好! 请你过来坐好!"(学生跟老师招手打招呼)	15,20	1,2,3,4,5,22
	"你叫什么名字?今年几岁了?"	17	
	"××小朋友,今天是谁陪你来的学校?"	6	
	"是爸爸妈妈吗?是爷爷奶奶?还是外公外婆?"	16	
	"你们是怎么来的学校?"		
	"乘地铁?打车?开车?"	19	
	"宝宝,请你指一指你的鼻子,指指眼睛,摸摸头,拍拍手,跺跺脚……"	9	
	选择奖励物:"宝宝回答好棒啊! 选一个你喜欢的食物/玩具吧!"		
活动二 "跟老师一起讲故事"	(出示学校场景图片) 师:"下面,跟老师一起来讲个小故事!" 　"今天是乐乐第一天上学的日子,爸爸把乐乐送到浦东新区辅读学校的门口,乐乐看到很多的小朋友都来这里上学了,小朋友的脸上都挂着开心的笑容。老师们站在学校门口欢迎每一个小朋友的到来。"		13,14
	"这幅图是什么地方?"	17,21	
	"图中都有谁? 这是谁? 这个呢?"	7	
	"乐乐在做什么?"	18	
	选择奖励物:"宝宝回答好棒啊! 选一个你喜欢的食物/玩具吧!"		

续 表

项目	操 作 过 程	测试条目	观察条目
活动三"神奇魔法箱"	（出示箱子） 师："最后,跟老师一起来玩个游戏吧！" "老师有个神奇的箱子,这里面有很多的宝贝,我们轮流来摸摸看里面都有什么。" （学生跟老师轮流摸箱子,并命名摸到的物品,各摸5次）		
	"哇,你摸到的是什么？这是什么颜色的？"	8,10,12	
	"请你把××放到桌子上。" "请你把××送回箱子里。" "请你把××扔给××老师。" "请你把××放到讲台上。" "请你把××递给××老师。"	11	
	选择奖励物："宝宝回答好棒啊！选一个你喜欢的食物/玩具吧！"		

（二）学业评估

学业评估包括每学期的学业评估和九年义务教育结束时的综合性学业评估。

每学期的学业评估是指应用性学科知识的学习评估,针对多重障碍学生主要表现为读、写、算三项核心技能的评估,用以帮助教师动态地了解特殊学生的学业进步情况并制定或调整教学决策。就一个学年而言,学期初,教师利用评估工具评估学生的现有水平并制定课程方案,依据方案开展课程教学,通过阶段性检测在教学过程中适时调整目标和内容；学期末,对训练效果进行全面的再评估,进而制定后续的教学方案。

特殊学生对学科知识和技能的掌握情况是学业性评估的核心部分。教师会收集相关材料从而评估特殊学生在各个学科领域的知识水平和技能掌握程度,材料的形式包括且不限于课堂作业、考试、项目作业、课堂参与等。而内容则根据学生的年级和学科要求而定,以确定他们是否达到相应的标准。除了纯粹的学科知识,评估的内容还可以包括学生的学习策略、问题解决能力、批判性思维、记忆力等认知技能的评估,这些都可以从收集的材料和学生的行为标准中侧面展示出来,需要教育者进行分析和总结,从而提供适当的支持和建议。

学业评估是一个持续的过程,可以用来跟踪学生的学业进展。通过定期的评估,教师可以收集到学生在单元、学期、学年的学习表现,收集的数据需要进行详细的分析和解释,从而得到学生在不同时间段内的成长和变化。如果评估表明学生在特定学科或领域存在困难,教育者可以修改课程内容、教学方法或分配额外的支持资源,以满足学生的需求。并且,教育者需要定期更新数据,以便监测学生的进展,进行进一步的评估,以确定是否需要更多的支持或干预。

对于特殊学生,通常会制定个别化的教育计划(IEP)。学业评估也可以用来评估学生在 IEP 中设定的目标和计划的实施情况,以确保特殊学生获得适当的支持和教育,满足他们的独特需求。IEP 评估是一个定期进行的过程,通常每年进行一次,也可以根据学生的需求进行更频繁的评估。这个过程中也需要收集多种数据,包括学生的学业成绩、课堂参与情况、教育和治疗专业人士的意见、家长的反馈等。如果发现学生未能达到某些目标,那么需要考虑是否应调整 IEP 以提供更多支持。除了目标的达成,还需要评估 IEP 的实施情况和效果。这包括检查 IEP 中规定的支持和服务是否按照计划进行,以及这些支持是否对学生产生了积极的影响。如果发现问题,需要确定原因并采取纠正措施。

九年义务教育结束时的综合性学业评估使用的材料往往取自学生在各学科教材中所学习的内容,以便了解学生是否达到课程标准的要求,从而进行教学目标的调整和教学方式的改进。这种类型的评估能够有效连接教师和学生、课程设计与教学实践,对于促进"融·和"教育的高质量发展具有重要意义。

三、评估的过程

"融·和"教育的动态评估是一个具有系统性和复杂性的工作,贯穿学生入学到最终走向职场的全过程,遵循"评估—训练—再评估"的程序。在具体的教学和评估实践中,根据学生个体差异和障碍类型的不同,也会制定符合学生具体实际需求的评估计划与实施流程。总体而言,评估的过程可以分为入学评估、过程性评估和总结性评估三个阶段,这三个阶段均会涉及学业评估和发展领域能力评估的内容,但各个阶段的评估工作的特点和方式又各有侧重。

(一) 入学评估

入学评估是对将要接受特殊教育的新生实施的评估,旨在全面了解新生的健康状况、残疾类型、学习水平和社会情感发展等情况,以便进行教育安置和制定个别化的教育计划,最大限度地满足每个学生的特殊需求。具体工作流程如下。

1. 摸底调查和发布通知

首先,通过与教育、卫生、残联、民政、妇联等多部门合作,摸查全区适龄入学儿童少年总人数,了解适龄入学儿童少年的残障类型及各类别人数。其次,通过社区相关联络员的宣导和信息收集、预报名及初步材料审核,了解拟报名入学儿童少年的大致信息,并将之作为评估组专家选择评估工具及策略等的参考。最后,学校登记预报名和提交的《入学新生基本情况表》(表3-10),并向学生监护人发送《入学健康评估通知书》,告知监护人评估的地点和注意事项,以便评估工作顺利开展。

表3-10 入学新生基本情况表

简况	姓名		性别		出生年月		贴照片处
	民族		身高	cm	身体状况		
	籍贯		体重	kg			
	家庭住址						
	户籍地址						
	联系方式				邮政编码		

续　表

<table>
<tr><td rowspan="5">家庭简介</td><td>关系</td><td>姓名</td><td>年龄</td><td>职业(单位)</td><td>健康</td><td>文化程度</td><td>联系电话</td></tr>
<tr><td></td><td></td><td></td><td></td><td></td><td></td><td></td></tr>
<tr><td></td><td></td><td></td><td></td><td></td><td></td><td></td></tr>
<tr><td></td><td></td><td></td><td></td><td></td><td></td><td></td></tr>
<tr><td></td><td></td><td></td><td></td><td></td><td></td><td></td></tr>
</table>

家庭结构	核心家庭(　)主干家庭(　)单亲家庭(　)其他(请注明)：＿＿＿ (核心家庭——父母＋孩子;主干家庭——核心家庭＋爷爷奶奶)
主要照料人	
家庭经济状况	贫穷(　)　温饱(　)　小康(　)　富有(　)

<table>
<tr><td colspan="2" align="center">成长发育史</td></tr>
<tr><td rowspan="4">孕期状况</td><td>孕期年龄：＿＿＿　　胎次：＿＿＿　　居家(工作)环境：＿＿＿＿</td></tr>
<tr><td>孕期状况：
1. 血压、血糖异常　(　)
2. 情绪波动　　　　(　)
3. 营养不均衡　　　(　)
4. 睡眠质量低　　　(　)
5. 是否定期孕检　　(　)
6. 其他(如生病等)如有请注明：＿＿＿＿＿＿＿＿＿＿</td></tr>
<tr><td>家族遗传代谢疾病史(如染色体异常、心脏病等)：　　有　　否</td></tr>
<tr><td>直系亲属中是否有智力低下者：是(注明与儿童关系)：＿＿＿　　否</td></tr>
<tr><td rowspan="3">分娩情况</td><td>1. 顺产(　)　2. 早产(不足37周)(　)　3. 难产(　)　4. 剖宫产(　)
5. 过期产　6. 其他(脐带绕颈、颅内出血、用产钳等请注明)：＿＿＿</td></tr>
<tr><td>出生时体重：(　　　)kg　　　出生时身高：(　　　)cm</td></tr>
<tr><td>初生情况(标明时间)：　　　　无下列情况(　　　)
窒　　息(　　)＿＿＿　　癫　痫(　　)＿＿＿
高热惊厥(　　)＿＿＿　　黄　疸(　　)＿＿＿
心 脏 病(　　)＿＿＿　　过　敏(　　)＿＿＿
其他：＿＿＿＿＿＿＿＿＿＿＿＿＿＿＿＿＿＿</td></tr>
</table>

续　表

早期发育情况	睡眠质量		很好（　） 一般（　） 很差（　）
	语言发展		1岁前（　） 1—1.5岁（　） 1.5岁后（　）
	运动	爬行	5—9个月（　） 9个月后（　）
		站立	1—1.5岁（　） 1.5岁后（　）
		行走	1—1.5岁（　） 1.5岁后（　）

干预教育史	
医学诊断情况	最初发现问题：＿＿＿＿＿　发现年龄（幼儿）：＿＿＿＿＿ 是否就医：　是　　　否 诊断结果：＿＿＿＿＿＿＿＿（附医学诊断报告）
康复情况	是否接受干预　　　　　　　　干预时间 干预机构 接受的是哪个方面的干预： 1. 语言沟通（　）2. 精细动作（　）3. 粗大动作（　）4. 社会适应（　） 5. 生活自理（　）6. 感知觉（　）7. 认知（　）8. 其他：＿＿＿＿
教育情况	入学前受教育机构（学校或幼儿园）：＿＿＿＿＿＿ 家长对孩子的期望：
备注：	

2. 实施评估与反馈

一方面，定点医疗机构按照需求完成残疾诊断和健康评估，并向监护人提供《残疾诊断报告》以及健康评估的结果。另一方面，学校组织专家团队为新生开展综合评估，根据残疾诊断和健康评估的结果，与家长和学生进行面对面的沟通交流，以了解更多关于学生的背景、兴趣、强项和需求等信息。团队还会观察学生在不同环境下的表现，包括课堂、社交互动和日常活动。

最后,评估工作组会出具评估综合报告,对学生的特殊需求的详细描述,并对学生的教育安置和个别化教育计划给予建议。

新生评估——家长访谈示例

学生： 被访谈者：

1. 您是孩子的日常主要照料人吗?(若不是,仅答 2—4 题)

2. 在饮食、如厕、个人清洁、睡眠这四个方面,您觉得孩子目前亟需提高的是哪方面的能力?您和家人曾试过哪些方法帮孩子改善这方面的情况?效果如何?(孩子饮食中对哪些食物有过敏史?)

3. 据您在日常生活中的观察,孩子会对哪些食物、物品、活动有较强烈的偏好?一般在什么情况下孩子会表现出对这些物品/活动的需求?

(食物,如饼干;玩具/物品,如拼图;感觉系统类,如旋转;活动类,如玩平板电脑)

当孩子得到该物品或处于该项活动中时,其情绪状态如何?

如果按孩子对这几项(食物、物品、活动)的需求频率/偏好程度,您能排一下序吗?

4. 大多数情况下孩子的情绪状态如何?(平稳/波动/兴奋/紧张……)

孩子对家庭成员是否有不同的情绪表现?

孩子发脾气时,会怎样表达他的情绪?(哭/自伤/伤人……)您会怎样处理?

*5. 在照顾和教育孩子方面,生活中有支持您的人吗?(用什么样的方式为您提供支持?)您是否有一些不用带孩子的休闲时间? 如果有,一般会做些什么让自己感到放松呢?

3. 教育安置和建档记录

评估过程不仅是入学时的一次事件,还需要定期更新和重新评估,以确保学生的需求得到满足。因此,要在评估基础上为每名学生建立入学档案,做到一人一案,并建立学生入学档案信息共享体系。对于校内安置的学生,开学一周至一个月之内开展入学观察,评估学生适应学校教育情况并视情况进行调整。对于校外安置的学生,在确保隐私保护的前提下,通过共享、衔接等形式,将评估结果和教育建议反馈给家长、康复机构、随班就读学校等,为后期转往教育提供参考信息。

案例 3-7

2022年上海市浦东新区辅读学校新生入学评估中对学生××的测评结果

一、五大能区得分

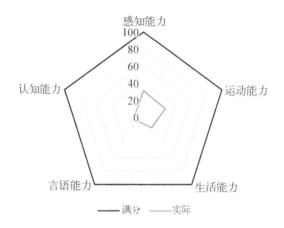

二、优弱势评判

	认知能力	言语语言	生活能力	运动能力	感知能力
前测	弱势领域	弱势领域	弱势领域	一般领域	一般领域
后测					

三、前测解读

认知能力：记忆、模仿、恒常性、概念学习较弱。评估过程中注意力极其分散。

言语能力：器官外观、语音语调、常用词汇理解、言语交际、会话技能以及非语言交际方面较弱。评估过程中情绪稳定,无语言,能理解"关门""请坐"等简单指令。

生活能力：在表达自己需求方面能力较弱,在自我服务方面,如穿衣、穿鞋等方面较弱,在家庭生活和学校适应方面较弱。

运动能力：头颈运动、躯干运动、下肢运动、上肢运动、整体运动较弱，其中整体运动最弱。评估过程中很多动作需要辅助，不能一脚一阶上下楼梯。

感知能力：事物辨别、视觉记忆、平衡觉相对较弱。评估过程中注意力分散，无口语表达。

4. 个别化教育计划制定

基于评估结果，学校会为每个学生制定一份个别化教育计划（IEP），该计划详细规划学生将接受的特殊教育和支持。IEP通常包括学业目标、支持服务、进度监测和评估计划。

从上海市浦东新区辅读学校2022年新生入学评估情况来看，报名的一共20人，开学前对其中16名学生进行了入学评估，后来的4名在开学后进行了补测。

从障碍类型来看：20名学生均为智力发展迟缓，部分学生还存在其他残疾情况。其中，唐氏综合征1人，自闭症5人，肢体残疾2人。

从评估结果来看：评估包含学生评估和家长访谈两方面，共计151题151分，最高分128分，达成率为84.7%，最低分39分，达成率为25.8%，可见学生差异是比较巨大的。但从整体来看，分布还是比较合理的，80%以上达成率学生3人，60%—80%达成率学生9人，60%以下达成率学生4人。

情绪方面：评估判定情绪波动较大学生2人，情绪平稳学生14人。

生活方面：饮水方面，能力较差的3人，一般的2人，较好的11人；穿着方面，能力较差的6人，一般的7人，较好的3人；个人卫生方面，能力较差的7人，一般的5人，较好的4人；如厕方面，能力较差的7人，一般的8人，较好的1人。

运动方面：情况比较好，现场评估运动能力较差的学生1人，但在其他相关家长访问中，存在隐性问题（如走路易摔跤、平衡能力差等）的学生还是不少的。

言语方面：问题比较严重的是对多个词语和句子的理解运用，比较差的学生有6人。

感知方面：集中体现在注意力较差，比较差的学生有6人。

从以上评估结果来看,相关内容的补偿性课程虽然需要依据学生的发展可行性进行再次勘查确定,但总体形势不容乐观。根据评估结果,学校为每个学生制定了选择性课程的安排。

(二) 过程性评估

过程性评估,又称形成性评估,是指在特殊学生的学习过程中持续进行的信息反馈与收集工作,旨在紧密与教学过程相结合,以帮助教育者更好地理解学生的学习进展、需求和困难。其特点在于强调教育的动态性和连续性,通过反复的评估、反馈和调整,促进个别化教育的实现,以确保每个特殊学生都能最大限度地发展潜力,还能够反作用于课程设计和教学技术制定,从而提高教育质量。

过程性评估往往采用非正式的评估方式,需要教育者在教学实践中注意学生的行为反馈,做好信息收集和分析,并及时进行总结,形成"评估—教学—再评估"的动态循环,从而为特殊学生构建起逐步提升的教育计划,促使学生更好地应对学习中的挑战。这种实时的反馈循环不仅有助于提高学生的学业成就,还有助于培养学生的自我反思和自我管理技能,使他们能更好地克服学习障碍,实现教育目标。过程性评估在"融·和"教育模式的构建中具有重要的应用价值。

在"融·和"教育模式下,为了更好地进行过程性评估,上海市浦东新区辅读学校建立了日常评价机制。具体运行过程为:一是制定教育活动计划。学校和教师需要制定明确的教育发展目标,确保这些目标与学生的需求和特点相匹配。再基于发展目标制定教育活动计划,包括教学内容、方法、资源和时间表。根据教育计划,教育者需要有目的地进行教学活动,确保学生能够积极参与并有机会展示他们的学习成果。二是建立日常评价制度。对学校教育教学工作定期不定期地进行过程性评估,这些评估应根据学习目标进行,并及时记录。教育者应当及时向学生提供反馈,强调他们的成功和改进的机会。此外,也需要向家长提供关于学生学习进展的定期报告。三是进行目标调整。在过程性评估的基础上,学校应根据评估结果审查和修订原定的教育发展目标,包括调整目标的具体性、时间框架或学习重点。教师也需要不断改进教学方法,以优化教育教学过程。通过这个日常评价机制,学校和教师能够更好地理解学生的需求、监测他们的学习进展,以及根据需要进行调整,以确保特殊学生获得高质量的教育,发展其潜力。

(三) 总结性评估

总结性评估是在一个学期、一个教学过程或学习阶段结束后,对学生的成长情况和课程及教育计划的实施情况进行的品读。总结性评估的目的是对学生的学习成长、课程实施和教育计划的效果进行全面的审查和评估,进而帮助学生从一个学习阶段转向下一个学习阶段,或是从一种安置形式转入另一种安置形式。通过总结性评估,教育者可以回顾教育过程中的经验和挑战,评估教育计划和教学方法是否达到了预期的教育效果。总结性评估不仅用于学期末的评估,还可用于长期规划和学校的持续改进。它有助于确保教育体系不断适应学生和社会的需求,是一个关键的评估环节。

"融·和"教育模式下的低、中、高、职四个学段以总结性评估为联结点,形成了一个连续的学习进程。每一次总结性评估既是对上一学习阶段的学习成果和教育计划的总结,也是对下一学习阶段的展望和方向的确定。这种连贯性和衔接性,使得总结性评估在整个教育活动中具有重要的指导意义。

通过总结性评估,教育者能够审视学生的成长和发展,了解他们的学业、社交、情感和职业准备水平。这不仅有助于确定学生在当前学段的需求,还为下一学段的教育计划和支持策略的制定提供了基础。总结性评估的数据和反馈信息可用于精细调整教学策略、个别化支持计划,以确保每个学生都能够充分发展潜力。

四、"融·和"评估:家校"双向反馈"

家庭和学校是学生生活中最重要的两个环境,有效的家校合作可以确保学生得到一致的支持和指导。家长与学校之间的双向反馈过程在教育评估中非常关键,家长能够提供有关学生的独特需求和个性的宝贵信息,而学校教育者则具备专业知识和经验,可以提供专业的支持和教育资源。通过密切合作,家庭和学校可以共同制定个别化的教育计划,确保学生获得最佳的教育支持。

(一) 家长向学校的反馈

家长可以向学校提供关于家庭背景、学生特殊需求和兴趣爱好等信息,以帮助学校更好地了解学生的背景和个性化需求。对于一些接受过教育支持和干预的学生,家长可以分享家庭提供的支持、学习环境和资源,以确保学生在家庭和学校得到一致的支持。家长有责任向学校反馈他们在孩子教育方面的重点、问题或困难,以便学校能够及时采取行动和提供支持。在教育教学推进的过程中,家长也可以提供对学校教育计划、支持策略和教学方法的建议和期望,以促进家校合作和共同制定教育目标。

(二) 学校向家长的反馈

学校会向家长提供学生在各个学科领域的学业成绩和学习进展的反馈,包括考试成绩、作业表现、课堂参与等,并分享关于特殊学生的教育计划和支持策略。希望家长能够了解学生在学业上的表现,帮助学生更好地掌握课程内容;了解学校为学生提供的个别化支持,参与和支持教育计划的实施,以便与学校更好地协作。同时,学校也会向家长反馈学生在校内的行为和社交表现,包括纪律问题、同伴关系、参与课外活动情况等。确保家长了解学生在学校的情况,帮助学生发展积极的行为和社交技能,家长也可以协助学校解决纪律问题或促进积极的同伴关系,从而创造更有利于学生学习的环境。学校会告知家长校内有关的活动、会议、研讨会和社区资源,以便家长参与和支持学生的学习,建立家校合作关系,增强学生的教育体验。

(三) 家长配合进行相关训练

在一轮教育评估结束后,学校会在安排好学生的训练计划后,召开家长会,与家长沟通训练内容等各方面的计划安排,同时也会针对相关家庭训练进行指导。学校会尽量推荐使用家庭常见的物品作为训练设施,避免给家长增加额外的经济负担。这些训练内容无法强制家长配合,但家长的配合会促进学生的成长加速,而在师资力量紧缺的情况下,一些教育资源也会相应向更为配合的家长倾斜。

案例 3-8

小小的体验　大大的梦想
——上海市浦东新区辅读学校 2022 学年第二学期快乐活动日

教导处

一、指导思想

为了进一步帮助学生将所学转化为生活实践的技能,提升学生解决问题的意识,培养学生对社会职业的理解和体验,本学期我们辅读校区将继续实施快乐活动日,通过五个职业体验,整合各类学科,考查学生学科知识水平,考查学生运用学科知识参与社会生活的能力,考查学生在实践活动中的体验。学生可以根据自身能力状况选择参加的体验内容和数量。老师在记录评价学生活动情况的基础上,为学生下一阶段的学习提供数据支持。

二、具体安排

(一) 考试时间

2023 年 6 月 21 日 8:30—11:10。三个年段同时开始考试。

(二) 区域安排(依据年级和能力,设置不同的体验要求)

小小厨师(生活整合)

小小理货员(数学整合)

小小讲解员(语文整合)

小小美甲师(美术音乐整合)

小小消防员(运动整合)

(三) 人员安排

区　　域	涉及学科	负责老师	参　与　老　师	活动地点
小小厨师	生活	施丽凤	何婧塬、王子晔、刘思佳	烹饪室
小小理货员	数学	陈丽玹	张志千、张梦娟、姜鹏飞	海贝超市

续 表

区　　域	涉及学科	负责老师	参 与 老 师	活动地点
小小讲解员	语文	顾小红	赵瑾、陈杨漪、姚是语	录播室
小小美甲师	美术、音乐	崔　宁	周智君、顾胤熠、冯卓伟、肖学杰	咖吧
小小消防员	运动	姚　媛	朱晶璐、汪逸文、卢艳飞	北校操场

(四) 方案实施过程

(1) 提前跟学生们沟通本次考试形式。

(2) 物品准备(包括任务单、教学具等),在6月16日前落实。

(3) 各年级考试模拟在6月16日前完成,就考试细节作进一步调整。

(4) 环境布置在6月20日下班前完成。

(5) 考试结束后,所有学生回原班级休息,正副班主任看班。

(6) 活动结束后汇总视频、照片,撰写活动总结。

三、考试内容、任务要求、评分标准和考试场地

(一) 职业体验之小小厨师(烹饪室)

1. 评分标准

低年级:给面包涂果酱

任务一:给面包涂果酱[★★]

摘星准则:

(1) 能自己动手,给面包涂果酱,得一颗星。

(2) 能按照基本步骤操作,独立完成给面包涂果酱,再得一颗星。

任务二:请说一说给面包涂果酱的步骤[★★]

摘星准则:

(1) 能说一说给面包涂果酱用到的材料,得一颗星。

(2) 能简单描述给面包涂果酱的步骤,再得一颗星。

中年级:洗水果(负责:何婧塬)

任务一:洗水果[★★]

摘星准则:

(1) 能自己动手,洗大个水果(苹果、梨),得一颗星。

(2) 能按操作步骤,洗小颗水果(草莓、蓝莓、樱桃),再得一颗星。

任务二:请说一说洗水果的步骤[★★]

摘星准则:

(1) 能说一说洗水果用到的水果名称,得一颗星。

(2) 能简单描述洗水果的步骤,再得一颗星。

高年级:水果色拉(负责:王子晔)

任务一:请制作一份美味的水果色拉[★★]

摘星准则:

(1) 能动手参与切水果、给水果剥皮、搅拌等,得一颗星。

(2) 能按照基本步骤操作,独立完成"水果色拉"的制作,再得一颗星。

任务二:请说一说或写一写"水果色拉"的制作食谱[★★]

摘星准则:

(1) 能说说制作水果色拉的各种水果需要怎么处理,需要哪几步,得一颗星。

(2) 能写一写"水果色拉"的制作过程,再得一颗星。

2. 场地准备

场地安排在北校一楼烹饪室,场馆名称和考核内容事先贴好。

3. 购买物品准备

(1) 切片面包6包(10片装),果酱6瓶。

(2) 苹果、梨各10个,香蕉10根,草莓2斤、蓝莓1斤、樱桃2斤。

(3) 水果色拉酱10支。

(二) 职业体验之小小理货员(海贝超市)

最近,海贝超市又进了不少新商品,有一些已经摆在了货架上,还有一些还没来得及摆,下面就请你一起来整理,帮忙摆放货架吧!

任务一:请你根据要求,正确将商品摆放上架[★★]

摘星准则:

(1) 根据图示或口头指令,参与将商品按照不同价格(5元、10元、15元、20元区等)摆放上架的过程,得一颗星。

(2) 根据图示或口头指令,独立将商品按照不同价格(5元、10元、15元、20元区等)摆放上架,再得一颗星。

打卡要求：现场操作。

任务二：请你数一数或填一填统计表，了解商品上架情况[★★]

摘星准则：

(1) 能数出不同价格区域内商品的总数，得一颗星。

(2) 能在统计表上填写上架商品相关信息，再得一颗星。

打卡要求：语言表达、填写统计表。

（三）职业体验之水族馆小小讲解员（录播室）

请你从任务一和任务二中选择一份试题完成其中的任务。

海洋生物多姿多彩，你去过水族馆吗？你都认识哪些海洋生物？请你试着体验做一回水族馆小小讲解员，向他人介绍它们的名称和基本习性。

低年段：

任务一：海洋生物对对碰[★★]

摘星准则：

(1) 能根据海洋生物的外观形状进行阴影配对，得一颗星。

(2) 能独立完成配对，并正确说出海洋生物的名称，得两颗星。

任务二：海洋生物我知道[★★]

文字材料一：

海星生活在海里，像一个星星。

［填空］

海星生活在_____，它长得像_____。

中、高年段：

文字材料二：

鲸虽然外表像鱼，但并不是鱼，而是一类哺乳动物。它们中的大部分种类生活在海洋中，仅有少数种类生活在淡水环境中。鲸的种类很多，全世界有80多种。鲸的体长从1米到30多米不等。

［填空］

鲸不是鱼类，而是_____。它们大多数生活在_____。鲸的体型很大，最长可以达到_____米。

文字材料三：

章鱼为软体动物，生活在水下，头上有8条可收缩的腕。每条腕上都有吸盘。大部分章鱼用吸盘沿海底爬行。遇到危险时会喷出墨汁,快速逃走。

[填空]

章鱼是一种_____,它的头上长着8条腕,每根腕上都有_____。每当遇到危险,章鱼会_____。

摘星准则:

(1) 听老师朗读材料一,能够回答出填空的问题,得一颗星。

(2) 能够独立朗读材料二或三并口头完成填空,得两颗星。

(四) 职业体验之小小美甲师(咖吧)

小朋友们,你们都看到过妈妈和阿姨们的漂亮指甲吧,是不是很好奇这些漂亮的指甲是如何做出来的。今天就请你尝试做一名小小美甲师,来画出美丽的指甲吧!

任务一:请你发挥想象,为虚拟指甲绘制漂亮的颜色和图案[★★]

摘星准则:

(1) 能够自行搭配色彩,涂色均匀,得一颗星。

(2) 能够发挥创意,绘制出个性化的图案,再得一颗星。

任务二:请你跟着视频一起来灵活手指,完成一段手指操吧[★★]

摘星准则:

(1) 能够跟着视频,活动手指,具有操作意识,得一颗星。

(2) 能够全程跟着视频,完成手指操的全部动作,且准确,再得一颗星。

(五) 职业体验之小小消防员(北校操场)

向勇敢的消防员致敬!让我们穿上消防员的衣服,化身"小小消防员",克服困难去灭火、救援吧!

任务一:请你快速穿好消防员的衣服,完成任务后再脱下来[★★]

摘星准则:

(1) 能在辅助下顺利穿、脱消防员衣服,得一颗星。

(2) 能独立穿、脱消防员衣服,得两颗星。

任务二:请你通过指定路线(穿越障碍物)快速到达救援地点[★★]

摘星准则:

(1) 能通过低难度路线到达目的地,得一颗星。

(2) 能通过高难度路线到达目的地,得两颗星。

四、活动总结

此次"小小的体验 大大的梦想"快乐活动日以五个职业体验为载体,充分整合了各类学科,设计了分学段、有层次的体验内容及摘星规则。在活动过程中老师们记录与评价学生的学科知识水平、运用学科知识参与社会生活的能力以及在具体社会职业实践中的个性表现等,为下一阶段的教学工作提供依据和支持。

(一)小小消防员

小海贝们化身"小小消防员",认真地穿上了消防服、戴上了消防帽,通过单双脚跳跃、保持平衡、爬行前进等动作,按照指定路线快速到达目的地模拟灭火救援。一副副英姿酷飒的消防员装扮,一个个灵巧跨越障碍的瞬间,一张张大口喘气的特写,同学们认真参与体验、努力克服困难,不仅用快乐运动向勇敢的消防员致敬,而且在不知不觉中检验了特奥运动方面的学习收获。

(二)小小讲解员

你知道海洋生物有哪些吗?让水族馆的"小小讲解员"来为你介绍吧!我们精心准备了两种体验模式。标准模式:低年段的学生们通过轮廓配对和名称介绍,认识了多姿多彩的海洋生物;中、高年段的孩子们则通过一句或一段式的文字材料阅读,描述了海洋生物的基本习性。进阶模式:以能力区分,低年级可以挑战文字阅读类,高年级也可以体验配对模式,兼顾每一个学生的能力基点。每一个同学都过了一把讲解员的瘾!听听看,你更喜欢谁的讲解呢?

(三)小小理货员

活动前,数学组的老师们就专门进行了头脑风暴,就活动的规则、评星的细则一一落实。负责点位的四位老师还利用课余时间布置场地,大家都希望能为孩子们提供一个舒适又有代入感的环境,帮助孩子们在能力范围内体验解决问题的成功感和快乐感。

活动开始了,瞧,海贝超市的人手还真不少!分类和统计是本栏目的隐藏知识点。在数学老师们的引导下,同学们仔细认读货品的价格,将货品整齐摆放在对应的价格区内,并点数出货品的数量。更厉害的是,有的哥哥姐姐们不仅会摆货上架,还能做统计记录,开动小脑筋回答相关的数学问题,这可不是一个简单的活呢!

(四) 小小厨师

洗净双手、戴上围裙,我要大显身手!烹饪室里,海贝们在生活老师的引导下分区体验。点心区的学生们小心翼翼地给面包涂上果酱,清洗区的学生们帮忙洗大小水果,切配区的学生们负责剥皮、切块,然后挤酱、搅拌,按照步骤制作美味的水果色拉。一番辛苦劳动后,和小伙伴们坐在餐桌前,一起享用自己亲手完成的美食,好好犒劳一下自己。

(五) 小小美甲师

这次艺术快乐考试的形式有些不一样,考场变成了"美甲小铺"!美术老师们早早地就开始将琳琅满目的美甲材料展示在桌上,吸引得同学们探着一个个的小脑袋好奇地张望。不一会儿,美甲小铺的门口就排起了长长的队伍。随着8:30的"吉时"一到,美甲小铺开张啦,第一批进入的学生已经化身小小美甲师开始忙活起来了。只见美甲师们用甲油及各种五颜六色的装饰小物美化手部,有的涂上鲜艳的甲油,有的在手上贴上亮晶晶的彩珠,有的伙伴间相互美甲,还有的在老师的帮助下来了个高级定制……都说爱美是孩子的天性,不论是女生还是男生,都对这些美甲的材料产生了浓厚的兴趣,美美地装备一番后,大家都对自己的双手非常满意,忍不住逢人便展示自己的双手。接下来,大家就来到音乐表演区域,挑选自己喜欢的草裙和花环、印第安头饰等装扮全身,然后载歌载舞嗨一番。随着音乐的节奏,大家开心地边唱边跳,每个人都享受着艺术带来的快乐时光。

小小的体验,大大的梦想。"快乐活动日"给学生们提供了有趣的实践操作和职业体验的机会,让孩子们能学以致用。相信每个孩子在轻松愉快的氛围中都收获了学习的快乐、运动的快乐、劳动的快乐、集体的快乐乃至社会生活的快乐。老师们也在孩子们快乐体验的过程中,真实无干扰地看到孩子们的能力发展现状和未来需要改善的方向,这种师生配合默契的"润物细无声"式教育,正是我们一直努力追求的。

第四章

"融·和"教育模式的保障机制

特殊教育是面向具有不同程度的身体、智力、感知、语言和行为障碍学生的教育领域。为了确保特殊教育的有效实施,需要建立一套完善的保障机制。

第一节 固本培元,完善组织管理机制

组织管理是特殊教育保障的核心,它涉及特殊教育学校和机构的管理体制、制度建设和师资队伍建设。应该建立完善的特殊教育管理体制,明确各级管理机构的职责和权责,形成科学高效的管理层级。制定规范的管理制度,包括课程设置、教学标准、教师评价、学生评估等方面,确保教育质量和教育公平。优化师资队伍,加强师资培训,提高教师专业素养,为特殊学生提供优质的教育服务。

一、顶层设计——健全管理体制机制

2022年1月,中共中央办公厅印发《关于建立中小学校党组织领导的校长负责制的意见(试行)》,旨在加强党对教育工作的全面领导,保证党的教育方针和党中央决策部署在中小学校得到贯彻落实。构建党组织领导、校长负责、全体师生参与、家校社协同的全方位育人体系,是提高学校教育教学质量的根本保证。

(一) 制度建设方面

上海市浦东新区辅读学校始终坚持依法办学、依法治校,2014年制定了《浦东新区辅读学校章程》和以章程统领的系列规章制度,以制度保障工作开展,促进学校的规范管理。学校还积极审时度势,不断完善各项管理制度。2017年8月,修订增补42项管理制度,如《党支部党内民主建设制度》《党员活动日制度》等党建系列制度20项,《辅读学校教师禁止有偿家教承诺书》《心理健康教育工作条例》等22项,形成了2.0版的学校制度;2019年3月,3.0版涵盖学校管理、财务资产内控管理和党建管理三大体系的制度出台,增补了《医教结合制度》《辅读学校执行"三重一大"事项集体决策制度》《辅读学校骨干教师考核细则》《学校财务预算管理制度》等57项制度;2020年2月,《学校突发公共卫生事件应急预案》等14项公共卫生管理制度应运而生,以适应学校发展的新需要。学校被评为2016—2020年上海市依法治校示范校。

学校实施绩效奖励,以奖优罚劣、奖勤罚懒为原则,每次都以三上三下的公开交流途径,先宣读上级精神,召开校区座谈会,收集每位教职工的建议;然后制定《完善绩效工资分配办法》实施方案,再下去听取意见和反馈,完善方案;最后通过全教会解读并表决。正是这种公开而透明的操作途径,让每一次的方案表决都以近百分百的比率通过。

学校认真执行"校务公开"制度,校务公开领导小组、工作小组、监督小组健全,小组成员由校领导、中层干部、工会代表、教师代表组成。学校党政领导高度重视"三重一大"制度的贯彻落实,对重大事项的决策、重要干部任免、大额资金的使用坚持集体领导、集体决策,通过校务会议、行政会议或提交教代会讨论决策。绩效奖励、评选先进、考核评优、教师岗位设置状况、招生工作等涉及教育教学改革、学校发展及师生员工切身利益的各项重大问题,均通过校务公开栏、校园网、全教会、教代会、家委会等途径及时公开信息,使校务工作公开化、透明化、民主化,保障了广大教职工的知情权、参与权和监督权。

(二) 共建共治方面

上海市浦东新区辅读学校坚持打开校门,与社区、兄弟学校、企业实现合作办学。近年来,学校与潍坊街道、南码头街道、周家渡街道、新区周报、浦东干部学院、建设银行、拜耳、安利、迪士尼、上海市实验学校、武警机动一支队、上南公交、上海戏剧学院附属新世界实验小学等35家单位签订了共建协议,同时还长期与中福会幼儿园、新时代物业、上海海洋水族馆等45家志愿者单位保持互动;学校与向明中学、平和双语学校、上海市实验学校、外事服务学校结成特奥融合学校,定期开展多种形式的融合社会实践活动,通过活动使特殊学生获得了实际的体验,开阔了视野,也增长了社会交往技能。

学校还大力推进医教结合校本化实施。自2014年起,学校与上海市精神卫生中心建立稳定的合作关系,签订医校合作协议,邀请精卫中心医生两周一次分别进驻三校区进行医学咨询、问题行为观察,为有需求的特殊学生及其家庭提供情绪、行为干预医疗方案,结合教育教学推进康复计划;还与精卫中心合作开发实施PEERS课程,培养大龄特殊学生社会适应技能;对入学新生进行社会适应技能测评,并为其家庭做测评结果分析。学校还与新华医院合作,定期开展线上线下自闭症康复科普讲座;与浦东残联、浦东儿保所合作,开发实施自闭症康训课程,定期为自闭症学生进行儿童发育评估。学校一系列的医教结合措施,为学生的缺陷补偿、教师的专业提升、家校的共育提供了支持和保障。

二、教学相长——优化师资队伍

特殊教育学校中的教师是教育教学工作的主要执行者,具有开展特殊教育工作的基本知识和技能。经多年发展,上海市浦东新区辅读学校特殊教育教师的队伍建设已初具成效,向着年轻化、专业化的方向良性发展,但面对智能化时代的新形势、特殊学生成长发展的更高追求,仍然要加强师资培训,提高教师专业素养,不断满足新时代教育工作的高质量发展要求。

(一) 构建教师专业发展管理网络

根据《事业单位人事管理条例》,上海市浦东新区辅读学校实行全员聘用合同管理,制定了管理岗位、教师及教辅岗位的职责要求,严格按照上级核准的编制数与各级别岗位数开展岗位聘用工作。对全体教职工实施月考核、学期考核、师德考核、年度绩效考核等综合性评价,评价结果作为教职工岗位聘用、评优评先、职务晋升,及奖励性绩效工资发放的重要依据;制定了《辅读学校骨干教师聘评与考核方案》,开展两年一轮的骨干教师申报与聘期考核,考核结果作为骨干教师续聘及津贴发放的重要依据。

学校注重教师的师德修养问题,通过《教师规范实施细则》《教职员工考勤制度》《教职工年度考核条例》《教职员工绩效奖励分配方案》,进一步严格师德考核机制,实行"一票否决",将师德表现纳入教师的工作考核与奖惩中。学校每年举行市区"园丁奖"和"金爱心"教师等师德标兵评选活动,不断挖掘为人师表、诲人不倦、无私奉献的优秀事迹,充分发挥先进教师、模范教师传帮带作用。将先进教师的事迹通过学校微信公众号等平台进行传播,营造崇尚师德、学习典范的良好氛围,进一步激发和凝聚教师的正能量。

学校构建了教师专业发展管理网络。针对教师实际情况,结合学校四年发展规划,制定了《教师专业发展四年规划》,明确了教师发展目标:努力打造一支师德高尚、专业化水平高,具有创新能力的"事业型、研究型、专业型"优质特教师资队伍。基于此,每位教师制定了个人发展规划,使学校发展规划与教师个人发展规划相融,致力于成就全体教师专业发展。

(二) 搭建教师专业增能平台

围绕教师发展目标,学校建构了"外培与自培相结合、自培与自修相结合"的校本研修模式。通过勤力同心聚合力,搭建各类增能平台,实施分层协同研修,依托课程探索实践,不断赋予特教教师职业能量与专业能力,为学生"融入社会、和乐生活"而努力。

作为浦东新区教师专业发展学校,上海市浦东新区辅读学校成立了以校长为组长,校长室、党支部为核心,工会、团支部、德育室、科研室和教导处各部门为组织管理,专家导师为专业支持的"三合一"教师专业发展规划管理小组,形成了以教研组、项目组和文明组室为单位的专业发展学习型团队,保障教师研修工作有效落实(图 4-1)。

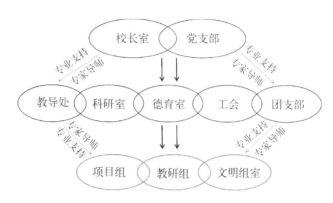

图 4-1 教师专业发展管理网络示意图

(三) 实施分层协同研修

1. 完善分层评聘机制

学校制定了《教研组长竞聘方案》《骨干教师评聘与考核方案》,将评聘与考核结果作为津贴发放的重要依据,并将评聘标准作为研修任务与成果的标杆。在目标驱动下,教师进行个人专业发展规划时会更有方向。

2. 开展青年教师规范培训

学校重视青年教师的培养,开展了五年以下青年教师导航活动,旨在让其获得应知应会的岗位胜任能力,提升教师专业品质与实践本领,成为胜任岗位工作的合格教师。通过设置"必修课程""专属课程""展示课程"三类课程,帮助青年教师认识专业价值、把准专业方向、掌握专业规范,树立专业自信。在"专属课程"中,还针对一年见习期教师,从职业感悟、教学技能、班级管理、专业发展及综合素养"4+1"五大板块开展见习基地规培。

3. 推动骨干教师引领发展

近几年,学校骨干教师人数逐年增加(表 4-1)。其中,吴云峰、施丽凤、沈湘萍等多位骨干教师先后参与教育部《培智生活数学》教材编写、上海市《辅读学校生活学本》《辅读学校艺术课程纲要》编写工作。学校还积极推荐校骨干教师参加浦东新区青年干部培训、学科带头人后备、学科骨干后备、家庭教育指导骨干、优秀教师赴美交流等职业能力提升培训,及高一层次的学历深造,这些都增强了骨干教师们的专业自信,也助推其更好地起到示范引领的作用。

表 4-1 各层级骨干教师

学年	全校教师人数（人）	合计		市名师后备		区级学科带头人、区级骨干		校级骨干		区中心组成员	
		人数（人）	占总人数比(%)	人数（人）	占总人数比(%)	人数（人）	占总人数比(%)	人数（人）	占总人数比(%)	人数（人）	占总人数比(%)
2021	117	37	31.6	3	2.6	7	6.0	22	18.8	5	4.3
2022	131	56	42.7	3	2.3	13	9.9	35	26.7	5	3.8
2023	139	56	40.3	3	2.2	13	9.4	35	25.2	5	3.5
2024	131	58	44.3	3	2.3	13	9.9	35	26.7	7	5.3

4.通过创设时机促成各层教师间的协同研修

13个教研组两周一次的主题教研活动，以提高学生有效学习为目标，立足课堂主阵地，开展协同教研。青年教师每月一次的导航活动，见习教师每周两天的基地规培，都由学校管理小组统筹，开展专家团队引领、双导师负责制、教研组浸润培养等多团队协作带教。学校每月一次的课题研究在核心团队的引领下，通过全体教师的协同实践，提炼经验，从碎片化思考形成了系统构建。教师们在协同研修中促进沟通与反思，会看到自身的不足，进行职业自省，激发专业发展新动力。

5.致力于挖掘和引进校外优质资源开展协同研修

学校先后与上海市精神卫生中心等医院开展"医教结合"项目研究；选派教师参加儿童游戏、戏剧教育、艺术治疗、音乐治疗、辅助沟通系统（AAC）等培训班，让教师掌握与时俱进的特殊儿童康复训练技能，具备更多元的专业知识，以顺应特殊教育现代化发展的需求。在与校外资源"卷入式"协同研修中，教师们在新领域面对新问题、新技术时产生新思考、新探索，也进一步激发了专业发展内驱力。

三、以研促教——专家赋能发展

教研结合是保障"融·和"教育模式良性发展的一项关键举措，可以让教师们分享实践经验、教学方法和资源,促进共同学习和知识共建。通过专家的指导和交流分享,教师们可以共同探讨如何更好地应对特殊学生的需求,不断完善教学方法,提升整体教育质量。

(一)教研项目聚焦问题解决,为教师教学赋能

教育部《培智学校义务教育课程标准(2016年版)》发布后,学校每学期都会组织教师们研读,解读课程理念重点,研究课程内容,开展主题教学研讨,推进新教材的有效落实。学校邀请了华师大特教系教授、市区级特教教研员,以专题培训、教学联动研讨等形式,深入全校各个教研组,对教师的学科教学目标与内容、教学实施与评价等设计进行研判,着眼于解决教师教学中的共性问题,以增强对国家课标的理解与贯彻实践能力,丰富教师的学科系统知识,提高特殊教育教学技能。教研组跟进教师实施课程的过程,从实际问题中提炼研究主题,通过检核评估、课堂教学、学科活动、学生评价等环节回收数据,论证研究主题。各教研组确立组本化公约,保障教研活动的有序有效开展。每学年学校组织对教研组进行综合评审,评审标准参照区优秀教研组创建的相关要求。

(二)课题项目聚焦学生发展,为教师育人赋能

学校每年组织"基于精准学情分析下的课堂教学"春华杯、秋实杯教师教学比武,教师活用支架式教学,研究学生、研究课标、研究教法、研究资源。比武成果在全校公开展示,所有教师共享经验、共同提高。例如,学校市级课题"积极行为支持理念下智力障碍学生'一日常规'课程的建设",对标《上海市辅读学校九年义务教育课程方案》,聚焦特殊学生核心素养的培育与评价。在课题推进过程中,学校发动全体教师开展实践,共同孕育教育智慧,提升对特殊学生全方位育人的意识。

第二节 息息相通,构建校际沟通机制

班德拉提出的社会认知理论强调观察学习、模仿和社会交往在学习和行为塑造中的重要性;维果茨基提出的社会建构主义理论强调社会环境和

社会互动在个体认知和知识建构中的重要作用。这两种理论都强调社会交往、学习经验共享和知识建构的重要性。构建特殊教育校际沟通机制可以促进不同学校之间的交流合作,为特殊学生创造更丰富的学习环境,提供更多的资源和支持,有助于提升他们的学习成效和社会融入能力。

一、学校与家庭:家校共育

近几年,上海市浦东新区辅读学校积极构建家校共育机制,争取家庭力量参与、支持学校的全员育人工作。学校充分挖掘家长资源,组成"家长讲师团",家长们的专业背景、兴趣爱好、生活方式不尽相同,"家长课堂"内容丰富多彩。家长群体自发组建了"家长志愿者联盟",担任社团课程、每月一期社会实践课程的助教教师,担任学校各类活动的志愿者。组建"家长护校队",开展"家长沙龙"活动等,建立家校教育共同体,共同促进特殊学生的健康发展。通过各种类型的活动,变化最大的是孩子,感受最深的是家长,也进一步激发了家长参与孩子教育的主体自觉。

(一)健全组织机制

学校成立了由校长牵头,德育副校长具体负责,德育主任、教导主任、大队辅导员、教研主任、教师代表、家长代表参加的家庭教育领导小组,负责学校家庭教育的指导和领导工作。设有家长委员会,家长委员会是沟通学校教育和家庭教育的桥梁、纽带,及时反映家长的要求及建议,学校定期研究落实家长建议,并及时反馈。

家长委员会能让家长充分参与学校管理,有效体现家长对学校教育教学工作的知情权、评议权、参与权和监督权。学校每三年举行家长委员会换届改选工作,家委会成员采用家长个人自荐、班主任推荐和民主选举的方式产生。在家委会成立的基础上,学校还选举产生了一支家委会中心组,在他们领衔下设家校沟通部、志愿服务部、活动组织部、对外交流部,各部门有自己的职责,独立运作服务于学校的家庭教育工作。多年来,家委会各职能部牵头完成"家长护校""家长陪餐""家长巡视""家长义工""校服遴选""操场检测"等任务,发挥了家委会家校联合、合力筑校的主人翁精神,共助学生健康成长。

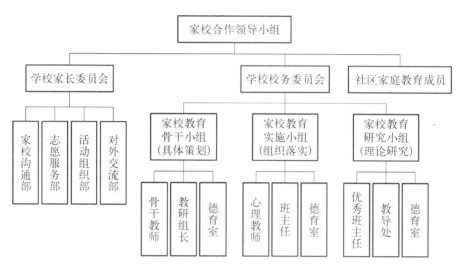

图 4-2 家庭教育组织架构图与职能分工

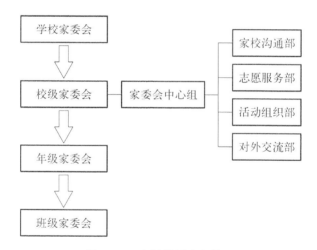

图 4-3 家长委员会架构图

(二) 完善规章制度

健全的规章制度是做好家庭教育工作的依据,完善管理制度是做好家教指导的有力保证。为了让家庭教育工作可持续发展,学校将这部分内容纳入新五年规划的重点工作中。为加强对家庭教育工作的管理,学校建立完善了各项必要的规章制度,使家庭教育的整体工作能顺利地开展。如《家庭教育工作制度》《家长委员会章程》《教师家访制》《家长学校授课制度》《家长学校学员听课制度》《家长开放日制度》《校长接待日制度》《家长值日制》《优秀家长评比表彰制度》等。在家庭教育工作的管理中,学校把制度管理的"刚性"和人文管理的"柔性"有机融合,使各项工作做到有计划、有目的地进行,减少了随意性和盲目性。

(三) 提供资源支持

鉴于学校一直以来对家庭教育工作的重视,校领导对此项工作在人、财、物上尽全力支持。家长学校的讲义、讲课人员的劳务费、专项课题研究费、硬件设施的投入等都得到了极大的保障。为了提高家庭教育质量,学校精心组织了一支稳定的具有一定专业知识和教学水平的专职教师队伍对家长进行培训,并做到活动有场地、上课有教师、学习有教材、管理有方法。

1. 活动有场地

学校把忠华校区二楼大礼堂作为家长学校的活动基地,并悬挂了"家长学校"的校牌。家长学校可容纳100名家长同时上课,里面装备了电脑、LED屏、音响等现代化教学设施设备,连通了宽带网络,既可进行集体教学,也可从网络上下载学习内容,供家长们观看专家讲课视频。

2. 上课有教师

第一,专家"把脉"。学校充分挖掘、动用社会力量,协助和支持家庭教育工作。一方面聘请专家对广大家长进行专题培训,邀请上海市家庭教育研究会首席专家杨雄为家长们细致讲解"推进《家庭教育促进法》实施须厘清'四对关系'";邀请上海市精神卫生中心儿童青少年精神科主任杜亚松教授就"自闭症儿童的心理调控"等热点问题为家长答疑释惑;邀请"融合融乐"基金会的理事长李俊锋老师开设"就业转衔"系列家长课程,携手家长助力学生成才就业;邀请国家二级心理咨询师丁琴老师向全体家长做主题为"有效沟通 打开彼此心门的钥匙"专题报告。每学期不少于四次的专家讲座,使广大家长学到了许多实际的家教经验和技能。另一方面邀请专家指导学校家委会开展家校联动工作,专家走进学校的同时,家庭教育也走向社会,内外结合,相互促进,对学校家庭教育水平的提高和社会安定的加强发挥了积极作用。

第二，教师"支招"。只有家校保持教育目标的一致性，才能获得教育的最大有效性。学校以校骨干班主任为基础组建了家长学校教师讲师团。前期通过问卷调查、梳理分析家长们的实际问题后，邀请了讲师们线上线下同步"开讲"，一起打造家教课程菜单。"提升儿童言语能力的方法""在游戏中发展自闭症儿童的社交技能""生涯规划，从学校到就业，您准备好了吗？"……老师们围绕不同年龄段孩子家长的教育困惑，说现状、教方法，大大减轻了家长们在育儿中产生的焦虑情绪，线上的课程"视频"打破了家长们学习时间和空间上的限制，家长们还可以通过"家校搭桥梁　育儿出新招"专题邮箱反馈建议，真正做到了个性化学习的私人定制，赢得了家长们的喜爱和好评。家长学校的系列讲座使家长们掌握了教育孩子的有效方法，提高了家校合作的有效性，也促进了孩子的健康成长和全面发展。

第三，家长"互助"。家长群体是特殊孩子的重要教育者之一，他们的育儿能力直接关系孩子的成长。学校发现有相当一部分家长在教育特殊孩子的过程中已积累了一定的经验，因此将他们组成家长宣讲团，发挥家长助力教育的正能量。"梦想在心　励志在行""命运的力量""牵手""特奥运动让孩子重获新生"等精彩讲座脱颖而出，"讲师"们有的以朴实而感人的小故事，有的以孩子成功的案例，有的畅想孩子的未来蓝图，帮助家长们树立起教育好自己子女的坚定信念，在校园中形成了科学健康的育儿氛围。

3. 学习有教材

由于学生的特殊性，部分家长不太了解特殊孩子身心发展的规律，会出现对孩子期望过高或过低的现象，缺乏科学的家庭教育理念和方法。因此学校的老师们从日常工作中搜集一个个真实的案例作为家庭教育的教材。有"血肉"的教材内容不仅能唤醒家长的教育主体自觉，更有较强的学习实效性。

4. 管理有方法

为了激发家长参与培训的热情，学校精心打造课程内容，让学习形式不是单一的说教式，而是创设许多体验活动能让家长融入其中，提高他们在学习中的获得感。学校会提前将培训内容、培训讲师告知家长，让家长能根据需求有选择地参加家长学校的学习。学校还将家长学校的学习参与率作为评选优秀家长的重要指标之一。这些措施确保了家长学员的参与率达到 90% 以上。

二、学校与学校：资源共享

学校之间建立资源共享机制有助于共同应对特殊教育领域的新形势与新挑战。通过分享知识、经验和资源，学校可以提高特殊学生的教育质量，推动特殊教育领域的发展。如今，学校与学校之间可以实现研究成果、教育数据、辅助技术、教师成长等方面的资源共享。

（一）研究成果共享

中国特殊教育领域已经积累了大量的研究成果和实践经验，包括研究报告、教育项目成果、教材开发经验等。通过学校之间的研究成果共享，可以避免重复努力，有助于学校更好地了解如何改进特殊教育服务，更有效地利用资源，推动特殊教育的研究与发展。特别是在制定个别化支持计划和教材开发方面，共享研究成果有助于提高特殊教育的质量和效果。例如，不同学校可以分享成功的课程设计模式，从而提高教育水平，还可以合作开发特殊教育课程，共同设计和改进教材，以满足学生的特殊需求。

近年，上海市浦东新区辅读学校与向明中学、平和双语学校、上海市实验学校、外事服务学校合作开发特奥融合课程，协同开展特奥融合训练、比赛和各种活动，培养了特奥运动员的社会适应能力，促进他们养成良好的行为习惯，提升他们的交往能力和情感体验。

（二）教育数据共享

在中国，特殊教育学校和教育机构通常面临来自各种不同背景的学生，他们的需求和挑战各不相同。通过共享教育数据，学校可以更好地了解学生的学业进展，及时调整教学计划，提供更精准的支持，这对于应对不断变化的特殊教育需求尤为重要。同时，共享教育数据也有助于监测特殊教育领域的趋势和问题，为政策制定提供有力支持。此外，学校可以建立在线平台，用于共享特殊教育教材、课程资源和教育工具，包括教育软件、教学视频、电子书等。这些在线资源共享使学校能够访问丰富的教育资料，提高教学质量。

（三）辅助技术共享

随着科技的发展,辅助技术在特殊教育中的应用变得越来越重要。学校之间可以共享各种辅助技术资源,确保特殊学生能够获得最新的工具和支持,以提高他们的学习和生活质量。中国特殊教育领域需要更多的辅助技术创新,共享资源可以加速这一进程,并使这些技术更广泛地服务于需要的人群。学校可以共享语音识别软件、屏幕阅读器、电子学习工具等技术,帮助特殊学生更好地克服学习障碍。

（四）教师成长共享

学校之间还可以共享教育培训资源,包括专业发展课程、研讨会、工作坊和在线培训材料,分享特殊教育课程、教材和教学资源,包括教案、教学大纲、教学材料和多媒体资源等,还可以联合开展跨校研究项目、教育创新项目和实验项目。这些资源共享机制有助于特殊教育教师不断提高自己的专业水平,分享教育创新和最佳实践,共同应对特殊教育领域的挑战,提高特殊学生的教育质量。

上海市浦东新区辅读学校自2016年起主动承担浦东新区随班就读教师的培训工作,开设的"特殊教育概论"与"特殊儿童行为干预技术"两门课程均被评为新区教师培训精品课程。四年间共培训随班就读教师320人次,涉及区内80多所幼儿园和中小学。接待来自内蒙古、甘肃、浙江、江苏等国内多所特教兄弟学校的教师培训学习,带教华师大特教系62名实习专硕生,有效发挥学校作为教师专业发展学校的辐射作用。

三、学校与社区：和谐共生

在"融·和"教育模式中,特殊教育学校与社区之间的和谐共生与融合发展是推进"融"与走向"和"的必由之路。在学校与社区的互动关系中,"融"是学校融入社区的过程,更多的是学校通过主动沟通向社区获取资源,以帮助特殊学生走出校园。"和"是学校和社区两个主体在推进特殊学生成长与发展的共同目标指引下,共生发展、友好互助的状态。"和"也是"融·和"教育理念下学校与社区关系的终极追求。只有学校与社区和谐共建机制良性运转,才能最终达到学生与社区共和谐、学校与社区共和谐、社会共和谐。

(一)以共同的育人目标为动力

滕尼斯提出的社会学上著名的"共同体"概念,强调社区内成员之间的紧密互动、互惠互助和共同价值观的存在,这也印证了特殊教育学校与社区之间的和谐共生关系。

特殊教育学校与社区追求着共同的育人目标,即培养和发展特殊学生的潜力,使他们在社会中获得成功并成为有益的社会成员。从特殊教育学校的角度来说,传统的"班级授课制"已经不能完全满足学生多元化的需求,需要更加全面的教育支持服务体系。从社区发展角度来说,无论在哪个社区,"人"总是核心,只有关注"人"的进步才能够达到社会的真正进步。特殊学生也是社区中的成员,特殊学生的发展是社区发展的一部分。

社区成员可以积极参与学校活动,提供支持、志愿服务和资源,这体现了共同体的互助和合作精神。同时,特殊教育学校的存在也让社区中的单位、机构、组织等对本区域内的残疾儿童的现状以及发展趋势有更深的了解,有助于社区更好地理解和接纳特殊学生,减少歧视和偏见,提高社区的包容性。

(二)以互补的物质资源为形式

从学校角度而言,首先,学校依赖社区资源提高教育质量。特殊教育学校通常面临有限的资源,需要社区中的人力、物力资源为教学、课程、培育学生等提供资源性条件。社区课程的开展、融合活动的举办也需要社区提供志愿者、专业支持、教育设施等资源,以提高教育质量和多样性。其次,特殊学生需要"走出去"的机会。特殊学生通常需要更多的社交和生活技能,这需要他们有机会融入社区生活。但目前我国的特殊教育发展还不均衡、相关特殊教育支持体系还不够完善,特殊学生想走进社区还是存在一定困难的。社区中的各种资源能够为学生提供一定的支持保障,能为学生走出校园提供物力、财力、人力等条件。再次,学校的整体发展离不开社区、家庭等的共同合作。在"融·和"教育模式下,学校不是孤立于社区中的办学主体,而是教育体系中的一环。学校可以积极与学生的家庭合作,获得家庭支持和资源,帮助家长更好地理解和支持他们的孩子,社区组织也可以促进家庭之间的交流和互助,建立家长支持网络。

从社区角度来看,首先,社区具有承担社会责任、促进公益事业发展的责任。每个普通公民都应当担负保护弱势群体、为残障儿童的成长提供力所能及的支持与帮助的义务。对特殊教育学校和学生的支持不仅有益于特殊学生的全面发展,还能增强社区的凝聚力与社会的稳定性。其次,社区作为人生成长的重要环境之一,良好的社区氛围对个体的健康发展起着至关重要的作用,这体现着社区的教育功能。社区资源不仅可以用于支持特殊教育学校,还可以为终身教育、融合教育等多种教育需求提供支持。这种多功能性的资源利用有助于促进社区的协调发展。

(三)上海市浦东新区辅读学校与社区共建共生的实践

1. 学校向社区开放

校内专用教室、运动场所等设施有计划地向社会开放,提高学校资源的社会共享率。学校鼓励家长、同龄伙伴、高校学生、社会志愿者等参与到教育活动中来,"海贝课堂""手拉手社会实践活动""特奥运动社团""海贝艺术团""普特融合学校""海康贝融合家庭"等一项项融合活动有序开展。

2. 学校充分利用社区资源

例如,开美甲店的家长开展"健康指甲"活动,让学生们了解如何保持指甲的健康卫生,养成生活好习惯;潍坊警署的警官开展"安全斑马线"活动,让学生们知道了遵守交通规则,珍爱生命;白龙港污水厂的志愿者开展"污水处理小实验"活动,让学生们知道了要爱护水资源,节约用水……学生在与他人的互动中学习良好的文明礼仪、恰当的行为表现、正确的情绪表达,提高了社会适应能力。

3. 学生走进社区

学校经常组织学生深入共建单位、街道社区,为共建单位职工、师生、街道社区独居老人等带去慰问品及精彩的文艺表演。学校还积极参与社区文明同创共建和学习型社会建设工作,与街道密切配合,共同参与社区治理,整治校园周边环境,维护校园周边良好秩序。

> **案例 4-1**

"'艺'路前行向未来——2023年上海市浦东新区辅读学校&民办惠立艺术融合活动"是上海市浦东新区辅读学校与民办惠立学校合作开展的CCA课程。活动目的:以融合活动为抓手,合作开展艺术融合课堂活动,通过"走进惠立、请进辅读"的双向交流形式,探索融合新形式,提升两校融合深度,努力让每一个特殊孩子享受优质的活动体验。活动形式:一是走进惠立,即走进惠立艺术课堂,由惠立外教老师执教,与惠立伙伴结对,小组合作完成绘画作品;二是教研交流,即两校艺术教研组教师互访,深度了解两校艺术特色;三是请进辅读,即惠立的师生走进辅读的艺术课堂,体验烫画、扎染、热缩片等艺术。以下为活动总结。

从学校到社区,打造课后幸福圈

顾胤熠

在"双减"背景下,市教委出台升级课后服务多项举措,强化学校教育主阵地作用,促进学生全面发展、健康成长。学校立足学校文化、学生培养目标,将"五育融合"课程理念与课后服务衔接,聚焦"融合"开展丰富多彩的课后服务,将校内课程进行拓展、延伸。

本学期,每周二下午与惠立学校合作开展的CCA课程,就是打通校内外课后活动资源,初探"融合·共创"新模式,创新服务新认识与新体验。我们敞开校门,带着学生走出去,体验多元课程,打造学生课后幸福圈。

一、初次体验,融合因剧结缘

学校与惠立的融合源于一次"奇妙的糖果屋"之旅,这也是辅读学校的学生第一次走进惠立学校。在第一次的活动中,孩子们欣赏了惠立学校的音乐剧,深受感动。音乐剧中,大家看到惠立学校的弟弟妹妹们用悠扬的歌声、优美的舞姿把糖果屋的故事演绎出来,我们的孩子不禁纷纷为精彩的表演鼓掌、喝彩。活动结束后,一个孩子写了这样一篇日志,其中有这样一句话:"难忘的融合活动带给我们的是浓浓的暖意。我们非常期待下一次与惠立的小伙伴们的再次相聚。"从孩子们简单的语言中,我们也感受到这样的一次活动不仅仅是观看了一场表演,而且是两校孩子之间互相接纳、互相欣赏的一个良好开端,更是融合课程的萌芽。

正是因为这个契机,学校与惠立学校在 2020 年时互结为"融合学校",并设立了惠立 CCA 课程。CCA 课程全称是 Co-Curriclar Activists,也就是国际学校课外辅助课程。CCA 课程采取"做中学"的体验学习方式。通过观摩、实践、讨论的过程学习跨文化知识。而学校与惠立学校的融合 CCA 课程在这基础上建立融合关系,针对两校孩子特点来设置特色的课程。

二、多维保障,打造开放空间

在初探融合的过程中,我们也遇到了很多的困难。孩子们是否能适应到外校上课?能不能和外教进行良好的沟通?是不是能理解课程内容?这些问号都存在在我们心中。但是两校孩子们的热情、领导们的支持、家长们的配合,都给了我们十足的信心。确定家长志愿者的轮班、确定课程时间、协商课程内容以及两校的人员安排等等,很快就达成共识。于是 CCA 课程应运而生,本学期,CCA 课后服务课程共计开展了 10 次,1 名外教老师、1 名特教老师、8 名家长志愿者、8 名辅读的孩子、8 名惠立融合伙伴,共同在"融课堂"中合作完成作品,这不仅是两校课程的融合,也是两校师长和孩子们的融合。

翘 首 以 盼

每周二的下午,是孩子们参加惠立 CCA 课程的时间。早晨,刚踏进教室的逸隽还没放下书包,就急匆匆跑来跟我说:"顾老师,今天下午我们要去惠立学校,要跟阿布老师学画画对吗?"不仅是她,其他孩子也是逢人便提。特殊孩子的想法很简单,喜欢的事情就会一直放在嘴边。CCA 课程让孩子们对每周二充满了期待。

这样的融合形式是一次大胆的尝试。大家的心里除了期待,更多的是忐忑。不相识的伙伴、陌生的教室,还有说着外语的主教老师,这对特殊孩子们来说是不小的挑战。特别是自闭症孩子,他们较为刻板,社会交往能力弱,对于不熟悉的环境会紧张,难以适应。但让人意外的是,语言和环境并没有阻碍彼此的艺术交流,那些原本在我们心中的问号,变成了一个个的感叹号!有了惠立伙伴们的随身翻译,加上外教阿布老师丰富的肢体动作,一个眼神、一个手势就能跟孩子们建立起沟通的桥梁。久而久之,他们彼此之间有了专属的表达方式,招手就是围在一起听阿布老师讲解,竖起大拇指就是 understand 等。

三、巧设课程,携手并肩创作

CCA 课程在设计上兼顾了两校孩子们截然不同的身心特点,是传统美术课和特教美术的融合。在上课的形式上,同学们和老师围坐在一个大桌子边,一下子就拉近了大家的距离;同时课程实行一对一结队模式,每个特殊孩子都有 1—2 个惠立的哥哥姐姐精心照料,帮助解释课程内容,完成一些对他们来说有困难的工作。在课程的内容设置上,选择了更能激发孩子们兴趣,让孩子们感受美术魅力的内容。孩子们先是观看老师的演示:一堆像是废弃的物品到了阿布老师的手里再加工,就变成了生动有趣的作品。随后和惠立的哥哥姐姐们一起利用材料模仿并创作属于自己的作品,有泡沫塑料和纸板做的高楼大厦,有用黏土做的街景,有用不同颜色乐高拼贴的大树,等等。在观看→模仿→创作的模式下,身边常见的综合材料变成了一件件艺术品,孩子们看得开心、玩得尽兴,感受到美育的"力量"。

十次课程,让惠立与辅读缩短了距离,充满了爱的气息。两校的孩子们共同合作、互帮互助完成了一件件手工艺作品。在这个过程中,我能感受到孩子们在一起时的天真和善意,特殊孩子们也在这个环境中被理解、包容与接纳。

小辰转型记

小辰是学校二年级的一名学生,也是此次活动中年纪最小的一个,平时调皮任性,每次参加活动都需要外公陪同,为此,他的班主任还曾很担心小辰在活动中的表现。第一次进入陌生教室的时候,他表现得紧张、不适应。在绘画时,小辰有时会有些完美主义,画面上有一点不满意便让他变得急躁。惠立学校的两个大哥哥大姐姐很耐心地帮助他修改画面,帮他拿想要的材料。多次活动下来,惠立学校的两个学生像是默契般地约定好了似的,每回活动都一左一右出现在小辰身边。让我特别感动的是,渐渐地小辰有了转变,他离开座位的次数少了,也不常发出吵闹的声音了。现在有意思的是,去惠立学校变成了他的"奖励品",其他老师总会拿他打趣:"学校里表现好,才能去惠立学校哦。"相信对孩子们来说,每周二的活动已经渐渐变成了生活当中一件很重要的事情。

除了小辰,其他孩子也是一样。凯凯是一名自闭症孩子,他热爱画画,是一个单纯、友善的孩子,然而刻板的行为和语言导致他在表述的时候总是词不达意。但我们也很庆幸,凯凯能碰到惠立学校这一群温暖的融合伙伴,他们表示理解并不厌其烦地为凯凯一遍又一遍地解释。两个完全不同的群体,可能在语言上无法流畅地交流,但在艺术的活动中获得了共鸣,他们用另一种形式去相互交流、相互欣赏。

四、悄然转变,绽放无限光彩

前不久,在惠立学校五周年的画展中,有一个特别的展区叫"我们的微型城市"。而令人惊喜和感动的是,这个展区的工艺设计作品正是惠立伙伴和学校孩子们一点一滴设计出来的。本学期的最后一次课后服务融合时间,我带着孩子们一同去参观了这场艺术展。当他们发现自己的作品时,天翊大声地说,"那条小狗是我放上去的",希希也踮着脚指着一座高楼,然后点点自己,对妈妈说那是她画的……他们的脸上洋溢着满满的自豪感。陪同的家长志愿者也不禁感叹:"原来他们的艺术创作不是只能在教室里的展示墙上,而是可以在艺术展上被更多人赞赏。"

十次的课程,孩子们的变化是巨大的。他们从一开始胆怯的眼神、无处摆放的双手,到后来自信从容地和阿布老师打招呼,与融合伙伴交流创作灵感。CCA课程带领特殊孩子们走出固化的学习场所,走进不一样的课堂,并以艺术共创这个充满魅力的过程,增进学生们之间的了解,感受并尊重各自内心的声音,最终绽放出属于他们的艺术光彩。

学校的办学理念是期望所有的特殊孩子将来能融入社会、和乐生活,因此"融合"也是两校合作的关键词。大家一直都在努力,努力为这群孩子创造更好的平台,努力寻找多元的发展机会,开设更多有意思的课后服务课程。带着孩子、家长、学校的共同期盼,未来还在继续,我们从未停下脚步。

四、学校与企业:友好共赢

特殊教育学校与企业之间的友好共赢关系能够在多个方面产生积极影

响,不仅可以为特殊学生提供更多的学习和发展机会,还有助于企业履行社会责任,塑造积极形象,并提升社会的多元性和包容性。企业与学校的友好共赢机制也有多种实施路径,包括资源支持、合作创新,以及提供职业培训和实习岗位等。

(一) 资源支持

企业积极参与特殊教育学校的教育实践可以展示企业的社会责任感,有助于塑造良好的社会形象,对于企业的可持续发展和品牌建设具有积极作用,有利于吸引更多的人才和合作伙伴。在具体实施中,企业可以开展社会责任项目,支持特殊教育学校的教育事业,包括捐赠教育资源、设备,为学校提供培训课程、教授学生使用特定工具和软件,或者支持特殊学生参与社会活动。目前,共有十多家融合单位走进上海市浦东新区辅读学校开展"海贝课堂",志愿者分年级分主题讲授趣味知识,内容涵盖环保知识、特奥融合、手工制作、乐器演奏、科学实验等等。

(二) 提供职业培训和实习岗位

特殊教育学校可以与企业合作,为学生提供实习和就业机会,这种实际工作经验对于特殊学生的职业准备至关重要。企业提供实际工作环境,让特殊学生在真实场景中积累经验,培养职场技能,有助于特殊学生更好地融入社会,提高他们的就业竞争力。企业还可以派遣员工或专业顾问到学校,提供有关职业规划、面试技巧、职场行为等方面的指导和支持。企业员工与特殊学生互动,也可以增进社会对不同能力和需求的特殊学生的理解,减少社会歧视和偏见,有利于创造更加包容的社会环境。

(三) 合作创新

特殊教育学校和企业可以共同开展研究项目,探讨特殊学生在特定领域的能力和潜力,为特殊教育领域提供更多的实践经验和理论支持。这不仅有助于特殊教育学校提高教育质量,也可以促进教育创新,推动特殊学生的综合发展。

案例 4-2

赛莱默特奥足球与水活动

德育室

为推动融合教育,帮助特殊孩子体验运动的快乐,在实践活动中学习保护水资源,2023年3月30日,学校特举办赛莱默特奥足球与水活动启动仪式。本次活动到场的特奥支持者们分别来自国际特殊奥林匹克组织、赛莱默公司、英超曼城俱乐部所属的城市足球集团,以及学校融合伙伴上海浦东外事服务学校。出席本次活动的嘉宾有:赛莱默中国区及北亚区总裁吕淑萍女士、城市足球集团中国区首席执行官斯科特·穆恩、曼城传奇球星保罗·迪科夫、特奥东亚区市场及发展部总监叶嘉倩女士、上海市浦东新区辅读学校校长王英女士。

一、项目回顾

2021年,英超曼城俱乐部所属城市足球集团的城民关怀项目"足球与水"项目第一次落户上海,并取名为"热爱足球珍惜水"。它创新地将足球和水结合在一起,在教授孩子们足球技能的同时,传递保护水资源、节约用水、清洁用水等理念,让足球变得更环保,让用水变得更有趣。在上海市浦东新区辅读学校的忠华、上南和陆家嘴校区陆续开展的两年以来,在学校融合学校浦东外事服务学校的青年领袖的带领下,同学们体验到了足球的快乐,学习到了和水有关的环保知识。合作伙伴赛莱默的志愿者们也会时常来学校和孩子们一起踢球,尤其在疫情期间,他们还组织了相关讲座帮助孩子们学习如何保护水资源,如何用水消毒清洁,如何正确合理地饮用水。

二、启动仪式

开幕式上,学校王英校长在讲话中回顾了"热爱足球珍惜水"项目开展以来的成果,并向大家介绍了上海市浦东新区辅读学校的特奥运动历程。希望今后这个项目能越办越好,从学校走出去影响到更多人,让全社会都参与到特奥融合运动中。

赛莱默中国区及北亚区总裁吕淑萍女士也发表了讲话,她介绍了赛莱默公司的相关情况以及保护水资源的重要性,并对"热爱足球珍惜水"项目提出了美好愿景,祝愿孩子们在活动中都能有所收获。

城市足球集团中国区首席执行官斯科特·穆恩先生也为本次启动仪式

鼓舞喝彩,他将足球运动的精神传递给我们在场的每个人。相信所有同学们都能在本次活动中展现自我,挥舞活力,让体育精神充满上海市浦东新区辅读学校的校园!

最后,特奥东亚区市场及发展部总监叶嘉倩女士对学校本次启动仪式表达了美好祝福,她为我们讲解了特奥文化的内涵,希望同学们通过体育得到进步和发展,并表达了对特奥活动蓬勃开展的期待。

为了表彰自2021年"热爱足球珍惜水"项目开展以来参与单位和青年领袖的杰出表现和贡献,斯科特·穆恩先生和叶嘉倩女士为参与项目的赛莱默代表、上海市浦东新区辅读学校代表、浦东外事服务学校代表、青年领袖代表颁发了纪念奖杯。正是由于各位杰出的青年领袖和志愿者们的大力支持,特奥融合足球"热爱足球珍惜水"项目才能顺利开展。

为了纪念这重要的时刻,三方代表们纷纷上台互赠纪念品。

为了激励同学们,本次启动仪式上,英超曼城俱乐部还带来了他们在上赛季取得的冠军奖杯,在场的同学们和志愿者们都与奖杯有了一次亲密接触,一张张合影见证了本场活动的火热氛围。

三、足球融合活动

在曼城传奇球星保罗·迪科夫先生开球后,足球节正式启动!本次活动中共有两场足球活动,分别是足球融合游戏和足球比赛。让我们来看看同学们和志愿者伙伴的精彩瞬间!

穿越"菌"区游戏由足球队同学与赛莱默、曼城的志愿者伙伴一对一成为一组搭档,面对面进行传接球,每组之间间隔约2米。其余同学和志愿者们以跑步形式穿越这片区域,其间需要通过跑跳避开足球,非常考验观察力和平衡能力。

挑战"洗手"游戏由同学们和志愿者伙伴们围成一圈,踢出足球并相互传递,圈内所有成员都传递过足球则算完成一轮。

护送"球宝宝"回家游戏同样由同学们和志愿者伙伴们手拉手围成一圈,相互间传递足球并行进移动,将足球以互相传递不滚出圆圈的方式移动到另一端则完成游戏。

足球游戏结束后迎来了期待已久的足球比赛,分为融合体验赛和小比赛。让我们来看看大家在足球场上的飒爽英姿!

四、艺术融合活动

球场上热火朝天的比赛进行的同时,融空间里却洋溢着静谧温馨的艺术氛围。在这里,同学和老师们正在志愿者伙伴的陪同下共同完成一幅幅创意十足的绘画作品。在指导老师和志愿者的指导下,每位同学都拿上画笔,通过色彩搭配、图形设计,将自己的构想以画作的形式记录下来,通过艺术创作来体现自己"热爱足球珍惜水"的理想。

看,他们的作品真是让人眼前一亮!

在这个春意盎然的三月,此项活动在大家的欢声笑语和满满收获中落下帷幕。孩子们在足球运动中收获健康和快乐,在实践中珍惜水资源,学习环保知识。本次活动通过足球与水的"有机结合",特殊孩子与社会大众之间的融合互动,让我们探索到了更多发展可能。希望"足球与水"项目在今后获得长足发展,帮助我们共同推进创建一个包容接纳的融合新时代!

五、学校与医院:医教共通

人本主义理论强调尊重个体的尊严、情感需求和自我发展,倡导以个体为中心的关怀和支持,并把医学、心理学作为特殊教育的前提。特殊学生往往有各种不同的健康需求,包括身体健康、心理健康等。通过特殊教育学校与医院的合作,一方面可以帮助特殊学生早日发现并应对健康问题,如认知障碍、行为问题等,及早干预有助于避免问题进一步恶化,提高学生的学习和生活适应能力;另一方面,可以确保学生得到全面的关怀,促进他们的身体和心理健康发展,根据学生的具体情况制定合适的健康计划,从而更好地满足他们的成长和发展需求。

从合作形式而言,医院可以定期对特殊学生进行健康筛查和评估,为各类课程实施提供支持和辅助,包括常规的医疗治疗、药物管理等,发现潜在的健康问题,并提供专业的医疗建议。

特殊教育学校可以与医院合作开设康复治疗课程和健康教育课程,帮助特殊学生进行物理治疗、语言治疗等,提升他们的身体功能和自理能力,教授关于饮食、运动、心理健康等方面的知识,增强特殊学生群体的健康意识,也能够为学生的家庭提供健康支持和指导,帮助他们更好地照顾特殊学生的健康需求。

第三节　空间赋能,打造"融·和"育人环境

布朗芬伯格的生态系统理论强调个体与环境之间的互动关系,即一个人的发展和行为受到多个系统的影响,包括微观的家庭和学校环境、宏观的社会和文化环境。对于一般的学校而言,"环境"可能只是资源、学习或工作的辅助,但对特殊教育学校而言,环境直接作用于特殊学生的学习、工作、生活,是其学习、工作、生活的前提条件。一个充满理解、关爱和资源的环境,可以为特殊学生提供积极的学习经验,有助于满足学生的需求,增强他们的自尊和自信,促进他们的发展。

因此,要把"环境"作为教材而不是仅仅作为"学习环境"或单纯的资源。这样不仅能提高特殊学生的学习效果,而且能起到很好的康复作用。基于此,可以将环境教材界定如下:环境教材是与教科书、教学参考资料、音像资料、学习指导等文本教材相对而又与其融合为一体的教材,是实现教学内容的环境性教学材料和课程内容载体;或者——环境教材是与文本教材融为一体的环境性课程因素。这一定义体现了环境在特殊教育中具有教材的固有因素和属性,教材从本质上来说有环境和文本二维。脱离了环境的文本教材不仅效果差,而且可能从根本上失去效能,因为特殊教育的目的是让特殊学生更好地工作、生活,工作、生活就是一种情境、一种社会环境,失去现实情境的特殊教育是没有意义的。

这里的环境可以分类为感官环境、情感环境、活动环境三类。

一、感官环境——以校园环境为载体

蒙台梭利教育思想强调儿童的自主性、个性化发展和在适宜环境中的自我探索。蒙台梭利教育思想中的"感官训练"是指通过特定的教具和活动,培养儿童的感官感知能力和细致观察能力。蒙台梭利认为,儿童在早期的感官发展阶段特别敏感,通过对感官的训练,可以帮助儿童建立准确的感

知、观察和分辨能力,从而为后续的学习和认知奠定基础。校园是学生学习活动发生的主要场域,是校园内用于支持学生学习的环境载体。特殊学生由于肢体或精神上不同程度的损伤,对于学习空间的支持更是有着高需求。以学习者为中心,学校育人空间的建构也必须与学校课程教学目标"同向而行"。面对特殊学生的特殊需求,学校要在有限的校园空间内利用好教学空间环境去搭建"生活化"平台,帮助特殊学生实现从家庭到学校再到社会的过渡,助力学生多元化学习与实践。

（一）创设班级学习空间,打造温馨教室

传统授课型教室对于特殊学生来说,已经不能完全满足需求。对于如何在现有的学习环境中进行空间优化,上海市浦东新区辅读学校提倡打造"温馨教室",使教室兼具教育性和支持性。

1. 教育性——促进适应环境的能力

为了使特殊学生更快地融入学习环境,班级环创的教育性显得尤为重要。要想发挥环境育人的作用,必须针对学生的个性特点来创设、扬长补短。环境创设在丰富和美化教室环境之余,更重要的是与教育教学目标相关联,凸显班级环境创设的教育功能。如教室空间环境区划(图4-4)、学习区座位设计(图4-5)等,都是为了促进学生更快适应学校环境。

图4-4 教室空间环境区划示例

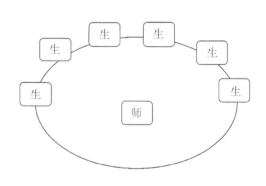

图4-5 学习区座位设计示例(半圆式)

2. 支持性——提升认知环境的能力

对于特殊学生来说，由于认知能力与行为能力受限，教室空间需要辅以支持性的场域设计，班级环境创设应尽可能兼顾学生差异，关注个别需求，如可引入多元化的视觉提示策略(图4-6)。当学生的认知处于具体物阶段时，可以利用具体物进行结构化的环境创设。当学生认知处于图片阶段时，可以通过图片进行视觉提示。当学生认知处于抽象阶段时，可以利用文字、符号进行班级环境创设。

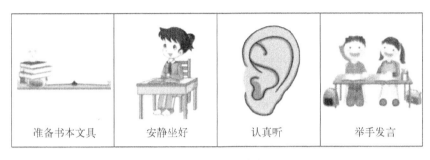

图4-6 个别化的课堂行规图示

3. 职业性——提高适应社会的能力

顶岗实习是学校安排在校学生实习的一种方式，顶岗实习是使学生完全履行其实习岗位的所有职责，独当一面，具有很大的挑战性。如德国的"双元制"、英国的"三明治"(学习—实践—学习)、新加坡的"教学工厂"等，通过顶岗实习，使学生在真实的工作环境下，促进其由"学生"向"员工"身份的转变。

2014年，上海市浦东新区辅读学校尝试以"校内食堂"为第一个顶岗实习空间，进行了"食堂清洁工"顶岗实习活动。目前校内有10余处实习空间，流动着20多个实习岗位(表4-2)。学生在校时间长达8小时，校园就是个"小社区"，20多个岗位分布在校园的角角落落(图4-7)。

表4-2 校内实习岗位安排

时 间	实 习 岗 位
7:30	海贝演奏家、值勤队员、理货派送员
9:00	升旗仪式主持人、护旗手、体育器材管理员

续　表

时　间	实　习　岗　位
11:10	食堂清洁工
12:00	广播主持人、图书管理员、农场养护工、心理室咨询值班员、超市收银员、银行职员、保安
13:00	校园保洁员
机动	卫生检查员、校内活动幕后工作员、摄影师

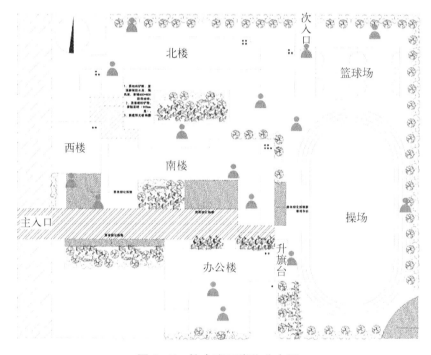

图 4-7　校内实习岗位分布图

每学期开学,学校发布顶岗实习的岗位,一周后择优录取,发布各岗位名单,开展岗位就职仪式。就职后,要求学生穿好工作服,挂牌上岗。每一个岗位都设有标准,学生按照标准完成任务,一般会经历"理论—实践—修正"的过程。这不单单是技能的考核,更促进了学生的耐挫力和人际交往能力。

每一个岗位意味着一份责任,每一次顶岗意味着一份担当,从校园迈向社会,学生们要学的不仅仅是理论知识,更需要实战的"学习—感受—体验—反思",为步入企业实习奠定基础。

(二) 丰富专用学习空间,注重功能融合

从支持讲授式为主的标准化场所,逐步发展到实施多类型课程、支持学生个性化学习的多功能学习空间。特殊教育学校的生活适应课程与劳动技能课程为特殊学生打开了一条通向社会的路,两门课程对教学空间环境具有一定要求,是"9+4""融·和"课程背景下实施特殊教育学校劳动教育课程的重要空间,通过建构"居家生活""校园实训""职业体验"三大场域中的劳动教育空间,编织指向生活型劳动、服务型劳动、家庭型劳动、公益型劳动和生产型劳动五种类型兼具的劳动教育网,提供"五育融合"的劳动教育生态圈,为学生提供尝试、经历、实践、解决问题的空间,创新复合型空间支持多样化学习,使学生进行生活化、多元化的自主劳动实践成为可能。

1. 过渡:家庭到学校

对于生活自理能力稍弱的特殊学生而言,从家庭步入学校需要漫长的适应过程,在这个过程中其生活自理能力也需得到应有的提升。据此,学校可为此阶段的学生提供具备居家环境的家政室,一方面通过情境教学对学生开展更具象化的课程内容,帮助学生在真实情境中学习知识、习得生活技能;另一方面家政室在心理环境层面能使特殊学生重温生活,让师生双方在宽松、融洽的氛围中开展教学,实现事半功倍的效果。例如,低年级劳动技能课中"整理、打扫房间"的课程内容要求,其教学环境就可利用学校的家政室,让学生在家政室中练习扫地、铺床等技能。真实情境下的练习能够更好地与学生的家庭生活产生联系,有益于学生从他们的生活实际出发,将所学知识与生活融会贯通以便适应生活。

2. 发展:技能与潜能

在特殊学生成长的道路上,反复多次地练习是习得技能的要点之一。学校重视实践,开展各种形式的实践和体验活动。以体验和实践为主要手段是劳动技能教育的主要特点,特殊学生通过在实践活动中不断产生新经验、新认识、新观念,不断提高适应自然、适应社会的能力,形成积极的人生态度,促进个性成长与全面发展。实训教室则为中年级学生知识与技能的

巩固练习提供了便捷的教学空间环境。实训教室是利用生活用品及相关教学用具开展生活劳动知识和实践教学的重要场所,是提升学生劳动素养及实践技能水平的主要教学场所。在实训教室,学生可通过感知、使用教学用具,充分学习相应的知识。如在"洗涤物品"一课中,学生分层进行清洗、晾晒、折叠薄厚适中的衣物的任务学习与实操,能力较弱的学生可为其提供折叠板等辅助工具。在配有用水系统和丰富教学用具的实训教室,师生不必为教学设备及资源问题烦恼,便能够把注意力集中于实践操作,多次巩固已学习的生活技能点。

宽敞的实训教室为日常教学提供了较大的空间,至少可容纳一个年级的师生进入。这在一定程度上有利于增强学生之间的沟通与交流,互相分享、互相帮助,在加强技能训练的同时学会生活;于教师而言,可根据学生情况开展协同教学,挖掘学生潜能,补偿缺陷。

3. 衔接:社会与未来

英国教育学家斯宾塞认为教育是为未来完满的生活做准备,这种生活本位论的教育目的价值取向将学生所受的教育与未来生活相连接。特殊教育学校的教育即是一种终身教育,有益于特殊学生的未来生活。学校的烹饪室为锻炼学生的家务劳动能力提供了必要的教学环境,也给予了学生走出课堂、走进社会、走入生活的机会。在学校后勤工作完备的当下,学生难以在校园中体验到真实的劳动。因此,特设的烹饪室使得学生能够有充足的机会开展真实的厨房劳动,掌握家务劳动技能,同时为未来应对职业需求做好铺垫。例如,在九年级"职业体验"单元中的体验服务员的工作要求,教学背景就是烹饪室,学生在真实情境下尝试体验制作餐点、清洗餐具、收拾桌面等劳动技能。烹饪室将学生的劳动技能生活化、生态化,不单是为未来职业需求做准备,更是让学生通过技能的习得懂得成为一个自给自足的人。

在职业教育中,专业教室学习空间的配备,同样为专业课程的开展奠定学习的基础。如中餐烹饪设有中烹专用教室和中面专用教室,平面设计设有计算机专用教室。这些专用教室以体验和实践为手段,以劳动自理能力和社会实践能力为内容,让学生学会劳动、学会学习、学会交往、学会生存。

多年来,上海市浦东新区辅读学校通过优化学习空间,将原来的单一用途空间转换成具有交流、学习、展示等功能的复合型空间,支持单元主题化、项目化、信息化、伙伴合作式等学习方式,促进学生合作交流、实践体验和问题解决等能力的培养。多元丰富的学习空间不仅支持多样化学习方式的开展,而且有助于激发特殊教育育人方式的迭代与创新。

案例 4-3

学四史　看浦东　立志向
——2020 学年第一学期上海市浦东新区辅读
学校学"四史"主题教育活动暨校园疗愈花园开园仪式总结

德育室

2020 年是浦东开发开放 30 周年。三十而立,浦东取得的成就也是中国改革开放的缩影。学校坐落于浦东,自 1953 年建校至今,校舍校貌、硬件设施也随着时代的发展而改变。今年,我们的校园绿地得以重新规划改造,为学生全力打造了一个既充满童趣又能互动体验的疗愈花园。

都说青少年阶段是扣好人生第一粒扣子的关键期,在全国上下开展"四史"学习教育的大环境下,学校于 11 月 30 日开展了主题为"学四史　看浦东　立志向"的学"四史"教育活动。正值校园疗愈花园开园之际,借优美的校园环境,以游园的形式,引导学生通过展板和视频影像开展探究学习活动,了解浦东的地标、人文,感受浦东开发开放的伟大成果。让大家在为身在浦东、学在浦东而感到自豪的同时,接近大自然、放松心情,与伙伴们休闲互动,促进师生们的身心健康发展。

一、疗愈花园揭幕

受近年新兴园艺疗法的启发,学校绿地以"五感花园"和"探索花园"为设计理念,结合动植物、视听触觉、趣味休憩空间等生态化景观,以刺激和吸引孩子们在校园的情境中获得身体和心理的双重福利。

为了庆祝校园疗愈花园的开园,上午 9 点,在志愿者的带领下,高年级师生们给和学校同龄的大树穿上了美丽的"花花衣"。结合"旧物利用"的生活智慧,志愿者们用巧手将毛线编织成了各色各样的网面图案,获得了师生们的交口称赞。在认真听取了志愿者讲解"抱抱树"的制作过程后,孩子们像呵护自己的"宝贝"一样将它们围在了树的身上,小心翼翼地协助志愿者完成了"抱抱树"的仪式,一个个露出了会心的笑容。

作为揭幕"热址",全校的师生们轮流踩点,在"抱抱树"前细细观赏并拍照,留下了珍贵纪念。疗愈花园成为我们校园的一个组成部分,见证着我们快乐成长的足迹。

二、学"四史"观展

为了让同学们更近距离地感受浦东开发30周年的巨大成果,我们预先通过学科渗透在课堂上进行了感性教学。今天我们的校园则变成了"临时"展区,大家以班级为单位,有序地参观每一处展板,认识和了解浦东的地标性建筑及人文特色。在观展的过程中,孩子们讲文明、守规则,带着问题去探究学习,认真完成手中的任务单,将爱浦东、爱祖国刻在心间。

除了观展,在学校的录播室和小剧场还分别滚动播放着《浦东开发开放30周年宣传片》和《勇立潮头——庆祝浦东开发开放30周年文艺晚会》,以供大家分流观赏学习。同时,实地模拟"剧场"情境,让孩子们又有了一次关于社会礼仪和规范秩序的社会实践的机会。

三、休闲互动体验

长久以来,学校始终秉持着开放办学的理念。为了追随与时俱进的现代化教学模式,今天我们一起走进校园疗愈花园,让师生们走出教室、突破传统课堂,一起沐浴冬日里的暖阳,感受来自大自然的气息和灵性。通过接触一草一木、一花一果,学生们慢下来伸展、运动、休憩,与同伴嬉戏、与老师交流,在互动自由中获得知识、技能和情感的连接。

来到户外,每个孩子都像是放飞的"天使",在班主任老师们的带领下,整齐划一但又别具个性。多变的全家福、独特的视角、创意的姿势和造型,镜头下的每一帧都值得定格。高低植物的芳香刺激、小涌泉旁的清凉感受、听觉互动装置前的美妙韵律、感知小径中的不同触感、林下庭园的放松心境……这里的每一处都藏着多姿多彩的秘密,等待着我们一一解锁。

11月的最后一天,上海市浦东新区辅读学校的师生们在一片温馨和欢笑中度过。在首次开放的神秘疗愈花园里,我们一同亲近自然体会身心灵的舒适,一同"游览"浦东热门地标,一同感怀改革开放带来的幸福生活。此次活动不仅让我们"看见"了园艺疗法对特殊儿童的促进作用,更让爱浦东、爱上海、爱祖国的种子在孩子们的心中茁壮成长。

案例4-4

空间有界，功能无边

朱晶璐

这片小小屋檐下有一方小小天地，纵使门外大雨滂沱，或是烈日高照，在这里，总有孩子们尽情玩耍的笑声；体育课、社团课、运动队训练、特奥融合活动……在这里，总有汗水做努力的见证；开学典礼、国庆朗诵、社会实践、少先队代表竞选……在这里，总有你想不到的精彩纷呈。这里，就是浦东新区辅读学校上南校区的室内体育馆。

一、"小空间"承载大数据

体育场地和体育器材是增进学生健康的物质的基础硬件设施，是提高体育教学质量的保证，是加强素质教育的保障。浦东新区辅读学校上南校区的占地并不大，室内体育馆也不过数十米见方，但是每天6节运动与保健课、1节体操晨练，每周4节运动社团课、2次软式曲棍球训练，在这小小的空间里轮番进行，从未停止，一学期下来可以满足超过7 000人次的运动场地需求。这惊人数据的背后是学校费尽心思的安排，巧妙错开上课班级，始终将体育馆的上课人数控制在合适的范围，才能实现这么多课程的有序进行。

二、"小细节"绽放大光芒

为了保证体育馆能承受住如此大的运动负荷，也为了让学生安全运动、享受运动，2022年的暑假，学校不惜斥巨资重新改造体育馆。陈年褪色的木地板重新焕发出光泽，映着屋顶灯光格外明亮；墙边加垫的一圈软包低调不显眼，却在默默诉说着安全感；墙上张贴着的标语口号，"我参与、我运动、我健康、我快乐""勇敢尝试，争取胜利"，润物无声地向孩子们传递着运动精神。新添置的崭新鞍马为体操队的训练又增一份助力，丰富的器材期待着帮孩子们开发更多的运动潜能。希望这一处处细节的改变能为更多孩子点燃对运动的热爱。

三、"小场馆"承办大活动

学校一年四季为师生设计了多彩多样的校园活动，而体育馆的宽敞空间正满足了场地布置的无限可能。从开学典礼的齐聚一堂，到儿童节的百花齐放,从少代会的庄严神圣,到社会实践的熙来攘往。哪怕是学期结束后的寒暑假里,学校体育馆也依然向孩子们敞开大门,软式曲棍球、羽毛球、特奥篮球、特奥足球……各种融合活动及特奥训练都在这里开展,让更多的人了解这群特殊的孩子,也为上海市浦东新区辅读学校的学生走向社会铺设一条道路。

四、"小天地"孕育大荣耀

特奥运动一直以来都是浦东新区辅读学校大力发展和支持的特色项目。体操队的运动员们为了备战柏林特奥会,集训的四个月每天在体育馆里撑双杠、骑鞍马、吊肋木架……手上的老茧磨破了又长,拉韧带时传出撕心裂肺的叫声(总怕被人误会体育馆里在虐待学生)。软式曲棍球队的运动员们每周三、周四固定的内部训练,每周五还有与上海实验学校、平和双语学校的融合训练,体育馆地板上处处洒落的汗水折射着他们追逐冰球、追逐梦想的身影。而这群特殊的孩子,哪怕再苦再累,也从来没有让大家失望。

浦东新区辅读学校体操队在2023年德国柏林夏季特殊奥林匹克运动会上夺得8金、5银、9铜,载誉而归;校软式曲棍球队多次在各项比赛中夺得小组冠军。体育馆孕育了他们的梦想与希望,他们也成就了体育馆的荣耀。

浦东新区辅读学校上南校区这座特色体育馆的建设基于学校多年来在特奥项目上的历史积淀,以及未来与社会融合的发展目标,蕴含着对学校发展的历时性与共时性考量。多年来的活动经历也逐渐形成了辅读学校独具特色的校风、教风和学风,践行着"为每个学生提供最适切的教育,让每个学生都得到更优的发展"的教育理念,让孩子们在这片可以强身健体的花园内快乐地成长。

二、情感环境——营造爱的教学氛围

情感环境指特殊教育学校的教职工要接纳、尊重特殊学生,营造利于学生成长和发展的校园氛围,建立平等的师生关系,发挥情感、态度、价值观、品德等对特殊学生的教育作用。

爱是根本的方法、途径,当爱成为天然、充满人性、充满教学行为的时候,会自然生出高效的教学策略。"爱"是"元"策略。从教学层面来说,"爱"

更是生成具体情感策略的源头活水。但是,有爱的情怀还要会爱,古今中外,"虽曰爱之其实害之"的例子不胜枚举。在教学中,到目前为止,情感策略的建构虽说已广受重视,但基于生理学、心理学、教育学的研究很不深入,对于特殊教育来说,还要基于医学康复学。相比于认知策略,情感策略对于特殊教育更为重要。

(一) 学习组织的建构——共性与个性兼顾

学习的组织实际上是一种"社会"组织,组织形式是情感建构的一个重要策略。

学习的整体单位基本上是班级。就具体教学来说,人文素养、学科素养目标是必须达成的,这是整体的。所谓共性,首先指教学目标的统一。某一教学内容的教学策略有共性,同年级大致相同学力的教学策略有共性,因此共性其次指班级的整体教学策略。但是,班级间、班级内因为老师的风格、学生的认知水平、学生的智障等级不同,学习速度、方式等存在差异,学生的性格也存在巨大差异,教学策略就要适应这种个性的不同。不同班级的组织、班级内部的组织要适应这种不同。特别是班级内部组织——学习小组、个别特殊组织——更为重要,建立了合理的组织,融洽的学习氛围就成功了一半,组织的内聚力、同伴间积极的学习情感(兴趣、意志、合作友善等)就很容易形成。

为配合不同的学习组织,相应的物理环境就要变换,比如座位的安排。

这里要说明一点,因为上海市浦东新区辅读学校有工坊教育、职业教育,因此大量使用道尔顿教学组织形式,各个教室即是作业室,作业室、工坊本身成为教室。以工序、工种、工时、工制等形成的组织,更要坚持"和而不同"。

(二) 学习交流的建构——关系与机制细化

学习交流的关系与机制可以从地位平等、机会均等、过程相等三方面细化,细化出的方法、途径就是具体的策略。

1. 地位平等

不论何种组织的交流,交流各方地位是平等的,师生的地位也是平等的。地位平等意味着人格平等、尊严平等、价值平等,包括心理位势也是平等的。交流组织内的各方应是互相信任、互相欣赏的,是乐意听取并尊重彼此的看法的,是有共同的价值观和认识水平的,这样在互相纠正、评价、争论时就没有偏见,在争执时不会起教学问题以外的矛盾冲突。

2. 机会均等

对交流问题的条件、前情知识把握一致,发言的时间分配及发言间隔合理,合作学习组织内角色自愿、任务合适、责任明确、成果分享。

3. 过程相等

在准备、启动、交流、迁移、总结的各阶段,人人参与,问题解决的过程即体验、感悟、提炼、总结的学习经历都是充分的,在人文目标和学科素养目标上基本一致。过程相等还要有一些排除相互干扰的方法,比如互相提醒交流不要偏题、注意力不要转移等。

(三)教师教学行为的建构

教师的教学行为在情感环境建构策略方面是多样的、多层次的,这是一个开放的系统。下面从上海市浦东新区辅读学校教学实践的角度讨论几种策略。

1. 有效表扬

表扬是重要的教学行为,是重要的情感策略。正像上面所说的地位平等、机会均等、过程相等一样,表扬也要针对具体的行为或结果,越细化越有效。学校根据《教学理论:课堂教学的原理、策略与研究》(华东师范大学出版社 1999 年版)相关内容,结合教学实践,对有效表扬、无效表扬做了如表 4-3 所示梳理。国外对表扬行为有深入的研究,许多东西可以借鉴。比如表扬、奖品等有"积极"的刺激,但常常也会不知不觉中对儿童之间的关系产生负面影响。一方面,奖赏也可能会羞辱孩子,与初衷相违;另一方面,得奖多的孩子可能会逐渐被嫉妒,得奖少的孩子会自认为或被他人认为是坏孩子,又可能产生嫉妒心。

表 4-3 有效表扬和无效表扬

	有 效 表 扬		无 效 表 扬
1	以具体情况给予表扬	1	很少、很多或无规则地表扬
2	表扬学生的特定方面	2	表扬学生一般化的积极反应
3	表扬依据成就的不同而有变化	3	不注重学生表现,表扬缺少变化

续　表

有　效　表　扬		无　效　表　扬	
4	只表扬特定行为表现标准(包括努力)的达成	4	只奖励参与,不考虑行为结果
5	告诉学生他们的能力和他们的成就的价值与意义	5	不告诉学生任何信息或只告诉他们在班级内的位置
6	引导学生正确评价自己与学习活动有关的行为,多考虑如何解决问题	6	引导学生与别人比较,更多地考虑竞争
7	让学生自己原有的成绩成为他现在成绩的背景描述,明确其自身进步的地方	7	以学生同伴的成绩为背景描述他现在的成绩;与同伴间的短长比较
8	学生遇到困难而付出努力则给予表扬	8	只看结果不看努力或过程给予表扬
9	把成功归因于努力和能力,暗示其将来取得类似成功	9	把成功归因于运气和外部因素,不对美好的将来给予暗示
10	学生运用工具、方法、途径合适则给予鼓励	10	只鼓励陈述性知识,不鼓励程序性知识
11	把注意力集中于自己的学习并能坚持则予以表扬	11	把注意力归于学生的外部因素
12	鼓励教学过程之后与学习任务有关的行为	12	对课堂外的学习行为不予关注

2. 积极暗示

皮格马利翁效应(罗森塔尔效应、期待效应):人们基于对某种情境的知觉而形成的期望或预言,会使该情境产生适应这一期望或预言的效应。表4-3中的"9"其实是一种"暗示"。积极暗示策略并不只是着眼于短时的教学效果,而是着眼于长久的乃至终身的教育效果。"积极暗示"的"积极"有两种含义:与消极相对,正面的向上的;多方面的,多频次的。像表扬一样,积极暗示一定要讲究策略,否则可能对学生造成巨大的心理伤害。应当注意:积极暗示一定是在某种具体情境中自然而然的,不能故作神秘,也不能让学生感到是老师的有意为之;积极暗示一定是符合学生发展的条件的,应该建立在科学的医教结合的评估之上;积极暗示的渠道方式是多变的,可以是口头的表达,可以是书面的批语,可以是通过学生的转达,也可以通过榜样。

3. 语言影响

教学语言的清晰自不待言,在语速、语调、节奏等方面都要恰当。一是陈述。对教学目标、内容、问题、任务的陈述,对学习方法的陈述,对学生学习状况、过程的陈述,语速、语调、节奏都应不同。二是问答。发问、探问、提问、追问等等,语调特别重要,要引起学生的积极情感。及时回答及回答的声音、语调都要切合学生的感受和情绪。对待学生的不当发问、多次发问,老师回答的语调和用词更应注意。比如用"我讲清楚了吗?""我这次讲清楚了吗?"的表达,而不用"你听清楚了吗?""这次你听清楚了没有?"的表达。三是感叹。感叹要配上合适的语气词,当然也要配上合适的语调。

4. 动作影响

这里的"动作"包含"表情"。老师进出教室或进出学习组织的动作,老师巡视监控的动作,老师解决问题的教学动作,是肢体语言,是师生互动、情感交流的媒介。一是手部动作。手的动作不要太多,只竖拇指,不竖其他指;多鼓掌,少敲桌。二是脚部动作。与学习者保持合理的距离和接触的频次,注意教室的空间、交流的区域而行走。三是面部动作。喜视、凝视、环视、惊视、对视都出于爱心,出于对学习状况的把控。对于特殊学生来说,"出格"的事是经常的,即使在课堂上。老师可以在教学与交往中,与学生达成一些默契的动作来制止"出格"的事情。比如用特殊的声音声调制止正在看着窗外的学生,用微笑摇头配合手部动作制止正在脱离座位的学生。

(四)学校教学行为的建构

学校的会议、升旗仪式、课间操、运动会、各种比赛,学校的校园文化建设、奖励项目及机制,等等,都是情感策略构建的重要部分。

三、活动环境——教学与活动相统一

"教育即生活""教育即生长""教育即经验的改造""教材心理化"是杜威的重要命题。而这些命题的中心是"活动",是学生本身的与实际生活紧密相关的活动。活动要与生活紧密相关,那么真实的生活情境、真实的经验的情境是关键。

杜威论及的"活动",既有教材属性,也有教学方式方法的属性,而强调活动的教材属性则是从特殊教育的特殊性出发的。对于特殊学生来说,活动不只是"兴趣"的问题,更是医教的直接内容、载体。由活动而感官训练,各感官协调、心手协调并培养注意力;由活动实现做中学,获得未来工作、生活的能力;由活动实现情感熏陶、培养秩序感,获得交际交往的心理素质和能力。活动是未来实际工作、生活情境的预设,活动本身就是未来工作、生活的教科书。教室内、校内和校外有各种活动,各种活动往往是成系列的。

案例 4-5

陈曦:让活动为孩子注满成长的能量

上海市浦东新区辅读学校积极倡导"在活动中学习",通过活动培养学生的集体意识,增强班级凝聚力,促进学生的全面发展,越来越多的学生在活动中学会了礼仪,学会了合作,学会了与人交往,学会了自我管理。下面是学校的陈曦老师分享的有关活动的设计理念。

一、让学生成为活动的主角

上海市浦东新区辅读学校每月都会定期开展社会实践活动,每个年级段的主题不同,老师会根据主题制定具体的活动内容和目标。高年级的实践主题是回归生活,我们希望通过社会实践活动来检验孩子们课堂学习的掌握情况,助力学生学习家庭生活技能。比如购物主题活动,以往的方案制定我们通常就是布置任务,然后带领学生一起到超市去购买相应的物品。活动过程中,孩子们很开心,他们得到了想要的实物,但在活动中他们过多依赖老师和志愿者,只是在被人询问想要什么的时候表达一下意愿,学生的主体性在整个活动的过程中并不明显。

吸取以往活动的经验,根据高年级学生的实际需求,陈曦老师对社会实践的内容进行梳理,目标进行细化,整个学期的社会实践就围绕一个主题来开展系列活动。仍以超市购物为例,可以将活动主题拆分为三个环节进行操作。首先,确定购物的主题是生活中的调味品,了解调味品有哪些种类和作用。第一个月的主题就是煮挂面,通过煮面时给面条加调味料的过程让学生感受到一碗美味的面条是需要用调味品的,明白调味品的作用,再让学生通过调查表了解自己家庭日常生活中经常使用的调味品名称及商标。第二个月的实践主题是询价,带孩子们到超市,在调味品货架上去找到相应的商品,了解它们的价格并记录下来。第三个月就是家长根据上月的商品清单布置任务单,选出家中需要的调味品让学生购买。因为有了前一次活动的铺垫,大家很快地找到调味品区域,找到了所需要的调味品并且购买回来,很好地完成了家长的嘱托,兴奋之情溢于言表。很多学生都是第一次帮家里买调味品,心里满满的都是成就感和随之而来的对家庭的责任感。

这样的活动有因有果、前后联系,把学生的不同能力真正整合起来解决问题,他们的综合能力得到了提升,也让家长们认识到他们的孩子通过学习也可以很聪明很能干,只是需要家长的鼓励与肯定以及试错的机会。

二、让活动变得创新有趣

社会实践活动是学校每个班级的常规活动,如何让常规的普通的活动变得不普通,需要每位设计者去动脑筋花心思。在浦东开发开放 27 周年之际,学校开展了"耀我浦东 爱我家乡"的主题实践活动,学校层面设计了很多项目,有浦东民谣、浦东小吃、浦东建筑等。

陈曦老师所教的年级设计并承担了"浦东名人"这一项目的研究。从古至今,浦东爱国志士、文人大家、商界精英辈出,有着非常深厚的人文底蕴。但张闻天、宋庆龄、黄炎培、傅雷、杨斯盛等,这些活在书本上的名人对特殊学生而言太遥远,他们即使坐在课堂内听老师生动地讲述也还是觉得无趣,最好的方式就是让孩子们走出校园,用最直观有效的方式去认识和了解这些名人的丰功伟绩。因此,陈曦老师挖掘、整合有关资源,并通过学校的途径联系到了浦东中学校史陈列馆,带领学生走进浦东中学,让同学们从浦东中学操场上褪色的名人塑像和校史陈列馆里发黄的老照片、老视频中认识和了解曾经为浦东发展做出过贡献的老一辈的革命家、教育家、科学家。同学们还走进军营,近距离聆听荣获"全国十大忠诚卫士"称号的尹欣欣指导员讲述训练和执行任务的故事,参观官兵们的营房,观看训练表演,让同学们感受到了尹欣欣指导员领导的特勤队员们扎实的基本功、严明的作风,以及平时多流汗、战时少流血的含义。这次亲历军营教育活动,对特殊学生形成良好的生活、纪律作风,养成良好的卫生习惯等有非常大的帮助。

除了生活主题的活动,还有一些平时学生接触不到的有教育价值的主题。但是因为学生的相关经验比较少,如何让这类比较空洞乏味的活动变得丰满有趣,除了需要去动脑筋花心思设计外,很多时候需要借助一些资源来让学生置身于特定的环境中去体验理解。

三、让活动成为每个人的幸福回忆

很多活动重在强调学生能力的提升,活动结束后学生就慢慢淡忘了,但有的活动能让学生产生幸福的体验,甚至为学生的人生埋下温暖的种子。例如,学校的毕业典礼中有一个感恩的主题活动,参考以往的活动内容基本就是给老师送一张卡片或者冲泡奶茶,或者为老师做一件事。而陈曦老师希望能给孩子们留下一种不一样的感受。学生们在一个有爱的环境中度过了九年美好的生活,他们爱这所学校,也爱老师,也希望能把爱延续下去,能将这份爱回馈给教育过他们的老师们,让老师们也能感受到这份情谊。因此,陈曦老师设计了为老师们准备下午茶的创意活动。

活动准备期间,陈曦老师尽可能地挖掘家长的资源,取得支持和协助。为了突出孩子们在活动中的主体性,还安排学生自主设计邀请函赠送给全校老师。在食材的准备制作过程中,老师和家长只是注重过程性的引导,协助学生一步步自主完成。这是一个非常辛苦繁忙的过程,孩子们面对着香喷喷的鸡翅、薯条、蛋挞,强咽口水,忍住偷吃的欲望,将食物装盘摆上餐桌,是很不容易的。可以说,是他们对老师的爱和对工作的责任心让他们坚持下来。下午茶开始后,他们为老师端上美食,为老师贴心服务,换来老师们一声声赞叹、一句句表扬时,其中的幸福是用语言难以表达的。

父母之爱子,则为之计深远。作为老师不光要有对学生的爱,还要为学生的将来考虑,要教会他们生活的本领、与人交往的能力以及成长过程中所需的各种品质,让每一次活动都能在孩子的成长过程中留下高光时刻。

案例 4-6

欢声笑语辞旧岁　满怀憧憬迎新年
——浦东新区辅读学校 2021 庆元旦、迎新春游园活动方案

德育室

一、活动背景

"新年"在世界各国虽有不同的日期、历法、风俗、习惯,但是跨入新年总

是一个轮转的开始。不论男女老少,不论在哪一个国度,到了新年,人们总是无限欢喜。为了让辅读学校的同学们过一个欢乐而有意义的元旦佳节,学校拟于2020年12月底,举办主题为"欢声笑语辞旧岁 满怀憧憬迎新年"庆元旦、迎新春游园活动,以此丰富学生们的校园文化生活,营造文明健康向上的校园氛围。

二、活动目标

通过开展多姿多彩的活动,让学生们认识新年、了解新年,感受浓厚的节日气氛,让学生们在一起共同分享节日的快乐;通过互动游戏、才艺表演、趣味运动等形式,为学生们搭建展示自我的舞台,使学生们能够在活动中体验到努力就会有成功的快乐;邀请校领导、老师,以及学生家长一起参与到迎新活动当中,让学生们感受到浦东新区辅读学校大家庭的温暖,加深学生与老师、家长之间的情谊。

三、活动简况

2020年12月31日9时至14时,活动以"欢声笑语辞旧岁 满怀憧憬迎新年"为主题,由上海市浦东新区辅读学校主办、上海市游源教育科技有限公司承办,浦东新区辅读学校三个校区全体学生约450人共同参与。

四、具体方案

第一站:德	"爱的传递站"——孝亲敬老,传承家风
活动目标	1. 让学生懂得感恩,能够理解爱、表达爱; 2. 鼓励学生积极参加活动,亲手制作一份爱心礼物; 3. 培养对长辈的尊敬之情,弘扬孝亲敬老的优良传统。
活动内容	视频录制:学生自己拍摄祝福视频,手拿口号KT板,可以说新年愿望,也可以说一些对爸爸妈妈感恩的话。
第二站:智	"智绘拼图"——动手拼绘美丽家园图景
活动目标	1. 加深学生对祖国、上海、校园的视觉印象; 2. 以拼图的形式,寓意每个学生都是国、家、校的成员,加强学生的自我认同,以及绘制国、家、校美好蓝图的参与感; 3. 以拼图的方式益智娱乐。

续 表

第二站：智	"智绘拼图"——动手拼绘美丽家园图景
活动内容	模块拼接：天安门、外滩、东方明珠塔、辅读学校等。将被拆分的拼图板块拼接在一起，绘制国、家、校的美好蓝图（低年级建议四块拼图）。
第三站：体	"体育运动"——阳光体育，健康体魄
活动目标	1. 发扬体育精神，促进学生身体素质的提高； 2. 培养学生勇敢、机智、团结友爱的优良品质。
活动内容	软式曲棍球（学校提供场地和装备，体育老师协助）。
项目二	阳光体育，健康体魄 （可结合学校现有的体育器材）
活动目标	1. 提高队员组织、沟通、协作能力，增进团队开心氛围； 2. 培养学生处理事情的良好心理素质及抗压能力； 3. 培养队员集体荣誉感，为团队勇于奉献的精神。
活动内容	射箭，套圈，投篮，足球射门（结合校区情况）。
第四站：美	"牛气之旅"——传承手绘，共建美育
活动目标	1. 简单了解生肖的来历，介绍牛年的寓意； 2. 介绍牛的象征意义：勤劳朴实； 3. 亲手制作牛的石膏生肖相。
活动内容	学生们拿着陶制的生肖牛像，自己动手绘制属于自己的彩色新年"牛"，象征牛气冲天，同时也教育孩子们要做勤恳朴实的人。
第五站：劳	"一块米糕的旅行"——动手劳作，珍惜粮食
活动目标	1. 引导学生对"粮食"这一概念进行认识与理解； 2. 培养学生节约粮食的认知/意识； 3. 让学生在游戏中学习知识、品尝美食。
活动内容	1. 观看视频，了解粮食的生产、制作过程； 2. 在老师的引导下用面粉和模具制作生米糕； 3. 中午吃饭的时候会吃到一块米糕。

五、活动总结

元旦,即公历的 1 月 1 日,是世界多数国家通称的"新年"。元,谓"始";旦,谓"日";"元旦"意即"初始之日",标志着新一年的到来,俗称"公历年"或"阳历年"。为了让辅读海贝们度过一个欢乐而有意义的元旦佳节,学校于 2020 年 12 月 31 日开展了主题为"欢声笑语辞旧岁 满怀憧憬迎新年"庆元旦、迎新春游园活动。借辞旧迎新之际,德、智、体、美、劳五育并举,见证我们丰富的校园文化生活,营造文明健康向上的校园氛围。

上午 9 点,喜庆的锣鼓声响彻校园,全校上下聚成心形,大声欢呼,向即将到来的 2021 年道出第一声问候,一天的游园活动也就此拉开序幕。尽管崖式寒潮来袭,我们的校园里却一片温暖如春,同学们在正副班主任、助教老师和家长志愿者们的带领下,欢快有序地到各个场地进行活动,度过了一个温馨又意义非凡的迎新日。下面,就随小编一起到活动现场一探究竟吧!

(一)"牛年大吉"——孝亲敬老,传承美德

拜年是人们辞旧迎新、相互表达美好祝愿的一种方式,2020 年的最后一天,同学们也用自己的方式表达对新一年生活的美好祝福,向陪伴自己的家长、老师、同伴们表达感激之情。镜头前,同学们美妙的歌声、甜美的笑容、可爱的手势让现场一下子年味十足。单人 solo、结伴发言、班级同台,各式拍摄花样集结了大家的智慧结晶,只为让孩子们懂得感恩,懂得孝亲敬老,理解爱,大胆表达爱。一句句牛年祝福,一段段喜庆视频,孩子们虽不娴熟但真挚的语句,洋溢着满满的爱意和对新年的憧憬。除了口头上的祝福,孩子们还纷纷用笔在红纸上体验、绘制出红红火火的春联和福字贴,以供新年布置。

(二)"牛转乾坤"——美丽家园,携手智绘

2021 年是中国共产党诞生 100 周年,也是第一个百年目标实现的历史性年份。作为新时代的少年,在强大的祖国大地出生,在繁华的上海都市生活,在美丽的校园里学习,我们要倍加珍惜眼前的幸福,用自己的努力为国、家、校增光添彩。为了加深学生对祖国、上海、校园的视觉印象,我们以拼图的形式益智娱乐,通过转一转、拼一拼,让孩子们在互助合作的基础上,分年段、按模块拼接出天安门、外滩、东方明珠塔、辅读学校等主题图,充分发挥主人翁意识,加强自我认同感和民族自豪感。

（三）"身壮如牛"——阳光运动，健康体魄

牛年更要有如牛一般强壮的体魄。作为学校特色之一，游园现场自然少不了各类体育运动。软式曲棍球、射箭、套圈、投篮、足球射门等等，操场上同学们以班级为单位，不畏严寒轮流体验。大家主动遵守规则，多番尝试、争取胜利，一个进球、一次中靶都能让孩子们兴奋不已，而细心保护着孩子，跟着孩子们动起来的老师、家长们也是一道亮丽的风景线。

（四）"牛角勾福"——多彩手绘，共赏美作

生肖作为悠久的民俗文化符号，历代留下了大量描绘生肖形象和象征意义的诗歌、春联、绘画、书画和民间工艺作品。为了让学生了解传统生肖的由来和寓意，学校精心准备了陶制牛像，让同学们发挥想象，亲手绘制属于自己的彩色新年"牛"。随心手绘、自由DIY，让这一会场受到同学们的分外青睐，每个参与的孩子都几乎全情投入。学生们像捧着吉祥物一般，小心翼翼地描绘上色，创作出上百件独一无二的手作艺术品。在互相展示和欣赏的同时，同学们了解和学习牛的勤劳朴实，也为自己量身定制了一份新年礼物。

（五）"牛年如意"——动手劳作，珍惜粮食

米糕，是中华民族的传统食物，也是新年的应时食品，寓意祈盼来年国泰民安、风调雨顺、岁稔年丰。这一次它也成了我们活动的主角。同学们先观看视频，了解了粮食的生产过程，认识到粮食来之不易，进一步树立了节约粮食的意识。而后，在老师、家长的指导下，孩子们动手体验用面粉和模具制作米糕，并用枸杞、红枣等来点缀，在学习和劳作中感受传统文化，体会劳动的快乐。当孩子们品尝到自己亲手制作的美味米糕时，一个个笑得甜滋滋。

活动的尾声，学校还特别给每一个孩子准备了一份盲盒礼物，预示着新的一年惊喜不断。一天的活动告一段落，满满的仪式感和幸福感却留在了每个人的记忆中。通过开展多姿多彩的活动，让学生们在全面践行德、智、体、美、劳的教育的同时，传承中华传统文化，师生、亲子、同伴们在一起共同分享节日的快乐。不论是互动游戏、才艺表演还是趣味运动，都旨在为孩子们搭建展示自我的舞台，让其在活动中感受到上海市浦东新区辅读学校大家庭的温暖，加深师生、生生、亲子乃至家校之间的情谊，同时体验到努力就会有成功的快乐。

第五章

"融·和"教育模式的育人实效

特殊教育学校的育人实效在于是否真正实现了特殊学生的个别化教育,提高了他们的学习成绩和能力;是否培养了学生良好的社交适应能力和情感发展;是否成功培养了学生的职业技能,为其未来的就业做好准备;是否与家庭紧密合作,让家长满意;是否推动学生的社会融入和为社会提供服务。只有在这些方面取得明显的进步和成效,特殊教育学校才能真正发挥其教育使命,为特殊学生的成长和发展提供有力的保障。在"融·和"教育理念的指引下,上海市浦东新区辅读学校课程实施效果显著,育人实效不断彰显,师生在各方面成绩斐然,一大批个人教学风格明显的特色教师涌现,越来越多的学生开启点燃梦想的旅程,成为一个个鲜活的典型案例。

第一节 桃李芬芳,人人都是冠军

德齐和瑞恩的自我决定理论强调个体内在的动机和自主性在影响学习、行为和情感方面的重要性。在特殊教育中,这一理论指导下的观念呼应着每个学生的独特潜能。特殊学生不同于常规,但同样可以通过他们的努力和独特的才能获得成功,而自我决定理论的视角鼓励教育者为每个学生提供个别化的支持,创造一个包容的环境,让他们能够实现自身的价值和潜力。通过提供支持、培养自信,特殊学生被鼓励自主探索和实现个人目标,就像冠军一样,追求卓越。

而评价特殊学生的成功,是基于他们的个体需求、能力和目标,而不是将他们与一般标准进行比较,这不是仅限于传统的学业成就,而是涵盖了艺术、体育、学业发展、技术运用、手工艺、服务与管理各个方面的个人成长、发展和自我实现。

一、体能与运动之星

体育和运动领域是特殊学生展现自己的另一个舞台,也是他们展现潜能、获得成就感的重要领域。特奥运动会是一个充满激情和挑战的机会,让他们在田径、游泳、篮球等项目中发挥自己的才华,不仅是为自己,也是为整个特殊学生群体。他们的努力和成就证明了每个人都有机会在运动领域中实现自己的目标。

特殊学生在体育中可能需要面对各种挑战,但他们的毅力和努力常常让人感动。体育的舞台为特殊学生提供了展示自己的机会,也为社会传递了一个重要信息:无论身体状况如何,每个人都有权利追求运动的乐趣和成就感。

案例 5-1

梦想在心　励志在行

杨建英

首先我介绍一下自己,我是六里校区职一(2)班李想同学的妈妈,是一个资深的特奥运动参与者、陪伴者和推广者,也是浦东新区智力及亲友协会主席、特奥东亚中国区家庭领袖,虽然身兼多职,但全都是无偿的志愿者。

运动的好处其实已经不需要我多言,能强身健体,能有益身心,能锻炼品质,能磨炼意志,只要是适量的,几乎找不到运动的缺点。而特奥运动更是为特殊孩子量体裁衣设定的项目。特别幸运,李想是特奥运动的参与者、受益者、推广者,而且身影遍及多个项目。从体操开始,到速滑,到旱地冰球,到轮滑,再到足球,在不同的运动中寻找快乐,筑造梦想。或许专业的体育项目是相对独立的,但特奥一定是相通的。每个项目之间的跨越难度不大,但我还是为全能的儿子点赞,他是这个励志故事的主角。

李想是二年级转入辅读学校的,当时他是班级里最小的孩子(刚刚 7 周岁,二年级下学期)。家离学校远,早上从被窝里拉出来,家长帮助他穿衣洗漱,早饭要喂,送来学校的车上还要睡一个回笼觉,常常是裹着被子被抱进教室的。然后家长一天都要提心吊胆,生怕电话铃声响起,来电的对方是班主任。记得当时门卫师傅能在几百个孩子中快速认出李想,他说了一句很有总结性的话:"你们家李想是皮透皮透,一只鼎。没有一刻是安静的,要么在操场飞奔,要么躲在滑滑梯上和老师躲猫猫。"我当时恨不得挖个地洞钻进去,不是没尝试改变他,但是进步真的缓慢,虽然缓慢,但是在累积。经过大概两年时间,学校5天8小时的教育渗透到我们日常7天24小时的生活中,各方面的变化被我们捕捉到了,也因此更有信心。但是还是会有反复,还是需要严防死守。

记得刚开始练速滑的时候,他是管老师、赵老师最头疼的孩子。帮他穿冰鞋戴护具就是一场战斗,好不容易穿上的鞋他又自己脱掉,然后赤脚躲在厕所一待就是半个多小时,问他理由他就告诉你"我不会,我不要"。带他上冰更是一种心理历练,自己不学还要影响其他人。当亮闪闪的刀刃与冰面平行,那是何等的危险啊!偷偷告诉大家,当时他被劝退过,是我主动争取了第二次机会,然后从那一天起,李想爷爷成了冰场的第三教练,也成了速滑队的第一个家长志愿者,一陪就是五年半。所以李想在速滑道上的成长,爷爷功不可没。好吃好喝伺候着,同时也软硬兼施监督着。看着他从扶墙站立到迈出第一步,看着他摔倒后快速爬起来,看着他从被动到主动,这种体验让爷爷直接改变了原来"好好养着就好"的观点,并发自内心为他而骄傲,让他成为自己微信朋友圈的唯一。

再看看现在的李想:不管是学习还是训练,养成了不迟到不早退的习惯,比赛全情投入敢打敢拼;生活中待人接物得体,日常有序干净整洁;社交注重礼仪,落落大方。在全国特奥赛冬季项目软式曲棍球比赛中,我们虽然五战全胜,但是其中有两场比赛还是很有挑战的。一场是预赛中和天津队的比赛,虽然技术实力应该我们占优,但是对方有身高优势,而且不应该出现的小动作非常多,我们的好几名队员都被打了,撞了,推了,李想也被对方的融合伙伴贴身防范,真的是贴身——紧紧揪住他的上臂,拉不住就抓下巴;下场休息的时候下巴一片爪印,又红又痛。关键是裁判还疏忽这些细节,所以当他抓住空档进球得分的时候,难得地看到了他跳跃高呼,他告诉我:妈妈,我用进球报仇了。这次比赛,我们队很大的一个收获就是面对比分,面对判罚,面对场上的犯规动作,情绪控制都有了很大的进步。另外一点,团队的合作有了非常大的提升,他们能理解每个位子在场上应该发挥的作用,能理解不是单凭进球数来评价球员的贡献,能理解学会合作才能走得更远。

也许有人会说,孩子能力不一样,所以没有可比性,但是在这个问题上我自认特别有发言权。李想是唐氏综合征,典型愚型,智商36,先天能力在我们学校的孩子排名来看,一定属于中下水平。唯一作为唐宝宝被肯定的情绪稳定也是近几年才体现出来,几年前可怕的场景还历历在目。所以我也常常恍惚:眼前的李想到底经历了什么?这种变化从哪一刻开始?是运动的魅力,是学校的坚持,是孩子的信念,更是家庭的陪伴!

不要因为孩子是特儿就降低自己作为家长的使命的标准,也不要因为是特儿家长就无限放大做家长的辛苦。我身兼普特儿童妈妈之职,因为李想还有一个健康的弟弟。说实话,相同的付出,李想带给我的惊喜和快乐更多。我们可以和孩子等价交换爱,甚至他回报的爱更多。养育,不是索取回报,而是一场相互滋养。我们未经孩子的同意把他带来这个世界,就要爱他如初心,不管他是美还是丑,不管他聪明还是愚笨,用我们的爱包围他,温暖他,用我们的智慧培养他,成就他。通过认识,进而认可,最后达成认同。

我们不要用统一标准去衡量孩子,尊重他们的差异性,客观评价他们的能力水平。创造奇迹不是大概率事件,但是多进行纵向比较就会给你带来信心。面面俱到很难,但是有针对地抓住一到两个点进行突破,应该有很大的可操作性。我喜欢李想,喜欢李想的同学们,因为他们如阳光般明亮温暖,如水晶般清透纯净,如天使般善良美好,因为我眼里看到的是他们真善美的地方,因为我能想象他们身心缺陷背后待发掘的优点。李想的同班同学、校队队友甚至国家队集训队友,我对每个人的特点都能如数家珍,所以我和他们的相处就变得很和谐,很自然,我对他们提出的要求也容易被接受,他们有什么想法也愿意和我分享。所以他们不是不懂,只是还在寻找那个懂他们的人,那个愿意为他们"用心"的人。

鼓励孩子加入特奥,发掘运动的能力,培养运动的能力,提高运动的能力,其实也正是融入生活的能力、感知世界的能力、挑战自我的能力。家长们可以做训练场的助教,做比赛场的观众,参与到孩子的训练现场,通过近距离观察,回家后才拥有和他对话的能力和帮他提高的实力。尽量出现在孩子的每一个比赛地,与孩子一起见证其成长。

我选择陪赛,不是对孩子生活能力方面的否定,相反的是,亲身感受亲眼所见的冲击不是看一段视频、读一篇报道能描述的。在赛场边加油,在训练区观察,在生活区指导,甚至带着他们观摩一场对手之间的比赛,也能教会他们很多东西。对手的实力和战术,比赛的礼仪和规则,通过多见达到广识。五场比赛,不管对手实力怎么样,我们的队员都会在赛场上展示实力,这是对对手的尊重,也是比赛的真理。比赛结束后,队长王佳莉都会带着队员感谢对手、感谢裁判、感谢观众,真正体现上海宝贝的素质和面貌。虽然有时候很累,但是还是告诉自己:生活很值得。

所以,我呼吁家长们加入特奥,让运动给你重复的生活掀起一点波澜,帮助你唤醒,带给你激情,让你享受心律失常的快乐,让你感受刹那突破的惊喜,让你品尝为人父母的骄傲,带你领悟生命本来的样子。标题的八个字"梦想在心　励志在行"送给所有孩子和家长!孩子需要梦想,家长也需要,为了梦想需要孩子的行动,更需要家长的。

案例 5-2

上海市浦东新区辅读学校特奥健儿征战德国柏林特奥会

德育室

第十六届世界夏季特殊奥林匹克运动会于 2023 年 6 月 17 日至 25 日在德国柏林举行,来自 190 个成员组织的 7 000 余名特奥运动员和融合伙伴一起参加 26 个项目的比赛。学校特奥体操队的 6 名运动员在赛场上沉着自信、发挥出色,收获了 7 金、5 银、9 铜,网球特奥运动员顾丽娜获得女双 1 金的好成绩,再次为校争光、为上海争光、为中国争光!

此次特奥会,中国代表团共派出 89 名运动员参与田径、羽毛球、篮球、滚球、足球、体操、举重、轮滑、游泳、乒乓球、网球 11 个大项的比赛。其中,辅读学校特奥体操队运动员第五次代表中国参与体操奖牌的角逐,他们分别是张春、李想、黄宇颉、蒋熙优(14 岁,年龄最小)、曾子苓和邢乐。从年初学校特奥体操队接到出征的比赛任务起,6 名运动员就没有过一天的松懈,他们每天都在训练室内挥汗如雨,尽管身上的肤色分界明显,尽管手上的老茧磨破了又长……功夫不负有心人,他们在此次夏季特奥会上与世界各国特奥运动员们的同台竞技中,奋勇拼搏,不断超越自我,再一次在世界级的舞台上圆了梦,并以实际行动发扬了"勇敢尝试,争取胜利"的特奥精神。

最终,张春获男子一级自由操和全能 2 枚金牌、单杠和吊环 2 枚银牌;李想获男子二级鞍马 1 枚银牌;黄宇颉获男子四级双杠 1 枚铜牌;蒋熙伉获男子四级单杠 1 枚银牌和其他项目的 5 枚铜牌;曾子苓获女子一级跳马和全能 2 枚金牌、高低杠和自由操 2 枚铜牌;邢乐获女子二级平衡木、高低杠和跳马 3 枚金牌、全能 1 枚银牌、自由操 1 枚铜牌。

比起奖牌,每一名运动员的安全是教练最大的牵挂。此次参赛面临最大挑战的是蒋熙伉、李想和黄宇颉,在项目难度大、对手水平高的重重压力下,他们三个铆足了劲想要争取金牌。教练当时非常担心他们用力过猛会受伤,但凭借长期训练的实力和咬牙的坚持,他们最终战胜了其他国家的高手,拿下了含金量极高的银牌和铜牌。

作为第四次参与特奥会的老运动员,邢乐既是教练的好帮手,也是其他队员们的暖心大姐姐。对特奥体操的热爱与执着是她不懈坚持的人生梦想,在最后一天的表演秀上,她代表中国队展示了二级体操,以成熟的技法和自信的姿态向全世界展示了特奥运动员的闪耀光芒!

除了紧张激烈的比赛,此行运动员们还受到了德国波恩市的热情接待,孩子们在同胞志愿者的导引下,观赏了火炬传递仪式,乘船游览了莱茵河,徒步参观了伯恩古堡,切身体验了德国的风土人情,既开阔了眼界,还大方地结交了异国好友,收获了深厚的友谊。在短暂轻松的旅途后,特奥体操队一行随即赴柏林投入紧张激烈的比赛。尽管需要克服时差、适应饮食、应对语言不通等各种困难,但他们依然用顽强的精神面貌,在赛场上自信地展示自己,勇敢地与对手们切磋技艺、相互鼓劲。孩子们的人际交往和社会适应能力也得到了很大的提升,相信近半个月的旅程一定会成为他们人生路上的一抹重彩。

正如本届特奥会的口号"只要在一起,就会了不起"(Wir sind zusammen unschlagbar.),每个特奥运动员都在这个独特而难得的机会中,尽情地展示自己的才能、毅力和努力。参与运动会的价值远不止于比赛的成绩,更在于参与其中的过程和经历,以及与来自世界各地的运动员们交流和互动,让全世界一起来关注特奥会、关注智障人士,在未来更长的时间里,丰盈人与人之间的连接,共筑爱与包容的世界。这也是辅读学校这么多年以来坚持发展特奥运动、培养特奥运动员的初衷。

二、艺术与创意之星

特殊学生可能在绘画、雕塑、音乐、舞蹈、戏剧等艺术形式中表现出色。许多特殊学生具有丰富的想象力和创意,可以通过艺术表达自己的情感和观点,艺术是他们展示自己独特才华的平台。在绘画中,他们可以用丰富多彩的色彩和线条勾勒出自己的世界。雕塑则赋予了他们将想象变成实体的能力,让他们创造出立体的作品。音乐和舞蹈是对情感的释放,特殊学生可以通过旋律和舞步传达内心的情感。戏剧则提供了展现自己角色扮演能力的机会,让他们置身于不同的角色中,体验多样的人生。

特殊学生可能面临各种挑战,但在艺术中,他们可以找到属于自己的声音,展示出与众不同的精彩。每一幅画、每一段音乐、每一个舞步都是他们与世界分享的故事,是他们证明自己存在和发光的方式。在这个艺术的舞台上,特殊学生可以超越自己,展现出真正的自己,以自己的方式闪耀光芒。

案例 5-3

爱得不同:20 位当代艺术家、100 位特殊儿童公益艺术展
德育室

在中国有超过 200 万名以上儿童患有自闭症,有超过 1 000 万人的自闭症群体,他们不能正常表达和交流。特殊孩子的家长总是奢望自己能比孩子多活一天,因为特殊孩子离不开他们的照顾,孩子能够自立是他们不能企及的梦想。也许人们认为那是一群智力处于底层的人,但他们经过有爱的陪伴和引领,也可以为艺术和文化发声。

2022 年 1 月 1 日至 2 月 16 日,金桥碧云美术馆推出"爱得不同:20 位当代艺术家、100 位特殊儿童公益艺术展"。本次展览以上海市浦东新区辅读学校残障学生的美术习作作为展览的切入点,聚焦残障儿童不为人知的日常生活学习。展览受到20位国内顶尖艺术家和各界人士的鼎力支持,他们是:美术领域——陈彧君、陈濛婕、陈可嘉、胡为一、雷磊、李筱茗、麻进、马良、施勇、王智一、王一、邬建安、徐震、杨振中;音乐领域——柴琼妍、郝若兰;戏剧领域——周知蝉、粟奕、方子翔、吴佳颖、谭响。本次展览策展人雷迦女士用"爱得不同"表达展览的主题:爱得不同,是等待和遇见,是赋予和发现。爱让不同的生命遇见,不同的表达因艺术融合,因美育化心灵。

展览分为"见""觉"两条线索,一个是"自我向外"对世界的感知观察,一个是"自我向内"的发现和表达。展览中艺术家的代表作品有30余件,共分为5个篇章一起探索生命与世界的关系。展览动线分别是"风景""梦幻""旅行""世界""礼物"。辅读学校甄选出的百件美术作品包括绘画、陶艺、手工、扎染、布艺、刺绣等,展示了特殊儿童的内心世界和独特的创作能力和想象力。展览还特设"音乐单元",Jenny Q演奏作品《涨潮》,呼吁大家关爱地球和世界。10岁的音乐人Elsa为展览短片《爱得不同》作曲并演奏,展现了孩子表达快乐、链接美好的愿望。"戏剧单元"之"动物狂欢节"用亲子共创绘画的方式来展现"爱的协奏曲"。

本次展览以"艺术共生+公益实践+公众共创+社会融合"的新形式来延展呈现,同时邀请当代艺术家一起发声,以探讨和推动"艺术疗愈"为学术导向,在"大师展""网红展"流行的当下,让这一"残障群体"的艺术展现成为一股暖流,让艺术的光彩照耀整个冬天。

展览期间,美术馆推出"艺术教育共创""艺术疗愈""公益拍卖""义卖市集"等不同类型的公共教育活动,能够让更多人享受艺术所带来的愉悦,并参与到理解、尊重、关爱和帮助残疾人的队伍中来。呼吁社会各界能更多地关注特殊教育,能有更多的爱心人士为这些孩子走向社会、融入社会创造条件。吸引潮流人士、文化学者、爱心人士、公益小记者等众多社会力量,通过艺术嫁接的桥梁打开残障群体最纯粹的世界。

三、学习与进步之星

特殊学生在学业领域的成就同样是令人鼓舞的。虽然他们可能需要额外的学习支持和适应,但他们展示出的进步和努力常常超乎预期。无论是在数学、科学、文学还是其他学科中,特殊学生都有可能展现出独特的才能和潜力。

学业的成就不仅是个人的荣耀,更是整个特殊学生群体的骄傲。通过特殊教育的支持和个别化的教学方法,他们能够克服学习上的障碍,不断进步。每一次的进步都是他们的胜利,也是教育的胜利。

特殊学生在学业领域的成功将会鼓舞他人,传递坚持和努力的力量。他们的成就是社会包容性和多元化的体现,足以证明每个人都有机会在学业领域中获得成功。特殊学生所取得的优异成绩展示的是人类的坚强毅力和不懈追求,同时也提醒我们,每个人都值得拥有平等的教育机会、被尊重。

四、数媒与智能之星

一些特殊学生对数字和技术方面的内容表现出浓厚的兴趣,他们在计算机编程、数码艺术、电子工程等领域中有着独特的天赋。数字世界是一个充满机遇的领域,而特殊学生在其中的积极参与,无疑可以丰富这个领域的多样性。他们可能以独特的方式看待问题,创造出创新的解决方案。对于数字技术的理解和应用,有助于他们展现自己的才华,同时也可以提升他们在科技领域中的自信心。

通过参与技术和数字领域的学习和创作,特殊学生不仅能培养技术技能,更重要的是激发他们的创造力和求知欲。他们可能在数字艺术中创造出令人惊叹的作品,在编程中找到自己的舞台,在电子工程中发展出独特的见解。这不仅是为他们创造机会,也是为技术领域注入新的活力和创意。特殊学生在技术和数字领域的成功,足以表明每个人都有潜力在这个数字时代中实现自己的价值。

五、劳动与制作之星

特殊学生在实用技能领域的天赋同样是值得欣赏的。烹饪、缝纫、木工等领域强调实际操作能力和创造力,为那些喜欢动手的学生提供一个展示自己才能的平台。通过参与实用技能的学习和实践,特殊学生不仅能够培养实际操作的技能,还能够培养创造力、问题解决能力和团队合作精神。他们可能在烹饪中做出美味佳肴,在缝纫中制作出精美作品,在木工中展现出精湛工艺。他们的作品往往令人惊叹,成为他们个人努力和创意的明证。

案例5-4

实用技能领域不仅为特殊学生提供了实际技能,更为他们提供了一个展示自己价值的平台。他们可以在实际操作中找到成就感,体验到创造的乐趣,同时培养自信心和独立性。特殊学生在实用技能领域的成就,为他们未来的发展打下了坚实的基础,也为社会注入了多元化的创造力。

努力找到自己的光芒,成为最耀眼的咖啡师

张媛媛

殷×,22岁,唐氏综合征,智力障碍三级,体形过胖,无其他肢体障碍。目前与奶奶同住,有两个双胞胎弟弟。从一年级开始就读浦东新区辅读学校,九年级毕业后进入上海群星忠华职校学习三年,2019年毕业。目前就职于"梦工坊咖啡吧",主要负责咖啡的制作。在工作中反应较快,能对工作指令作出快速正确反应,能主动完成分内工作和辅助其他伙伴工作。他还会游泳、太极、唱歌、拉丁舞等多项才艺,是一名多才多艺的小暖男,更是咖啡界的小明星,可以说现在的他蜕变成了一个崭新的殷×。

一、不断磨炼——最耀眼咖啡师

他留着酷酷的头发,调着一手好咖啡,是别人眼中最耀眼的咖啡师,但这一手好本领并非天生具备的哦,无论在职校、家中还是工作岗位上都能看到他不断练习的样子。他非常热爱咖啡,最初他在辅读学校实训室学习咖啡知识,尝试动手练习,但这并不足以让他单独完成咖啡的制作;进入工作岗位后,他就在店长的帮助下不断操作,嘴里还不停地念着"烘焙程度、制作手法、怎样蒸奶泡更好",这些是他日常嘴里的高频词;没客人时,他就一遍遍用水默默练习拉花。这还不够,为了能做出更好的咖啡,他在家里时便抱着手机看视频学习一个拉花怎么勾花会更好、奶泡的比例是多少,就连在家给家人沏茶都用咖啡拉花的姿势。他付出比常人更多的时间,功夫不负有心人,经过无数次的磨炼,他现在能够熟练地做出爱心、大白心、洋葱心等

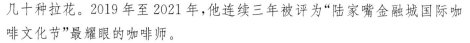

几十种拉花。2019年至2021年,他连续三年被评为"陆家嘴金融城国际咖啡文化节"最耀眼的咖啡师。

二、不断学习——最聪明小机灵

如此耀眼的咖啡师,起初也有非常不乖的一面。刚进入工作岗位时,他最大的特征就是无法控制自己的情绪:动不动会打自己,说哭时就暴风骤雨地哭,有时会一通乱吼,甚至还会摔坏手机;在工作中爱指挥别人,人际关系不是很好。每次出现情绪时,店长、主管、老师都会耐心引导。他常常一点就通,在得到了老师的引导后,他很快就会想明白该如何做,不断调整自己的情绪,让自己平静下来,学会了用正确的方式发泄。他还学会了如何处理和小伙伴的关系,可以愉快地和别人进行分工合作。极高的情商是他的一大优点,在和顾客交流时,他常常能自如对答,语言表述和逻辑性都很强,深得他人喜欢,在他人眼中是一个不断学习进步的聪明小机灵。

三、不断成长——最温暖小暖男

在外人眼里,特殊孩子往往是没太有感情的,其实并非如此。殷×是一个有血有肉、心怀感激、心中充满爱的唐宝。在日常生活中他非常能体会妈妈的辛苦,理解妈妈每天在寿司店忙前忙后的同时把他含辛茹苦地养大是多么不容易。当有采访者问到"你骄不骄傲"时,他会说"我不骄傲,我为妈妈骄傲";当问到"什么对你最重要"时,他答道"咖啡最重要,这是我的本领,是我的工资,更可以将来报答父母对我20年的含辛茹苦"。这有力的回答不仅说明了他对妈妈的爱,更显示出他心中时刻充满着爱。拿到人生第一份工资的他,抱着小姨流眼泪,并把第一份工资给了爷爷奶奶和小姨,还说"希望他们永远不会老"。除了家人,他还常常提起校长、老师,他的心里始终装着家人、校长、老师的爱,有空时时常给老师语音电话聊聊他的生活、关心下老师。在被爱的同时,他更温暖着他人,是大家眼中的小暖男。这看似简单的爱,更代表了他的不断成长和蜕变。

六、服务与管理之星

特殊学生通过参与志愿服务、学校组织和社区活动,不仅能展现其对社会的奉献精神,更能为他们自身的成长和社会的进步做出贡献。在志愿服务中,他们可能投身于各种社会公益活动,从环保到关爱弱势群体,每一次的参与都是对社会的一份温暖馈赠。而通过积极参与社会活动和职场工作,不仅能为他们赢得尊重和赞赏,更重要的是培养他们的社会责任感和自信心。通过服务他人和融入社会,他们不仅能发展自身的才华,还能培养与人合作、交流和解决问题的能力,为未来的职业生涯做好准备。

案例 5-5

越努力,越成功

张媛媛

杨××,25岁,轻度自闭症。1岁时发现其在语言、走路上的发展落后于同龄的孩童。幼儿园在普校就读,小学时进入上海市浦东新区辅读学校学习,完成了小学、初中课程。日常主要由爷爷奶奶照顾教育,初中毕业后顺利进入浦东忠华初级职业学校进行职业技能的学习。在此期间,杨××不仅学习了语文、数学等基本学科知识,学会了日常基本生活常识,且掌握了简单的专业技能。初职毕业后,顺利进入梦工坊咖啡吧负责迎宾工作。截至目前,杨××已累计接待2万多名顾客,向客人介绍、主持过百余场大大小小的活动。2020年,杨××获"联合国可持续发展目标——人类健康与福祉,抗疫互助无国界"演讲比赛初中组优秀奖;获市残联"感恩生活,幸福有我"征文二等奖。

一、勤奋努力好学,他人眼中"小能手"

杨××在特殊学校学习期间一直非常刻苦努力,完成了小学、初中的所有课程,不仅可以阅读理解日常使用的文字,还能编简单的顺口溜,朗朗上口,通俗易懂,让他人产生了一丝羡慕之意。对喜欢的歌、数字、交通线路等,能清晰完整地口述,记忆力超好。在算数上,由原来的不会算数,到具备了三位数、涉及进退位的加减法以及三位数以内乘除法的计算能力,日常生活中与计算相关问题都能应付自如。这为他日常的交流、购物等能力奠定了良好的基础。更让人惊喜的是,除此之外,在职业学校他还学会了简单中式面点、中式烹饪、烘焙、清洁等专业技能,这些能力的学习让原本胆小、自卑的他既增加了自信,又增强了将来生活自理的能力,同时也让为他的将来担心的爷爷奶奶、老师们少了一份担忧。

二、积极主动能干,当之无愧"小管家"

杨××可不仅仅在学习上勤奋刻苦,在工作上更是一位超级能干的小管家。毕业后,在支持性就业辅导员的协助下,担任迎宾的岗位。当在咖啡吧门口听到清澈洪亮的"您好,欢迎光临!"时,想必这一定就是我们瘦瘦高高的杨××了。作为迎宾员的他,始终以饱满的热情欢迎着每位宾客。他的热情、彬彬有礼,让不少顾客对他产生了深刻的印象。迎宾时他可以眼顾四周,时刻关注客户的需求,便于及时反馈。若同事比较忙,顾客有需求时,会及时主动提醒同事或主动快速跑过去帮忙。虽然岗位是迎宾,但他的工作可完全不止于此哦。他每天还会主动在门前的小黑板上记录下到客的人数,并把咖啡吧重要的活动等及时记录下来,最后整理编辑好发到微信朋友圈。每天来来往往这么多人,他却总是记录得准确无误。当客人需要拍照留念时,他也会积极主动配合,因此人数统计板已成为顾客和他合影的打卡取景地。这么看下来,他是不是俨然成了"小管家"?

三、大方自信勇敢,最受欢迎"小主持"

由于发展落后于正常儿童,初入特殊学校的杨××并非这般活泼、开朗、自信,而是显得有些胆怯、自卑;随着对新学校的适应和老师的鼓励引导,他慢慢变得开朗起来,尤其是到了工作岗位担任迎宾员后,每天在和顾客、店长、小伙伴的交流沟通中,他越来越自信勇敢了。店里的一些活动需要他参加时,他会认真背诵台词、歌词,且发挥得很好。后面每次主持活动他都会担纲,几十场大小活动主持下来,慢慢地练就了他大方、自信、勇敢而风度翩翩的形象,成了最受欢迎的"小主持"。

案例 5-6

追 梦 女 孩

楼晶晶

王××,25岁,9个月时确诊脑瘫,2岁时才能独立摇摇晃晃地走路。在普通学校完成了九年义务教育,毕业后进入群星职校忠华教学点平面设计专业学习。2019年毕业后,成为梦工坊咖啡吧正式员工,担任"财务总监",主要负责收银工作。虽然她个子小小的,但却是所有同学心目中的"领导",大家都很听她的话。而这一切,都与她四年的职业教育学习有着密不可分的关系。

一、生活——勇敢面对

残疾已经是不可改变的事实,王××不能和其他正常孩子一样生活、学习,已经十分痛苦,但她也认识到痛苦悲哀不能解决问题,只有坦然地去应对残疾,勇敢地去抗争,生活才能完美。刚刚进入职校时,她的情绪比较低落,老师与妈妈都发现了问题,几次谈话也并没有取得很好的进展。于是,班主任老师做了一个大胆的决定,让王××担任班长。她妈妈回忆道,那一天她回家很兴奋地宣布了这个消息,眼睛也变得明亮起来,老师和同学的信任让王××对未来的学习生活充满了期待,燃起了希望。王××后来又参加了海贝之家的活动,参加了学校的义卖活动等等,在一次次的活动中,变得越来越开朗,喜欢分享,喜欢交朋友,也更喜欢学校生活了。她会经常用在学校赚到的海贝代币给弟弟买礼物,会把自己亲手做的包子、饼干送给接送她的阿姨,无论是老师还是家长都欣喜地看到了一个会感恩、分享、关爱的王××!

二、学习——努力付出

在四年职校生活中,学校老师爱学生、尊重学生,努力让每一个学生都能得到最优的发展。在参加了职校各种形式的活动后,王××逐渐长大了、懂事了,她慢慢发现自己的长处、不足,清楚认识到自身的特殊性,心中有了自己的想法。她能主动与老师交流,学会了规划自己的未来,明确了自己现阶段努力学习的方向;会主动提出想要学习淘宝开店的相关课程,学习平面设计,要买些英语书,甚至会用压岁钱自主购买网上学习课程……除此以外,她也找到了许多兴趣爱好,如轻粘土手工、拼豆等。她开始渴望学习,渴望成长,并且对未来充满信心,为之不断奋斗与努力!

三、工作——成就自我

幸运属于有准备的人,王××毕业时正值梦工坊咖啡吧成立,经过面试,她顺利成为梦工坊咖啡吧的首批员工,第一位"财务总监"。她肢体不便,无法久站,需要把定制的木椅搬到收银区域,椅子很硬,但她也从未抱怨,为了减少上厕所的次数,她经常一天不喝水。刚开始时,王××妈妈不放心,跟着她,她却十分自强,一直催促妈妈离开,说自己能够胜任。随着一声声自信的"你好,需要点什么?""要不要试试我们的蛋糕?",妈妈也露出了欣慰的笑容。梦工坊咖啡吧的员工都为大龄心智障碍患者,有的员工心理年龄仅为七岁,常常要闹脾气,作为他们的"老班长",王××了解他们每一个人,"恩威并施",让梦工坊咖啡吧运转得越来越顺利,她是这个大家庭里的"凝聚力"。拂面春风好借力,正是扬帆起航时,转眼,王××在梦工坊咖啡吧工作已有四年,工作让她赢得了更多的尊重,也让她变得更加自信、勇敢,完成了美丽的蜕变!

第二节 教泽绵长,人人都能出彩

在落实立德树人根本任务的过程中,教师是关键因素,他们的专业素养和个人成长直接影响着特殊学生的教育质量和成就。通过不断学习和成长,特殊教育教师可以更好地满足学生的个性化需求,创造更有意义和效果的教育环境,帮助学生实现全面发展和融入社会的目标,教师自身也将获得更好的发展。

一、自强不息,用爱托举体育之梦

特奥运动教练是特殊教育学校中负责指导和培训参与特殊奥林匹克运动会的学生的专业人员。特奥运动是上海市浦东新区辅读学校的一项特色,学校的专职体育教师结合自身专业特长和兴趣,钻研练就了常规教学之外的"一技之长",带领学生开展日常特奥训练,有特奥体操、速滑、旱地冰球、足球、篮球等多个项目。近几年,学校在参与国际、国内特奥比赛的过程中,涌现出了施卓英、管国良、赵欣华、高强等一批优秀特奥运动教练,带领学校运动队在各级各类特奥比赛中频频摘金夺银,教师自身也通过特奥平台展现了良好的综合素质和育人成效。

案例 5-7

高成双:特奥征程上的追梦者和圆梦人

朱晶璐

"广大青年既是追梦者,也是圆梦人。追梦需要激情和理想,圆梦需要奋斗和奉献。"浦东新区辅读学校高成双老师,就是一位七年如一日,将青春梦想播撒在热爱的特殊教育上,将奋斗力量扎根于特奥征程中的追梦者和圆梦人。

七年前,高成双从华东师范大学特殊教育专业硕士毕业,成为浦东新区辅读学校的一名特教教师。因其活泼开朗的乐天派性格,加上学校工作的实际需要,她担任了体育老师。果不其然,她的体育课上激情荡漾、快乐涌动,不同年龄的孩子们都能畅快淋漓地玩耍、积极投入地锻炼,体会独属于运动的乐趣。

更为有幸的是,她成了全国最美教师、上海市教书育人楷模施卓英老师的徒弟,进校没多久就有了接触特奥体操的机会。她没敢预料,当时她和施卓英老师物色的张春、曾子苓等几个体操苗子,会在2019年、2023年两届世界特奥会体操赛场上摘金夺银,成为体操健将、特奥新星。更让她想不到的是,七年后的今天,她自己竟也自信从容地走上特奥的世界舞台,带着她的队员们在赛场上拼搏努力。有施卓英老师的榜样在前,她不敢有任何懈怠,决心接棒将特奥体操传承下去;有特奥往届的闪亮成绩在前,她要站在高起点上追求更高和突破;有特奥队员的梦想在前,她要成为助力梦想实现的圆梦人……这一坚持,已然七年。

一、从体育老师到特奥教练有多远

高成双像个孩子王一样,带着学生们跑、跳、投,组织各种体育活动,参与各类运动游戏。虽不是科班出身,但大家觉得她就是个天生的体育教师。她对于特奥体操的感情,可谓"一见钟情",最初像个孩子一样跃跃欲试。也许是觉得好玩,她成了施卓英老师的旁听队员,学生们练,她也跟着练。施卓英老师带着队员征战四届世界特奥会,获得那么多奖牌,立下赫赫战功,她崇拜得五体投地。

施卓英老师微微一笑,语重心长地和她交流:争取奖牌固然重要,我们还应挖掘特奥体操对于特殊孩子成长的更深意义。施卓英老师的体操理念深深地影响了她——普及特奥体操,让每个孩子都可以有尝试的机会,哪怕就为了改变很多特殊孩子弯腰驼背、含胸耸肩的走姿,这于孩子的一生是多么大的好处。确实,体操可以很好地塑造一个人的身体姿态,进而影响其精神面貌。耳濡目染间,高成双也萌生了做一名特奥体操教练的想法。

可是,要成为特奥体操教练,需要具备专业的体育知识和体操素养,作为草根教练的她深知自己需要提升的空间太多了。在刚刚接触特奥体操时,真是两眼一抹黑,什么都不懂。怎么办?那就多听多看多问,观察学生的动作和施卓英老师的辅助,琢磨施卓英老师讲解的每一句要领,研究视频动作,然后自己尝试去做。任何需要学生做到的动作,高成双都要不服输地跟着练,一丝不苟,靠墙蹲、平板支撑、倒立等各种姿势,她咬紧牙关练,主动请学生们监督,用沙漏计时器计时。练完后两腿感觉在飘,手臂生疼生疼。一开始免不了受到孩子们的些许嘲笑,几天后他们的笑声没有了,取而代之的是一声声"哇……""高老师太厉害了!"的惊叹声。高老师已经超越了他们,他们从嘲笑变成了对高老师的无比佩服。通往一名合格特奥教练的路或许很遥远,但高成双使命必达。

二、未曾停滞的脚步

如今站在我们面前令所有人为之骄傲的高成双,一路走来其实也经历过许多挑战。用她自己的话讲:"这辈子都没想过会做体育老师,没想到自己居然还能劈叉。"体操训练很苦,拉筋、开胯、下腰、倒立……所有这些基本功对骨骼发育尚未定型的孩童尚不容易,更不要说对而立之年的高成双了。

每天的晨练工作,她总是痛并快乐地享受着,就连怀孕期间也不舍得放下。孕期坚持指导学生晨练,一方面她心疼施卓英老师一个人训练太辛苦,另一方面她自认身体好,只要是能做到的动作,都尽量和学生一起做,为孩子们做出良好的示范。直到挺着九个月的孕肚不得不休产假时,她才在领导和施卓英老师的再三宽慰下不放心地回去待产。

备战柏林特奥会的那段时间,一次训练中她的腰受伤了,她愣是不愿回去休息,绑着护腰带继续现场训练和指导。楼道里,上一秒笑着跟你打招呼的高成双阳光四射,下一秒走过你身边的她却带起一股浓郁的膏药风,钻入你的鼻子,也钻入懂她的人心中。然而,即便如此,整整四个月的高强度集训,高成双从不缺席。特奥这条道路,她是下定决心一往无前的。

三、开幕式上的东方面孔

高成双不曾想到,自己的首次特奥之行就能获得这般殊荣。比赛出发前一个星期,特奥东亚区项目负责人让她提交教练员的英文简历,她不敢怠慢,连夜准备。随后的一周,简历如石沉大海般杳无音信,以为就此止步于提名。谁曾想,落地德国后却收到了消息——她一度不敢相信自己竟是那个天选之子——代表全球教练在开幕式上宣誓!

从拿到宣誓稿到开幕式登台,仅有两天时间准备。虽然只有两三句话,但高成双实在羞于操着一口山东英语站在全世界面前。一边要安顿照顾学生，一边要练习宣誓语，她恨不得一天可以掰成两天利用。那两天，她逢人就练习，请大家帮她指点，纠发音、断句和重音，练语调、语速和气势。担心自己怯场，她专门在他人面前"预演"。

中国代表团的齐副秘书长看出了她的焦虑不安，暖心宽慰道："你的英文不用多标准，真想要标准，完全可以找母语就是英语的人，但是为什么找你，重要的是你这张脸代表的是中国乃至东亚区，所以你的气势要足，背熟，不要担心太多其他的……就用你的山东口音，这就是咱的特色，哈哈！"虽是安慰，但这番话却给高成双吃了一颗定心丸。

后来，由于天气等多方因素，高成双没能参与彩排，就连站位都是临上台前才被工作人员告知。但当看到这位顶着东方面孔的姑娘闪着坚毅的眸光，昂首挺胸，喊出掷地有声的宣誓词时，没有人不深深为之震撼。

四、勇敢尝试，争取胜利

哪怕比赛过程再曲折多磨，给高成双无限力量的永远是六名队员。曾子苓虽是女孩子，却丝毫不怯场，她享受每一次亮相每一次掌声，自信地上场，淡定地下场，反倒安抚了高成双的紧张情绪。张春心思简单，一心只想着做好动作，踏踏实实走每一步，稳定的发挥让人心安。邢乐作为团队里的大姐姐，替她分担了很多压力，不仅能照顾好自己，还帮忙照看其他队员，让她能放心分出一些精力观察学习他国队伍。三员大将李想、黄宇颉和蒋熙优顶着强劲对手的巨大压力，依然怀着坚定的信心零失误发挥。

然而，当结果揭晓后，三个男娃一直问她："为什么我没有金牌？是我表现不好吗？"高成双心痛得说不出话。因为预赛的出色表现，他们被分到最强的A组。A组其他选手来自体操强国爱尔兰、比利时、英国，可谓强手如林，我们的队员与他们同场竞技，还能用稳定的发挥和出色的体操素养捧回沉甸甸的银牌和铜牌已是不易。她笑中带泪："孩子们，在高老师的心中，你们得到的都是金牌，我太为你们骄傲了！"蒋熙优才14岁，第一次比赛能有这样的表现，她真的已经很满意了。

比赛结束后，有好几位裁判特意找到高成双，对中国体操运动员的专业素养和精神面貌给予极大的肯定和褒奖。年轻的脸庞又一次扬起自信的笑容，她又何尝不是在践行"勇敢尝试，争取胜利"的特奥精神呢！她的队员们做到了,她自己也做到了。同时,她也看到了自己的不足,但接下来,她有更大的信心和决心勇往直前。

五、追梦路上,一个都不能少

第一次参加世界大赛,便收获7金、5银、9铜的骄人战绩,这是年轻教练高成双的高光时刻。她相信信念的力量,她相信天道酬勤,她更相信有一束束幸运之光一直在照亮她追梦的道路。

她很幸运,能遇到施卓英老师,让她能够站在巨人的肩膀上前行;学校给予机会,特奥东亚区给予信任,才有了开幕式上的东方面孔;有团队的扶持、队员的坚持和各方不遗余力的保障,是大家的托举让她顺利完成任务,圆梦特奥会。她更要感谢家人的理解和支持,从接到比赛任务的那天起,丈夫就一直践行着那句让她无比踏实的话:"你放心去,我会保证做好大后方,让你没有后顾之忧。"

谁都有梦想,但谁的梦想都不是随随便便能够实现的。在特奥征程中,孩子们和高成双都是追梦者,而他们也都是彼此的圆梦人。追梦道路上,大家一起向前!

二、美美与共,用爱书写艺术之梦

学校艺术教研组卧虎藏龙,有区中心组成员,有区骨干教师。近几年以崔宁老师领衔的艺术教研组借助学校课题,开发了适合特殊学生的艺术课程,如闻香烫画、创意线描、妙意撕贴、趣味衍纸、乐玩陶艺等。2013年、2017年、2019年、2022年,学校在浦东图书馆、四叶馆举办了主题为"绽放""看·见""心有梦想 遇见未来""爱得不同"四场师生画展,受到社会好评。在学校艺术节、各级学生舞蹈、戏剧展演活动中,张方燕、陈曦等艺术组教师也多次获得指导奖。

案例 5-8

崔宁:以爱绘心语

斗转星移,崔宁老师作为浦东新区辅读学校的一名美术教师已经十八个年头,本着对智障孩子的爱、对特教事业的爱,她执着地坚守自己的岗位。学校见证了她的成长,她也在工作中沉淀和提高。

一、以专业的力量爱特殊孩子

面对一群目光呆滞、并不机灵,有的还淌着口水、流着鼻涕的孩子,崔宁老师却是发自内心地喜欢他们,和孩子之间产生了深厚的情感。作为班主任,崔宁老师始终抱着一个信念,"学生的事没有一件是小事"。和家长及时交流发生在学生身上的小问题,分享学生点滴的小进步,共同谋划孩子更好的成长空间。崔宁老师总能通过学生的行为发现隐藏在他们背后的问题,善于发现学生身上的闪光点,并逐步摸索出一套"利用行为规范的班级评星制度让学生形成良性的竞争,形成良好的班风班貌"的好方法。2012年2月,崔宁老师在"浦东新区小学班主任工作研讨活动"中,面对全区骨干班主任作了"'星级'辅助管理 学生更自信"的交流发言。

二、以研究的态度助学生成长

她努力地提高自己的专业知识,2009—2011年参加了华东师范大学研究生课程班的学习。2013—2014年先后四次参加重庆"为特殊教育培养艺术治疗种子教师"的学习,全新的艺术治疗理念开阔了她的专业眼界,也激励着她不断地探索,力争成为一名不但爱学生,更能运用专业来助他们成长的老师。

在实践中,她担任艺术教研组组长和美术项目组组长。她了解特殊孩子的身心特点,懂得挖掘特殊学生的绘画特长和潜力空间。由于没有现成的教材,她就根据学生的实际情况,不断地创编适合的内容,并带领项目组成员先后创编了浦东新区辅读学校美术《闻香烫画》《创意线描》《妙意撕贴》等多本校本教材。其中,她撰写的论文《绘画对自闭症学生情绪释放的研究与实践》《线描在智障学生教学中的研究初探》先后发表于《浦东研究》和《上海特教》上。《辅读学校"闻香烫画"美术课程的开发与实践研究》一文,获第七届全国美术教育论文评选一等奖。

三、以独特的视角创课程特色

崔宁老师注重激发学生的绘画兴趣,自主开发了"烫画"这一独特的、国内首创的绘画表现形式,也成为学校美术教育的特色。崔宁老师在努力寻找和探索特殊学生美术教学方法的同时,也逐步形成了自己的教学特色和风格。执教的"点梅"一课中,巧妙地借助烫画的方法表现梅花的形状、大小和疏密,在2011学年特教学科"浦东新区中青年教师教学评优"活动中荣获二等奖。执教的美术"创意线描——动物"一课中,大胆地利用不规则的影子进行借形想象,在第九届"乐学杯"学习设计教学评比活动中荣获二等奖。执教的"春天里"一课中,结合艺术治疗的理念,鼓励学生用点、抹、拖、敲、拍等手的动作来运用颜料和色彩探索春天,在2015年浦东新区特殊教育学校青年教师教学评比中荣获二等奖。

崔宁老师辅导的学生作品曾受邀参加"2012毕加索儿童绘画展"和2014年莫奈作品展,获得的奖项包括上海市学生绘画书法作品大赛一等奖,上海市真彩杯学生美术书法大赛一等奖(多次),上海市国际少儿书画大赛绘画组特等奖、精英奖,全国自闭症绘画比赛一等奖等,学生画作还多次在我国台湾、香港以及日本展览和比赛。浦东新区区委书记沈晓明更是将学生们的作品作为代表浦东新区的珍贵礼物,赠送给世界500强企业家。在崔宁老师的指导下,非但没有让这些特殊孩子成为艺术上有缺陷的人,反而发挥了特殊孩子的"稚朴"与"拙美"。

四、以精彩的实践与同伴分享

自从参加了"艺术治疗"的学习以后,崔宁老师开始尝试将艺术治疗融合在美术课堂中对特殊孩子的情绪和行为进行疗愈。她边实践边摸索,积累了宝贵的经验。2015年4月,她收到江西南昌可凡加自闭症儿童中心的邀请,为教师、家长、大学生团队做为期三天的"艺术治疗"的讲座,她欣然前往。同年9月,她又受邀参加乐山师范学院的"教康结合协同教学"学术年会,作为一线教师做艺术治疗的经验分享。崔宁老师希望将自己对艺术治疗的感悟与更多的人交流,大家可以携起手来帮助更多的特殊孩子。

在不断提升研究能力、教学能力的同时,崔宁老师主动承担各种带教任务,将自己的教学和研究经验与大家共享。她带教过甘肃的特教同仁,接受过浦东新区实习教师的带教任务,今年又主动承担华师大硕士实习生的美术教学指导。

路漫漫其修远兮,"在艺术道路上要充满激情与自信,走别人从没有走过的道路",崔宁老师一直用这句话激励自己,她将继续努力探索适合特殊学生的美术教学之路。

三、劬劳顾复，用爱开拓成才之路

"双师型"教师是指持有"双证"（教师资格证和职业技能证），或是具有"双能"（既具有教师的职业素质和能力，又具有其他专业的职业素质和能力），他们往往既能够讲授专业知识，提高学生的知识素养，又能够开展专业实践，指导学生获得与个性和能力相匹配的职业。为了顺应特殊教育的快速发展，以期更多地涌现"教练型""双师型"的教师，上海市浦东新区辅读学校通过课程建设提升教师的专业能力；通过烹饪、西点、茶艺等职业课程的开发，培养出一支职业训练教师团队；通过语训、感统训练、戏剧治疗、艺术治疗、AAC、PEERS等康训课程的实践，走出了一批康复训练师。"双师型"教师在特殊教育中扮演着关键角色，他们的综合教育能力和专业素养使得特殊学生更有机会获得与自己的兴趣和能力相匹配的职业技能，增加了他们融入社会和就业的机会。

四、启智润心，用爱滋养赤子之心

特殊学生多存在认知发展水平弱、表达能力欠缺、情绪感受力薄弱、生活适应能力不足的心理特点。上海市浦东新区辅读学校基于学生实际，结合《中小学心理健康教育指导纲要》中提出的"提高全体学生的心理素质，培养他们积极乐观、健康向上的心理品质……为他们健康成长和幸福生活奠定基础"，《培智学校义务教育课程设置实验方案》中的培养目标"（使学生）具有乐观向上的生活态度……成为适应社会发展的公民"，确立了"为每个学生提供最适切的教育，让每个学生都得到更优的发展"的教育理念。学校重视对心理问题的有效预防、及时干预，通过各种途径引导学生树立积极心态，在各类课程和活动中培养勇敢、坚韧、自信、乐观的心理品质，倡导"人人都是心育工作者"，激励教师为特殊学生提供专属的心灵服务。

（一）分层级设置心理健康教育目标体系

心理健康教育的总目标是帮助学生适应新环境和感受学习知识的乐

趣,学会调整心理适应性,培养对挫折的耐受能力,树立积极乐观的心态,逐步适应生活和社会的各种变化。通过心理健康教育,帮助学生认识自己、悦纳自己、充分发掘潜力;适应新环境与感受学习知识的乐趣;感受与人沟通交流、健康交往过程中的快乐;学会控制和调节自己,能够克服心理困扰,提高对挫折的耐受力;培养乐观进取、自信自律、负责守信、友善合群、坚强独立、不畏艰难的健全人格;树立正确的人生理想和目标。

此外,学校还根据学生的成长发展状况,设置了低、中、高、职每个阶段的分层目标。

1. 低年级段

在低年级段,以"融入集体"为关键点。考虑到低年级学生在理解能力和适应能力上比较薄弱,因此低年级段的内容以游戏为主(表5-1)。

表5-1 低年级段目标

内容	要求
适应新环境	(1) 认识自己的角色。 (2) 熟悉自己的老师、同学,熟悉校园环境,喜欢在校生活。 (3) 能不过分依赖父母,积极参加集体活动。 (4) 能认识自己与同学的长处和短处,友好相处。 (5) 能够克服不安、孤独、恐惧。
适应学习生活	(1) 能适应课堂,遵守课堂秩序,参与课堂活动。 (2) 对学习产生一定兴趣。
好习惯养成	(1) 熟悉学校规章制度,能努力遵守。 (2) 见到同学、老师或志愿者等能打招呼,礼貌待人。 (3) 爱惜学习用品。
融入集体	(1) 懂得谦让,不与同学过分争吵。 (2) 乐于与同学、老师交流,能表达自己的情感体验。 (3) 会表达自己的善意,学习以合理恰当的方式融入集体。 (4) 能关心爱护班集体。

2. 中年级段

在中年级段,学生的理解能力和调控能力都有了一定程度的发展,能够理解一些简单的小故事。这一阶段主要以形式多样的心理活动帮助学生达成中年级段的关键点：乐于交往(表5-2)。

表5-2 中年级段目标

内　　容	要　　求
积极心态	(1) 认识自己的情绪,学会控制暴躁、易怒等负面情绪。 (2) 能正确面对自身优缺点,学会自信。 (3) 能以健康积极的心态对待老师的批评。 (4) 具备一定的是非辨别能力,能勇于承认错误。 (5) 能以健康积极的心态面对挫折,勇于克服困难。
健康交往	(1) 乐于参与集体活动。 (2) 愿意和同伴交流。 (3) 能够合理表达自己的需求和想法。 (4) 能主动向心理辅导老师寻求帮助。
乐于学习	(1) 了解有关心理学方面的小知识。 (2) 能通过心语传递的形式解决自己心中隐秘的困扰。 (3) 在心语中寻求正能量,激励自己。

3. 高年级段

在高年级段,学校配有相应的校本教材,以每周一课时的集体授课形式,结合心理社团的团体与个别辅导,在多样化的形式里渗透本年级段的关键点：乐观自信(表5-3)。

表5-3 高年级段目标

内　　容	要　　求
认识自我	(1) 认识自己和别人的优点。 (2) 具备自信心,明确自信心的重要性,能自我激励。 (3) 能全面认识和评价自己。
应对挫折	(1) 学会处理与同学之间的矛盾和争吵。 (2) 调节消极的情绪。 (3) 意志培养。 (4) 应对考试焦虑。
处理青春期问题	(1) 认识青春期心理。 (2) 正确对待青春期异性之间的交往。 (3) 正确认识青春期生理变化。

4. 职校阶段

在职校阶段,学生面临毕业踏入社会、独立生活等挑战,本课程将以职校阶段的综合课程为基础,以资源包的形式呈现,以达成职校阶段的关键点:自立自强(表5-4)。

表5-4 职校阶段目标

内　　容	要　　求
认识自我	(1) 悦纳自己的生理变化,促进生理与心理的协调发展。 (2) 知道青春期心理卫生常识,学会克服青春期的烦恼,调控好自己的心理冲动。 (3) 理解情绪的多样性,学会调节和控制情绪,保持乐观心态。 (4) 客观分析挫折和逆境,寻找有效的应对方法,养成勇于克服困难和开拓进取的优良品质。 (5) 主动锻炼个性心理品质,磨砺意志,陶冶情操,形成良好的学习、劳动习惯和生活态度。 (6) 了解自我评价的重要性,客观地认识、评价自己的优缺点,形成比较清晰的自我整体形象。 (7) 正确面对死亡、重病和天灾。
交往与沟通	(1) 学会与父母平等沟通,正确认识父母对自己的关爱和教育,以及可能产生的矛盾,克服逆反心理。 (2) 了解青春期闭锁心理现象及危害,积极与同学、朋友交往,养成热情、开朗的性格。 (3) 正确认识异性同学之间的情感、交往与友谊,学会用恰当的方式与异性交往。 (4) 了解教师工作的特点,积极与教师进行有效的沟通,正确对待教师的表扬与批评,增进与教师的感情。 (5) 知道礼貌是文明交往的前提,掌握基本的交往礼仪与技能,养成文明礼貌的行为习惯。 (6) 理解竞争与合作的关系,能正确对待社会生活中的合作与竞争,养成团结合作、乐于助人的品质。
入职适应	(1) 了解职业的含义、职业未来发展的趋势。 (2) 正确认识职业,了解职业的社会价值。 (3) 知道兴趣是可以培养的,性格是可以调适的,能力是可以提高的,要相信自己。 (4) 知道如果人对某一职业产生了浓厚兴趣,就会热爱、关注、追求这个职业,并为之竭尽全力。

（二）全链条建立心理健康教育工作机制

上海市浦东新区辅读学校的心理健康教育呈现以校长室为总领，德育室和教导处分别管理，家委会、班主任、心理老师、科任老师、教辅人员和校外志愿者共同参与的金字塔形架构（图5-1）。这样既保障了学校心理健康教育的顺利开展，又能够将心理健康教育渗透到学校工作的方方面面。

图5-1 心理健康教育组织架构

在师资配置方面，学校现有专职心理老师1名，兼职心理老师2名，保证三个校区各有1名心理老师进行心理健康教育工作。学校有20名老师接受了儿童游戏心理咨询师的培训，3名老师通过了儿童、青少年社交困难PEERS社交训练高级课程培训。

学校倡导全员教师都是心育工作者，对全员教师开展心理健康教育的专业培训，以心理教师为核心力量，以班主任为骨干力量，及时对全体学生进行心理排查，建立"一生一档"心理成长档案和对有特别需求学生的关注工作方案。坚持预防性、引导性和干预性相结合的全链条心理健康教育模式（图5-2）。

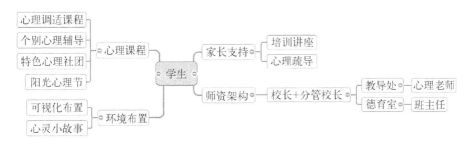

图5-2 全链条心理健康教育模式

良好的心理健康教育离不开硬件环境的支持。学校按照《上海市中小学和中等职业学校心理辅导室装备和指导意见(试行)》的标准建设心理辅导室。在每一个校区都配备有心理辅导室和沙盘游戏室,供需要心理支持的教师和学生使用。

学校还着力通过其他环境建设,为特殊学生提供温馨、积极的学习生活氛围,如在楼道中张贴每月评比的小明星照片,将学生手工作品布置成工艺品墙等。在教学楼中,还布置了不少"心灵小故事",让学生在校园生活中看到自己,感受如同家一样的安全、放心、温暖。学校的多感官训练室、音乐治疗室、五感疗愈花园、空中花园、一米菜园等,让学生能随时随处感受到校园的温暖。

(三)全覆盖开设心理健康教育校本课程

学校注重学生积极心理品质的培养和解决实际心理问题的能力,围绕核心要点"社交与社会适应""情绪与行为调控""心理问题与援助支持",分学段、有侧重地培养六大类积极心理品质,注意心理健康融合课程的设计和实施。除了每周一课时的心理健康教育课之外,还设置了个别化心理辅导、多个心理社团以及游戏治疗等课程,保证充足的心理教育时间。

1. 私人定制,开展心理调适课程

一对一个别化课程,包括沙盘游戏、音乐治疗,以游戏解决问题的基本方法,教会特殊学生在游戏中自由地表达情感和感受,有效提高人际交往能力以及努力发展健全的人格,帮助学生提升心智健康水平、进行行为矫治。

2. 潜能开发,开设特色心理社团

特奥运动社团:开设了篮球、足球、体操、速滑、软式曲棍球等多个项目。通过特奥运动的磨炼,融合伙伴的互动,学生学会了面对困难不轻易放弃,不断挑战自我。通过各项比赛,学生也变得更加自信,心理缺陷得到了补偿。

艺术治疗社团:开设了舞蹈、绘画、闻香烫画、书法等多个项目。通过艺术活动,学生学会了更好地处理情绪困扰,逐步养成与人交流的意愿和能力。

历奇社团:主要针对学生的畏难情绪,鼓励学生进行陌生的、新鲜有趣的、具有挑战性的活动。在历奇活动中,学生不断获得成功体验,提升自信,培养了面对困境的勇气和抗逆力。

"一米菜园"园艺社团：主要针对情绪问题严重，经常大发脾气的学生。通过实际接触和运用园艺材料，在自然环境中放松地劳作，维护美化盆栽和庭园，这些学生的压力得到了舒缓，紧张的心绪得到了释放，大大缓解了情绪行为问题。

3. 缺陷补偿，组织团体治疗干预

PEERS社交训练：该训练的教育和提升项目，学校有三位老师经过培训取得了相关资格，分别对学生和父母提供结构化课程。学生课程历时一学年，家长活动两周一次。目前只在职校阶段进行学生项目训练。

游戏治疗：近年来进入学校就读的自闭症谱系障碍儿童越来越多，他们调控情绪的能力很弱，且社会沟通极度不良。因此，学校聘请多位特殊教育专家开展了自闭症学生团体游戏干预活动，目的在于针对自闭症学生的特点设计团体游戏，提高他们对他人、自我、社会关系、社会规则等社会客体和社会现象的感知和理解。学生、伙伴、教师、家长共同组成一个团队。

（四）全方位提升学生心理健康素养品质

学校将心理健康教育无形地融入"一日常规"养成教育中，采用一月一重点、一周一推进的形式，扎实落实学生一日常规的行为训练，同时加强与家长、社区的联系合作，让家庭、社区成为心理健康教育的延伸段。

1. 活动育人，心理健康活动日常化

以日常化的校园活动为载体，将心理健康教育与德育、体育、美育、劳育相融合，培养学生积极心理品质。学校结合特奥体育周开展校园心理节活动，已经举办过如"我们的表情会说话""护蛋行动""幸福家庭树"等活动，丰富有趣又疏导心灵，引导学生关注心理健康，收获积极体验。每月的社会实践活动，是培养学生们阳光心态、完善人格的重要途径。每月一次走出校园，通过与志愿者、与社会人士的交流沟通，提升特殊学生的社会适应能力，培养学生的自信，引导学生树立良好的价值观，将心理健康教育的影响力逐步拓展到校外。

2. 医教结合，专业心理医生进校园

学校和上海市精神卫生中心杜亚松团队携手，专业的心理医生每两周一次进驻校园,接受家长预约,对学生心理问题进行专业的诊断和咨询。

3. 及时预防,组织行为干预巡察团

学校对所有学生进行心理评估,针对其中部分情绪障碍严重的"红区"学生,加强巡视与干预。团队的工作时间覆盖所有教学时段,并制定了详细的工作计划、干预步骤和工作记录册,保障学校教学活动的有序开展,也保证对心理方面有特殊需求的学生的及时干预。

心理老师通过班主任推荐、学生自主预约、悄悄话信箱投稿等形式,对需要个别辅导的学生开展针对性的心理辅导。心理老师在辅导前了解学生情况,辅导中全情关注学生,辅导后及时进行记录,保证心理辅导有计划、有组织、有记录,并完整归档。利用中午的时间,心理老师通过谈话、游戏、沙盘等不同的方式,有针对性地实施特殊学生个别辅导,引导学生宣泄、交流,帮助学生重建掌控感,提升心理健康水平。

案例 5-9

做擦星星的人

张梦娟

"做擦星星的人"这一题目来源于美国诗人谢尔·希尔弗斯坦的小诗《总得有人去擦星星》。在我看来,我们的教育对象不就是一颗颗独一无二的星星吗?只不过,形形色色的障碍和问题让他们的生命暂时蒙上了灰尘。我要分享的就是我和一颗星星的故事。

一、初识——焦虑的我和刺猬般的你

2019年,我做班主任的第二年,每天疲于应对班里此起彼伏的各种危机,可以说,正处于丰满理想和骨干现实的激烈碰撞期。就是在这种情况下,班里迎来了一名转校生——B同学,有注意力缺陷多动症。入学第一周,他就频频"刷新"我对"多动症"的认识。

午休时间,大家趴在桌子上休息,B同学哼起歌来,让他安静,他反驳道"老师你听错了";课上,老师在上课,他一次次扭头去拗后排同学的胳膊,面对劝阻,他要么狡辩"我喜欢拗胳膊,很好玩",要么就去踢或拗老师;老师在辅导旁边同学,他伸脚去踢老师的腿,给他讲道理,他回应"我就喜欢这样,好玩";每每干扰课堂,我想把他带离时,总要上演一场艰难拉锯战;他有时

甚至会相当轻蔑地说"你就是个女孩子,能把我怎么样？我就喜欢欺负女孩子"……中午,一起出去玩,只要是B同学看上的玩具,谁也碰不得,别的孩子想一起玩,他不管不顾就把人推倒,推不过就用脚踹。

诸如此类的问题每天都能上演几次,每一次对立,他都能将恶搞进行到底,任何好言相劝、义正词严都败下阵来。

不同于班里那些兴奋水平过高、爱动的孩子,B同学安分守己时可以在座位上一动不动,可不顺从、违抗挑衅的行为却数不胜数。这个处处消极抵抗、破坏规则的"小刺猬",真的是多动症儿童吗？我该怎么做,才能让小刺猬不再伤人、顺利融入新环境呢？

二、相知——老师也要学习,一步步理解你

为了找到B同学种种行为背后的动机,我开始了一步步的行动。

(一) 查资料,学理论知识,分析病症

通过查阅资料,我了解多动症不仅仅甚至未必表现出多动,还可能共患其他障碍,早期若没有得到及时有效的治疗,还可能出现对立违抗障碍、品行障碍、焦虑障碍……原来多动症儿童并不仅仅是好动那么简单,几乎可以明确B同学的多动症已经显现了对立违抗性的一面。

(二) 家校沟通,深入了解

为了深入了解B同学的病史和既往行为表现,我专门约了爸爸和妈妈一起谈话交流。交流中得知他七岁入小学时诊断为多动症,但平时在学校的时间比较少,多与爸爸相伴,曾换过三所学校,都因为行为问题适应不良,难以融入集体和他人,最后不得不转到我们辅读学校。在家比较听爸爸的话(但爸爸的管教方式也是简单粗暴),对其他人经常搞小动作,喜欢跟人对着干。

(三) 加强观察记录,梳理总结

就第一周的观察来看,B同学最迫切要解决的问题是搞小动作干扰课堂,行为大都在两种情况下发生：一是他很快完成了课堂任务而无所事事,或者对学习内容不感兴趣,注意力涣散时；二是课堂活动的内容他不擅长或完成得不好时,比如很考验精细动作和耐心的美术课。集中表现为搞小动作,拉扯同学或招惹老师、破坏教学材料。这些行为一旦被老师制止、约束,就可能升级为对老师的攻击、辱骂。而课堂以外的环境对他搞小动作的行

为包容度更高,但更大的问题是他和别人的相处模式完全以自我为中心,霸道,甚至脏话经常脱口而出。

总结来看,B同学行为背后的原因可以初步归为三方面:一是多动症的生理特征,包括容易冲动,自控和自我管理能力较差;二是认知水平在班里最高,针对大多数学生设计的课堂学习任务与其能力水平、兴趣不甚匹配;三是社交技能薄弱,没有接触过爸爸以外的玩伴,在普校的日子跟不上学习进度,又没有朋友。

三、成长——助力你进步,提升我信心

在一步步拨开迷雾,找到问题背后的原因后,我也放下苦恼和彷徨,怀揣着"改善B同学的扰乱行为和人际交往问题"这一目标,开始了我的干预之路。

(一)提供选择,避免无所事事

从B同学的兴趣点和能力考虑,在他桌面上贴了一张视觉提示卡片,以为他无聊时提供选择,引导他主动从事一些能做的、不打扰他人的活动。内容如下:

当我感到无聊时,可以这样做:① 拿出书包里的练习册做几道题;② 去阅读角拿本书来看;③ 问张老师要一张明信片,涂画。

在让B同学熟读这些选择的基础上,无论课堂还是课间,一旦发现他手头无事,东看西看,我便立刻提醒他:选一样自己喜欢的去做。在尊重其选择的基础上,让他有一种掌控局面的满足感,同时也能预防无聊情况下产生的问题行为。

(二)自我监控,提升自我管理

我和B同学约定了三条期望,包括不随意离座、有问题举手嘴巴说、不拉扯他人,并张贴在桌子显眼处。每天上课前,都给他发一张当天要用到的自我监控记录表,提醒他复述我们的约定:上完一节课,三条都做到了就在对应课表打√并贴大拇指,没有做到就打×;得到一定数量的大拇指就可以玩10分钟平板电脑。B同学一听到有机会玩最爱的平板电脑,便信誓旦旦地向我保证:放心吧,我一定都能打√!

因为在乎,和平履约并不容易。实施第一周,他哪怕没做到也要给自己打√,在被我纠正打了×之后,便会爆发情绪,撂狠话甚至踢我,但我也绝不

让步，同时把他每天的记录表拍下来传给他爸爸看，他爸爸在家也配合实施奖励或惩罚。或许他终于意识到耍赖、发脾气不管用，唯有遵守约定才能得到奖励，在第二周、第三周……他逐渐不会因为偶尔得到的×而发脾气或撕毁记录表了。随着进步一点点发生，我的要求也在逐步提升，兑换奖励的难度也相应加大，奖励物不再局限于一种，由他爸爸和他协商并在家兑换。后来，他爸爸还每天督促他写日记，反省一天的表现，从而对自己的行为有更清晰的认识。

（三）强化良好行为，消退对不良行为的强化

每当B同学在班里出现符合规定和要求的行为时，我都立即口头表扬："你能……，真棒耶！"小家伙从一开始的对任何事不在乎的态度，到得到夸奖会扬起害羞得意的小表情，可见他还是渴望认同感的。而当他说出不恰当的话或搞小动作时，我尽量不予理会，走开不纠缠。他自觉没趣了，行为一般就停止了；如果还不管用，再提醒他："你还要打√吗？"在强化与消退的并行实施下，B同学逐渐有了以良好行为获得大家关注和赞扬的意识。

记得入学第二周的B同学，看着我穿的一条破洞牛仔裤，慢悠悠地评价道："你的裤子都烂了，真难看。像一个丑八怪。"我问他："你怎么评论别人就说不出好话来？"他的回复是："我就是说不出好话，我只说得出坏话。"针对他"只会说坏话，不会说好话"这一点，我在每天的晨会课上发起了赞美他人的提议，能力好的C同学和D同学都能积极响应，一个夸B同学聪明，一个夸他帅。B同学虽然认知好，在赞美他人时却极度缺乏语词，绞尽脑汁也只是"你的衣服很好看"；再看我的破洞裤，也会讨好般送上浮夸的赞美："你的牛仔裤破了，真好看，像一朵美丽的金菊。"不够真诚但足够努力，有这份努力的心，还怕不能取得进步吗？

（四）干预效果和反思

干预两个月后，B同学的自控能力有了明显的提升。相应地，每天向B同学进行行为教学、提醒课堂规则也成了我的每日常规。班里其他孩子在这种正向支持的氛围下，也一个个学着我的样子去关心、提醒、帮助他，伙伴间的情谊日渐深厚。再后来，B同学不仅做起了老师的小帮手，还加入了学校的快乐小岗位，表现越来越稳定，没有再出现拿别人物品、破坏教室物品的行为；拉扯、拧人、踢人、咬人的行为也消失了，而且很难相信，一双日渐明

亮的双眸曾属于那个充满攻击性的小刺猬。

教学是相互成长、相互成就的，一步步努力改掉坏毛病、拥抱好习惯的B同学，不仅给了我信心，也为困境中的我照进一束光。是啊！是星星，就总会亮的，哪怕再灰蒙蒙⋯⋯

正如朱永新老师曾说过的一段话：我们就像一群仰望星空的孩童，从不抱怨星星又旧又生锈，只是拿着抹布和水桶，一路跟跄，擦拭盖在星星之上的灰蒙蒙⋯⋯脚踏实地，做一个擦星星的人，用自己的爱心和教育智慧，虽然不确定能否擦亮星星，但或许擦着擦着星星忽然闪耀光芒，同时也照亮我们自己。或许这就是教育的最初模样——简单、纯粹，却实实在在诠释了一个生命对另一个生命的影响。

五、崇德尚礼，用爱构筑和谐之家

学校把每一位教职员工都纳入到德育队伍中来，通过每月一次的全体教职员工德育工作会议、德育云课堂等途径深植"人人都是德育工作者"的教育理念，教师以身为范，润物无声，让德育渗透在日常的每一个教育环节中。

班主任在特殊教育班级中扮演着管理者和组织者的角色。他们负责制定学习计划、安排教学资源、管理学生行为，确保课堂秩序和学习环境的良好。在日常烦琐的工作中，他们不仅需要关注学生的学业表现，还要围绕行为规范、心理健康、劳动教育、家庭教育指导等主题，以个案研究的方式进行记录和思考，以便调整教学方法和内容，满足学生的个体差异，制定个别化的教育计划，确保每个学生都能够充分发展潜力。

班主任在与家长合作方面也发挥着关键作用。他们作为学生和家庭之间的纽带，需要保持开放的沟通渠道，与家长分享学生的进展和需求，同时倾听家长的反馈和建议，充分挖掘家长资源，组成"家长讲师团""家长志愿者联盟""家长护校队"，开展"家长沙龙"活动等，建立家校教育共同体，共同促进特殊学生的健康发展。这种紧密的合作有助于确保学生在学校和家庭得到一致的支持和关注，也可以进一步激发家长参与孩子教育的主体自觉，有助于学生的全面发展和学校的全员育人工作。

上海市浦东新区辅读学校在"融·和"教育模式的探索实践中,根据《上海市中小学学生全员导师制工作方案》,制定《浦东新区辅读学校全员导师制工作方案》,明确责任分工,优化工作机制,切实将"学生人人有导师、教师人人是导师"落到实处。并组织全体教师学习方案,明确导师的两项职责:成为良师益友和做好家校沟通;三项重点工作:学生家访、谈心谈话和书面反馈。

在日常的教育教学中,每一位班主任都发挥着先锋作用,形成了和谐的师生关系,营造了良好的育人氛围,也涌现出了一批爱生如子、爱校如家并具有突出专业素养的班主任。他们超越了传统的"教"与"学"的范畴,还充当着学生和家长的导师、支持者和榜样,他们的付出和奉献为学生的未来打下坚实基础,也为特殊教育领域的进步和发展贡献了力量,他们的故事和经验相信能够为广大特殊教育领域的教师们提供启发。

案例 5-10

严而有方,爱而有度

唐秀英

我所带的班级由七个特殊儿童组成,智力普遍低于45。随着生理年龄的增长,特殊孩子与同龄人之间的差异越发显著,11岁的他们智龄普遍在4—5岁之间,运动能力、言语能力、社交能力、理解能力等远远弱于同龄人,其中部分学生还伴有情绪问题、语言障碍与刻板行为。作为这些孩子的班主任,我与他们朝夕相处,除了给予比普通孩子更多的关爱,也时刻牢记着我们的教育目标——让每一个特殊孩子得到最适切的教育;以能生活、会生活、爱生活、乐生活为目标,让每个孩子成为更好的自己。

通过班级管理,我力求让特殊孩子们在各种日常化的活动中养成好习惯,发展自我约束、自我管理、自我成长的能力和意识,能争取做到眼里有活、手上有事,为今后融入社会打下基础。

一、班级管理"严而有方"

(一)注重常规管理,学会自我约束,形成良好班风

班级里的孩子们性格各有千秋,有的机灵,有的傲娇,有的散漫,有的呆

板,不一而足,但只要走入我们班级,你就能感受到这个班级的精气神,感觉到他们是一个真正的整体,这与班级常规建设密不可分。

1. 持之以恒

面对这些特殊孩子,我并不因为他们的特殊而放松对他们的教导与要求,而是通过游戏引导、情景模拟、实时评价等方式让学生逐步适应常规,学习遵守常规。结合校一日常规工作,上课、午休、排队等场景中,常规教育穿插其间,不曾间断。常规建设也离不开家长的支持。每月我会将班级常规建设重点告知家长,力求让学生做到家校一致。为了孩子的未来,大部分家长都能够积极配合。

通过常规建设,学生们不仅仅养成了良好习惯,学会了自我约束,更是形成了班集体的观念,提升了班级凝聚力,形成了良好的班风。

2. 及时干预

除了常规校园生活外,特殊学生的特殊行为或情绪问题也时有发生,比如情绪兴奋时推人、学狼叫、以"玩"的心态在校内躲起来、对同学语气恶劣、站在校门口不肯进教室等。大部分特殊孩子难以控制自己的行为,类似事件如果不加以干预,会一直持续下去,甚至变本加厉。

在这些特殊行为干预前期,高密度与高强度十分重要。我会密切关注学生的行为,只要发现特殊行为便及时干预。有些学生在受到干预后能够停止几秒或几分钟,然后行为会再次发生。在此期间老师需要严阵以待,每一次行为的发生都给予反馈。如此坚持下来,学生也能够通过老师的反馈对自己的行为进行一定的纠正,减少特殊行为的发生频率。

(二) 创设积分制度,提高自我管理,促进良性竞争

积分制度是班级管理的重要手段之一。由于特殊学生记忆短暂,理解能力差,难以将代币这一延迟奖励与自身行为关联起来,因而代币这一在普校常见的奖励制度实施起来很难。在漫长的四年建设过程中,我也摸索了一些方法。

1. 分步推进

积分制度的建立可以从实物奖励开始,调动学生兴趣后再引入代币概念,从简单到复杂逐步推进。具体实施步骤如下:一年级,以实物奖励为主;二年级,开展"送你一朵小红花"活动;三年级,引入积分卡,以5朵花换

1个大拇指,10个大拇指集满1张积分卡的形式进行奖励兑换;四年级,积分制度正式建立,小花和积分1∶1兑换,并开启积分商店。

2. 以点带面

对于延迟奖励,每个特殊学生的接受程度不一,在实施过程中需要观察学生反馈,适时寻找一位积极的学生领头人,以点带面推动积分制度的建立。特殊学生也存在好胜心,利用积分可以激发他们的进取心理,从2个,到3个、4个,越来越多的学生参与到其中,会逐步形成良性竞争关系。

积分制度涉及学生在校生活的方方面面,课堂行规、文明礼仪、生活自理、休闲娱乐、班级值日等都与积分相关联,成为学生提高自我管理能力的重要帮手。

(三) 坚持伙伴互助,实现自我成长,放眼社会融合

特殊孩子的成长需要多方位的支持。在班级中,同龄人之间的交流互动十分重要。我根据每个学生的能力与性格安排结对伙伴,时刻提醒他们关注伙伴、帮助伙伴,并教导学生用恰当的方式与人相处。同伴关系的发展切实有力地帮助学生建立起自身与外界的联结。小小的班级,正是学生今后融入社会的第一步。班级以外,与更多人的交流也必不可少。每月我们都会和志愿者合作开展社会融合活动,让学生们走出校园,感受社会的更多面。文明礼仪、安全事项不再是停留在纸面上的文字,而是真正的行动,让学生更好地体验成长,成为更好的自己。

二、学生成长"爱而有度"

(一) 行有差,爱相同

拥抱是爱,表扬是爱;严厉是爱,放手也是爱。在我心中,每个孩子都是宝。我曾对其他教师说:"你们不要因为更喜欢一个学生,想要为他争取一些东西,而去伤害其他学生。他们在我心里都是一样的。"面对性格迥异的特殊孩子们,我虽然提出了不同要求,表现出不同的态度,但其实都是有针对性地根据学生情况制定的教育引导策略。比如在积分商店开业时,我将学生分为两组,一组学生严格按规定进行积分兑换,另一组能力弱一些的孩子则是降低要求,只要有一个积分便可以进行兑换。如此一来,这些孩子也知道了积分的意义,甚至一度出现过偷拿积分的情况,让人又气又好笑。

（二）爱之深，计深远

学生能力的发展并不是一蹴而就的，需要平日一点一滴的积累，需要在不断地实践体验中获得发展。我以活动为载体链接学生个人生活、家庭生活、校园生活与社会生活，引领这些特殊孩子慢慢伸出自己的触角，探索周边的大世界。

班级值日制让学生们关注到班集体，从最简单的擦黑板、倒垃圾开始，学生们尝试着为班级、为同学进行服务，在提升技能熟练度的同时，也学习到更多的劳动技能，如擦桌子、测体温、做记录等。

校内快乐小岗位让学生勇敢面对更多的老师与同学，也挖掘出学生的更多潜力。怕脏傲娇的枫，弯下腰来是整理餐盒的一把好手；腼腆而不善言辞的帆，几经历练已经能够爽朗地和老师同学打招呼。

校内外各项社会实践活动都是学生成长历练的平台，作为帮助学生与外界沟通的桥梁，我会对每一项活动进行细节打磨，使活动更加适应班级学生的情况，让方案真实落地，成为学生成长的养分。

在班主任岗位上多年，在打磨学生的同时，我也不断打磨着自己，不断研究学生，根据学生情况寻求最适切的教育方法，为学生成长保驾护航。

案例 5-11

手握"方向盘" 一路前行

谢 红

一、新手司机，信心上路

五年前，我成为一名特教老师，带着满腔的期待和热情；三年前，我成为一名新手上路的一年级班主任，我把所有的精力都放在孩子们身上，关注着他们的点点滴滴。起初，我以为只要我足够细致，孩子们就一定会取得进步，家长们也一定会看到老师的用心。然而事实并非如此，孩子们并没有因为我的努力而进步飞快，我感受到了前所未有的挫败感。孩子们的状况不一，家长们的要求多样，一件件事情仿佛十字路口拥堵的车辆，让新手司机的我手足无措。

二、路况拥堵,减缓车速

案例一:A 同学

A 同学,爱哭闹、多动,情绪非常不稳定。他对声音很敏感,每天都会捂住耳朵,不听外面的声音,却会自己大哭不止;他口腔敏感,经常会误食很多东西……让我们胆战心惊;他还喜欢玩口水,经常把口水粘得到处都是。

针对他的行为,我做了很多的尝试,桌面上为他张贴了"保持安静"的行为提示卡,以视觉引导他的行为;课间让他拿着按摩刷、触觉球,减少他的焦虑,也降低他因为无聊发生问题行为的概率。慢慢地,他的情绪稳定了很多,我觉得家长一定也看得到孩子的变化。

某天晚上,我突然收到 A 同学妈妈的消息,消息内容先是几张图片,图片上是 A 同学腿上有几处伤痕,随之是一段话:"谢老师,今天孩子身上有几处乌青,想问一下在学校里发生什么事情了吗?"

从家长的话语中,我能明显感受到家长的猜忌。当时自己的内心很伤心,觉得家长并不相信自己。我想我已经把全部精力放在了他的身上,为什么家长还不相信我呢?

案例二:B 同学

B 同学是我们班级一个无语言、生活自理能力很弱的孩子,妈妈在他不到一岁的时候就抛下了他。入学后,他非常不适应学校生活,主要表现在:每天除了紧张还是紧张,动也不动,人称"小木墩";不会表达需求,每天尿湿裤子,经常一天要换好几条;不会用勺子,手抓饭是他对饭菜最大的尊重。

于是我和 B 同学爸爸进行了沟通,让爷爷奶奶在家里加强对 B 同学生活自理能力的训练。B 同学爸爸最终听进去了,我以为这件事情就是家校密切配合,往好的方向发展了,但是接下来我就听说他们家里爆发了家庭矛盾,B 同学爸爸和奶奶吵架吵了好几次,奶奶还特意跑到校门口拉住我说:"妹妹啊,我们不用尿布的。"当时我就觉得特别委屈。难道我对孩子的关心竟然成了家庭矛盾的导火索?

案例三:C 同学

C 同学是一个智龄只有 11 个月不到的毛头小孩,入校后,每天只能通过哭来表达需求,有时候甚至边敲头边哭。孩子在学校情绪问题很厉害,我便把这些情况反馈给家长。如："今天哭得特别厉害。""今天一直在敲头,头都敲青了。"直到有一次我和C同学妈妈交流,听到了她的这样一段话:

我每天下班回家时都不敢上楼,因为我每次刚进门,鞋子还没换好,就会听到奶奶说:"今天谢老师说了,哭了整个上午。""今天敲头敲得很厉害,没停过。""今天放学又哭着出来的。"

我工作很忙,有时候压力很大,很多心里话都没处说,有时候我就拉着××说。虽然她什么也不知道,但是我会和她说,因为她是个活的。

那时,我才深切地感受到家长的焦虑和不安,而我是不是又加重了这种紧张和焦虑呢?

三、清除路障,一路通行

有了前面种种经历,于是我"停车",开始整理思绪,重新思考在孩子展现出一个个棘手问题行为的背后,我应该如何去和家长建立一种积极正向的关系。

(一)找到方法,支援家长

以B同学如厕这件事为例,我的做法是:一是观察习惯。B同学虽然是小男孩,但小便是需要蹲马桶的。一开始不知道他这个特点的时候,发现他经常尿湿裤子,知道他这个特点并采取对应措施后,在厕所间尿湿裤子的频率低了很多。二是定时让孩子去厕所。每个课间,我都会提醒他去厕所,连续记录下他每天成功上厕所的时间,尿湿裤子的时间、次数,总结规律。三是引导表达。使用图片沟通,并在他的桌子上放了一个"按压器",如果他想上厕所,用手按一下就会发出"我要上厕所"的语音,帮助他表达。

现在,B同学每天还是像小木墩一样坐在那里。你问他要去厕所吗,他会用肢体语言给你一些表示,所以尿湿裤子的频率低了很多,人也越来越开朗了。有次,我听见他奶奶在和别人说:"谢老师很宝贝我们弟弟的。""弟弟很棒!"当时就觉得自己付出的一切都是值得的。

(二)寻求支持,统一战线

"在家里是你的孩子,在学校就是我的孩子。"——班主任

我们班级自闭症学生有六个,情绪问题非常厉害,因此这些家长也最担心孩子的情绪。针对家长的焦虑,只要孩子某一天没有哭闹,或者大哭的时

间从一天变成了半天,我就会马上向家长表扬孩子,表示孩子会慢慢进步的,把这种积极正向的理念传递给家长。我也会抓住时间,和家长积极寻求问题行为的解决方法。如在上海市自闭症巡回指导活动中,为了和家长建立统一战线,我们班级报名的每个孩子,我都会陪他们去现场一起参加活动。当时就发现,每个孩子都是全家五六个大人一起陪同,他们也会感动老师陪着他们一起。后续我也会就某一阶段重点解决孩子的哪个问题,事先和家长达成一致,让他们觉得我和他们是统一战线的战友。

(三) 线上教学,守望相助

其实关于孩子们的上课情况,班级的家长们很关注,因为大部分孩子没有语言,有语言的孩子口齿也不清楚,他们很难去和家长直接反馈自己每天的课堂学习情况。我们这个三年级正好遇上疫情,失之东隅,收之桑榆,在线上学习期间,家长陪伴孩子走进我们的课堂,感受到了孩子课堂学习的真实状态。

我也觉得"守望相助"最能表达当时疫情下我们和家长的状态,孩子们不会说话、不能安坐、情绪也不稳定,如果不是屏幕那头一群"超级助教"的辅助,我想孩子们也不会顺利地参与线上课堂,并取得很大的进步。

无论是孩子的爷爷奶奶,还是爸爸妈妈,他们看到了我们每一次的认真尝试。如我们年级组老师为了让学生更好地适应线上学习,增强居家上课的时间观念,播放学生熟悉的上课铃声作为每一节课的开始,增强上课仪式感。经过家长反馈,孩子们线上上课大多坐不住,于是老师将课堂调整为小班直播课的形式,实现与学生的面对面交流。听说孩子更喜欢一对一频繁的关注和互动,于是老师们时不时地在群里表扬孩子、鼓励孩子、和孩子对话。

家长们也看到了所有的老师都在努力跟进每一节课,看到了老师们课堂上一次次地示范、一遍遍地指导,还看到了老师们的耐心细致、认真负责,感受到所有老师始终如一的信念,更愿意理解老师、配合老师了,老师布置的任务,家长也都更积极主动地完成了。

虽然我们的孩子是特殊孩子,有着各种各样的障碍,我也经常会因为他们突然爆发的情绪而无奈和苦恼,但更多时候当我看到他们相比前一个阶段站上了高一级的台阶,他们身上出现了即使是最微小的进步,我都会感到兴奋与惊叹。每个学期结束,我都会给每个孩子做一个学期成长总结视频,让家长也能切实感受到孩子在一段时间中的进步,帮助家长一起去记录、去总结,以自己坚定的信念唤起家长坚定的信念。道阻且长,愿我们每一天都倾心守望,手握方向盘,承载特殊儿童及家长,乘风破浪,一路前行!

第六章

"融·和"教育未来展望

行之苟有恒,久久自芬芳。随着社会对特殊学生认知的逐渐提高,特殊教育正面临日益多元化和复杂化的需求,而自闭症、学习障碍、情感行为障碍等学生的增加也将为特殊教育带来更多挑战。这些需求和挑战要求特殊教育领域不断创新和适应。在这样的情况下,科技的快速发展为特殊教育提供更多机会,教育技术和辅助技术可以帮助特殊学生更好地融入学习环境。然而,如何有效整合和使用这些技术,是学校教育要深思的问题。因此,"融·和"教育的发展既需要学校和教师的坚持和创新,也需要全社会的广泛支持和关注。未来,"融·和"教育需要不断适应新变化新需求,充分利用技术支持,促进社会认知和家庭合作,为每个特殊学生提供更优质的教育。

第一节 促进"融·和"教育的链式发展

"融·和"教育的链式发展是指在全社会范围内产生集聚效应,提升"融·和"教育的关注度,进而整合资源,实现快速发展和高质量发展。通过拓宽特殊教育资源,建构"学校、家庭、社区、医院、企业"五位一体,满足"融·和"课程架构需求的十三年一贯制"融·和"教育管理机制,形成学段衔接、特职融通、医教结合的办学体系;营造"融·和"文化环境,以外显的现代传播方式和内化的价值追求实现特教师生的共同愿景。

一、完善四学段衔接融通式教育机制

以学生能力发展为本,满足"融·和"课程的重构需求,完善特殊教育低、中、高、职四学段的衔接融通式教育机制是关键。一是要统一课程框架与个别化计划,一方面建立统一的特殊教育课程框架,确保低、中、高、职四学段的教育目标和内容具有连贯性;另一方面要制定个别化的教育计划,根据学生的能力和需求进行调整,以保障每个学生得到适宜的支持。二是要制定教师协作与过渡计划,促进跨学段教师的合作,共享教育策略和最佳实践,确保学生在不同学段过渡时获得逐步引入新知识的支持,提供适应期和辅导。三是要加强社会参与和资源投入,关注学生的社会融入和职业准备。为高、职学段学生提供实践机会和职业培训,以培养其自主生活和就业能力。投入足够的资源,包括教材、技术设施和专业人员,以确保每个学段都能提供优质的教育。

通过这些措施,可以完善特殊教育低、中、高、职四学段之间的衔接融通式教育机制,实现学段无缝衔接、特职融通,从而实现学生能力发展螺旋上升的教育教学目标。

二、完善家庭、学校、社区整合式联动体系

未来,家庭和社区在特殊教育中的角色将变得更加重要,学校将与家长和社区合作,进一步引入社区资源,共同为特殊学生提供支持和资源。一是可以利用数字化平台为家长、教师和社区提供信息和资源共享的便利,帮助学生家长了解学生学习进展、教学资源、培训材料等,加强互动和沟通。二是可以通过妈咪课堂、社区课堂等,为家长提供特殊教育知识和技能的培训,增强他们支持学生的能力。培训可以包括特殊教育基础知识、教育技巧、情绪管理等。三是可以搭建妈咪志愿者、社区融合伙伴等联动体系,形成具有浦东区域特色的融合课程,丰富、拓展校本课程。

通过这些策略,特殊教育的家庭、学校、社区整合式联动体系可以得到进一步完善,实现更高水平的协作和支持,促进特殊学生的全面发展。

三、建构校企合作式的职教转衔平台

建构特殊教育校企合作式的职业教育转衔平台需要深入合作、整合资源，以确保学生在职业培训和就业准备方面得到充分支持。一是建构特殊职教与中等职教互助转衔平台，特殊职业教育学校和中等职业教育学校可以成为合作伙伴，着重共同开发特殊学生适用的职业教育课程，使特殊学生的职业能力发展渠道保持畅通。二是要实现特殊职教与社会企业合作式办学，通过校园定岗培训、企业在岗实习，为特殊学生提供在中等职业学校的实践机会，完成特殊学生的职业转衔。在这个过程中，要制定详细的学段过渡计划，协助特殊学生平稳过渡到中等职业教育，确保他们能够顺利适应新的学习环境。

通过这些方法，特殊职业教育与中等职业教育之间的互助转衔平台可以得到建构和发展，为特殊学生提供更广阔的职业发展途径和支持。

第二节　推动"融·和"教育的智能发展

随着人工智能、大数据、云计算等技术的协同发展，以数字驱动各行各业变革与创新已经成为世界性主题。我国"十四五"规划中提出了"加快数字化发展，建设数字中国"的新目标，教育领域作为数字中国战略的重要组成部分，在数字中国战略、《中国教育现代化2035》、教育新基建等相关政策的引领下，正式迈进了"数字融合""数据治理""数智决策"的教育数字化转型时代。当前，我国教育数字化转型在落地实践方面还处于探索阶段。2021年8月，教育部批复同意上海成为教育数字化转型试点区，推动不同学段教师主动适应教育领域的新技术变革，摸索相关变革实践经验，促进教育教学质量的不断提升。上海通过"上海智慧教育平台"建设推进国内教育数字化转型的落地，平台资源已包括基础教育、职业教育、高等教育。

因此，"融·和"教育模式也要在教育数字化转型背景下，努力探索适合特殊学生的智慧教学新模式，为特殊教育领域的数字化转型累积相关经验，

更好地服务于特殊学生的全面发展。

一、打造智慧校园环境

未来要打造的"融·和"教育的教学环境应当是融合先进技术、个别化教育和多元支持的"智慧校园环境",能够将数字技术整合到教育领域的各个层面,推动教育组织转变教学范式、组织架构、教学过程、评价方式等,展开全方位的创新与变革,为特殊学生提供更优质的学习和发展支持,满足他们的多样化需求。

为此,要进一步加强学校网络中心基础设施建设,实现校园网络全覆盖,提升"一网三平台"的建设、管理、应用水平,建设以移动终端、智慧教学、智慧教育云等为主要标志的智慧校园环境。逐步实现校园环境网络化、教学资源数字化、学校管理智能化、教学应用智慧化、信息技术应用专业化。采取汇聚、自建、共建、引进、购买等形式,整合和建设优质数字化教学资源;利用智慧教育云计算服务平台,通过多种方式推送优质教学资源和办学成果,实现优质资源的共建共享。

二、提升师生信息素养

未来,技术在特殊教育中的作用将继续扩大。虚拟现实(VR)、增强现实(AR)、人工智能等技术将为特殊教育提供更多创新的教学工具和资源,帮助学生更好地学习和交流。要鼓励教师积极探索智慧教学新模式,开展微课、电子书包等新型教学模式和新型载体的开发和应用,促进信息技术与教育教学深度融合,培养适应"互联网+"和智能化信息生态环境的特殊教育教师,提升特殊学生现代信息素养。同时,持续的专业发展计划可以让教师了解最新的技术趋势和教育策略,提升信息素养和教学能力。

三、运用多元智能平台

运用多元智能平台是推动特殊教育智能发展的重要策略之一。要整合先进的技术和创新的教育方法,为特殊学生提供多样化、个别化的学习和支持渠道。一方面,继续运用多元智能平台,通过微信公众号、校园网等智能环境,加大对特殊教育的宣传力度、广度和深度,促进信息共享、互动交流,实现更紧密的合作;另一方面,智能平台可以促进教育者、医疗专家、心理学家等多个领域的合作,为特殊学生提供全面的支持和服务。

通过打造智慧校园环境,提升师生信息素养,以及运用多元智能平台,特殊学生可以得到更全面的、个性化的支持,实现更好地学习和发展。同时,突出"融"与"和"的理念,将各种资源、知识和专业领域融合在一起,实现特殊教育的智能发展目标。

后 记

二十载春秋,怀揣着对教育的执着与热爱,我一直在特殊教育这条曲折而又光明的道路上奋力前行。我心中的愿景简单而纯粹,就是要让那些需要特殊关爱的孩子们有一处满是爱与温暖的港湾,让他们拥有探索知识、茁壮成长的权利。这不仅是我的初心,也是我们上海市浦东新区辅读学校所有教师的初心。

回首往昔,这份初心始终如一,如同指南针般指引着我们前行。正如本书的主题"用爱点燃梦想"所揭示的,我们深信爱是点燃梦想的火种,每个孩子都是璀璨的星辰,都值得被爱、被关注、被支持,人人皆可为冠军,人人皆可绽放光彩。

在即将迎来本书出版的时刻,我思绪万千,回忆起我们共同经历的风雨和阳光:在校园里,孩子们在老师的陪伴和引导下,逐渐学会独立,敞开心扉,与家人、同学交流,勇敢地站在人生的舞台上展现自我;在刺绣工坊、咖啡工坊、艺术疗愈空间中,孩子们忙碌的身影、自信的笑容成为我们最珍贵的记忆;在特奥赛场上,孩子们通过不懈地努力和训练,赢得了掌声和荣誉,超越了自我,创造了奇迹。我深感荣幸,能够成为这些孩子成长道路上的见证者。

本书所写内容,不仅是关于上海市浦东新区辅读学校如何建构"融·和"教育模式,更是关于我们如何与家长、学生携手并肩、共同成长,关于我们在实践中如何摸索的真实记录,以及我们对特殊教育的深刻感悟。

感谢我的同事们,是你们的无私奉献和专业精神,共同铸就了一个充满爱与温暖的教育环境。感谢一直以来支持和鼓励我们的家长们,你们的信任与理解是我们前进的动力源泉。感谢所有关心、支持特殊教育事业的朋友们,你们的关爱和支持为特殊教育事业的健康发展注入了力量。

感谢同事们和家长们为本书提供的丰富案例和材料,感谢上海大学胡申生老师百忙之中为本书作序,感谢上海大学出版社刘强等编辑老师的辛勤付出。

本书为首次针对"融·和"教育模式的系统性论述,或有不够成熟、深刻乃至不当的地方,还望各方专家及广大读者不吝指正。

特殊教育是一项永无止境的事业,我们将继续努力学习,争取更大进步,为孩子们提供更优质的教育服务。我们坚信每个孩子都是独一无二的,拥有无限的潜力和可能性。我们的使命就是发掘孩子们的潜力,助力他们实现梦想。今后,我们将继续以爱为烛、以心为盏,为特殊教育事业的发展贡献自己的力量,让每个孩子都能在充满爱的环境中茁壮成长,迎接光明的未来。